Sebastian Kühn

Das Handbuch für digitale Nomaden

Selbstbestimmt leben – ortsunabhängig arbeiten

REDLINE | VERLAG

Bibliografische Information der Deutschen Nationalbibliothek:
Die Deutsche Nationalbibliothek verzeichnet diese Publikation in der Deutschen Nationalbibliografie; detaillierte bibliografische Daten sind im Internet über **http://d-nb.de** abrufbar.

Für Fragen und Anregungen:
lektorat@redline-verlag.de

1. Auflage 2016

Nymphenburger Straße 86
D-80636 München
Tel.: 089 651285-0
Fax: 089 652096

Redaktion: Monika Spinner-Schuch, Bad Aibling
Umschlaggestaltung: Karen Schmidt, München
Umschlagabbildung: shutterstock.com
Satz: EDV-Fotosatz Huber/Verlagsservice G. Pfeifer, Germering
Druck: GGP Media GmbH, Pößneck
Printed in Germany

ISBN Print 978-3-86881-624-2
ISBN E-Book (PDF) 978-3-86414-883-5
ISBN E-Book (EPUB, Mobi) 978-3-86414-882-8

Weitere Informationen zum Verlag finden Sie unter

www.redline-verlag.de

Beachten Sie auch unsere weiteren Imprints unter
www.muenchner-verlagsgruppe.de

Sebastian Kühn

Das Handbuch für digitale Nomaden

Inhalt

Ein freier Mensch

Ich will unter keinen Umständen ein Allerweltsmensch sein. Ich habe ein Recht darauf, aus dem Rahmen zu fallen, wenn ich es kann.

[…]

Ich habe gelernt, selbst für mich zu denken und zu handeln, der Welt gerade ins Gesicht zu sehen und zu bekennen: Dies ist mein Werk.

Das alles ist gemeint, wenn wir sagen: Ich bin ein freier Mensch!

Albert Schweitzer

Vorwort

Es gibt immer mehr Menschen, die als digitale Nomaden selbstbestimmt und ortsunabhängig arbeiten wollen, immer mehr, die mit ihrem Laptop im Handgepäck um die Welt reisen. Für all diese ist nun dieses Handbuch erschienen. Wie auch im E-Book-Vorläufer »Wireless Life Guide« findest du in diesem Buch aktuelle und konkrete Anleitungen zu ortsunabhängigen Geschäftsmodellen, alle benötigten Informationen zu rechtlichen Anforderungen an digital Selbstständige sowie Wissenswertes zum Reisen und Arbeiten von unterwegs.

Seit Anfang 2012 beobachte ich auf Konferenzen, in Onlinecommunitys und an Hotspots in der ganzen Welt, wie sich immer mehr Menschen für unkonventionelle Lebenswege entscheiden. Dabei sind Hintergründe, Motivation und Demografie der digitalen Nomaden genauso vielfältig wie die Anwendung der Möglichkeiten, die uns das Internet bietet.

Egal ob Familien, Studenten, Langzeitangestellte oder Berufseinsteiger, sie alle suchen nach einem Leben mit mehr Erfüllung und weniger Fremdbestimmung. Mit der ortsunabhängigen Selbstständigkeit und vielen Freiheiten bietet das digitale Nomadentum eine großartige Alternative.

Du hast dieses Buch in der Hand, weil auch du kleine oder große Veränderungen in deinem Leben anstoßen willst oder bereits angestoßen hast. Für diesen Mut zolle ich dir meinen größten Respekt. Jetzt gilt es, die nächsten Schritte zu wagen. Als Begleiter auf deinem Weg soll dir das Handbuch für digitale Nomaden als Nachschlagewerk für dein großes Abenteuer dienen.

Hinweise

Geschlechtergerechte Ansprache: Um den Lesefluss im Buch nicht zu behindern, habe ich mich für die standardmäßige männliche Ansprache entschieden. Ich hoffe, dass du als Freiheitskämpferin, digitale Nomadin und Gründerin dafür Verständnis hast.

Anglizismen: Die Arbeit im Internet und das Leben außerhalb Deutschlands setzen zumindest grundlegende Kenntnisse der englischen Sprache voraus. Einige englischsprachige Zitate, Redewendungen und Begriffe verlieren mit der Übersetzung ganz einfach ihre ursprüngliche Bedeutung, weshalb du sie in diesem Buch im Original findest.

Disclaimer: Auch wenn ich kein großer Freund von solchen Hinweisen bin, muss ich doch erwähnen, dass ich weder Steuerberater noch Gründungsexperte bin. Ich bitte dich also darum, alle Informationen in diesem Buch kritisch zu betrachten und dir im Zweifel zusätzliche Meinungen einzuholen.

Einleitung

»To make profound changes in your life, you need either inspiration or desperation.«

Anthony Robbins

Zum Auftakt möchte ich dir drei kleine Geschichten erzählen, die in vielerlei Hinsicht als Metapher für dieses Buch dienen. Vielleicht erkennst du dich darin wieder. Vielleicht hast du dich davon auch schon befreit. In jedem Fall werden sie dich in die richtige Stimmung zum Lesen versetzen.

Schalentiere und unsere egoistische Gesellschaft

In der Soziologie gibt es den Begriff »Krabbenmentalität«. Dieses Verhalten bezeichnet Krabben, die in einem Eimer gefangen sind und sich gegenseitig daran hindern, an der Eimerwand heraus in die Freiheit zu klettern. Sobald es eine von ihnen bis zum Rand geschafft hat, wird sie von den anderen Krabben wieder hinuntergezogen, ganz nach dem Motto »Wenn ich nicht entkommen kann, dann bleibst auch du hier«.

Kennst du dieses kuriose Verhalten? Du hast es sicher schon bei Personen in deiner Umgebung beobachtet. Angst, Neid, Gier, Eigensinn oder einfach Unverständnis führen dazu, dass wir uns manchmal gegenseitig Steine in den Weg legen. Dieses engstirnige Denken basiert darauf, dass wir uns ständig mit anderen Menschen vergleichen. Die Angst davor, dass jemand einen besseren Weg einschlägt, der den Egoisten dann vergleichsweise schlechter dastehen lässt, endet in der gemeinsamen Gefangenschaft, anstatt einander zur Freiheit zu verhelfen.

Unverbesserliche Nörgler und ein überkritisches Umfeld können wie ein riesiger Klotz am Bein wirken, da sie dich immer wieder in ihre bestehende »Realität« zurückholen. Familie und Freunde sollten uns und unser Verhalten natürlich kritisieren dürfen, aber müssen wir uns deshalb ständig vor ihnen rechtfertigen? Versuche, dich mit Menschen zu umgeben, die geschafft haben, was du erreichen willst, oder die dich zumindest dabei inspirieren und motivieren können.

Übrigens gibt es für die Krabben auch einen Alternativplan. Wenn diese weniger egoistisch wären, dann würden sie sich einfach alle auf einer Seite des Eimers versammeln und diesen umkippen. Damit würden alle zur gleichen Zeit entkommen und niemand würde sich ungerecht behandelt fühlen.

Festgekettet an Erinnerungen und Gewohnheiten

Von einer weiteren traurigen Geschichte habe ich zum ersten Mal gehört, als ich vor einigen Jahren im Norden Thailands den so typischen Ritt auf einem Elefanten gemacht habe. Die tonnenschweren Dickhäuter werden an einem kleinen Pfahl angekettet, den sie eigentlich problemlos aus der Erde ziehen könnten. Dennoch geben sie sich ihrem Schicksal hin, tragen Touristen auf ihrem Rücken umher und reißen Bäume aus dem Boden. Warum ist das so?

Bereits als Baby wurden die Elefanten entweder im Zirkus oder als Arbeitstiere angebunden. Der kleine, schwache Elefant hat unermüdlich, aber vergebens versucht, sich zu befreien. Es blieben jedoch nur schmerzhafte Erinnerungen an die Kette, die sich tief in die Haut bohrte und dafür sorgte, dass der Elefant weiterhin kleine Kreise um den Pfahl drehte.

Einige Jahre später ist der Dickhäuter nun zu einem wahren Giganten herangewachsen, der sich aufgrund seiner immensen Kraft problemlos aus der Gefangenschaft befreien könnte. Leider hindern ihn seine schmerzhaften Erinnerungen und die vielen fehlgeschlagenen Versuche daran, es erneut zu probieren. Er ergibt sich also in sein Schicksal und führt weiterhin sein trauriges Dasein, angekettet an einen vermeintlich unüberwindbaren Pfahl.

Fühlst du dich auch manchmal wie der Elefant, der trotz seiner enormen Stärke an einen kleinen Pflock gefesselt ist? So oft kommt es im Leben vor allem auf die mentale Stärke an. Wie der Elefant halten wir viel zu oft an alten Gewohnheiten fest oder geben zu schnell auf, wenn wir in der Vergangenheit mit etwas gescheitert sind. Wie den Elefanten halten uns fehlgeschlagene Versuche davon ab, etwas erneut auszuprobieren. Aber genauso wie der Elefant haben wir weitaus mehr Kraft, als uns bewusst ist. Alles, was wir brauchen, um uns von der Kette loszureißen, ist Willenskraft. Die oft unbewusste Entscheidung, uns von einer Gewohnheit oder einer gesellschaftlichen Norm leiten zu lassen, führt dazu, dass wir unser Potenzial nicht ausschöpfen. Vielmehr noch, es führt dazu, dass wir uns mit Situationen zufriedengeben, die eigentlich nicht zufriedenstellend sind.

Nimm dir einfach ein paar Minuten Zeit und überlege in aller Ruhe, was dich daran hindert, dein Traumleben zu führen. Erkenne die Pflöcke und Ketten, gib ihnen einen Namen und bestimme deren Ausmaß. Wie groß ist dein physischer, emotionaler und intellektueller Bewegungsradius? Gibt es gute Gründe dafür, dass du in deiner Entscheidungsfreiheit eingeschränkt bist? Sobald du diesen Ketten einen Namen gegeben hast, wird es so viel einfacher, sich von ihnen zu befreien.

Über das Verlassen der Komfortzone

Die letzte Geschichte stammt aus der griechischen Mythologie. Es geht um Ikarus und seinen Vater Dädalus, die beide vom griechischen König Minos gefangen gehalten wurden. Der einzige Ausweg führte über den Luftweg, weshalb Dädalus für sich und seinen Sohn Flügel aus Federn und Wachs baute.

Die Wachsflügel brachten allerdings zwei Probleme mit sich: Wenn die beiden zu nah an die Sonne fliegen, dann wird das Wachs schmelzen. Fliegen sie allerdings zu tief über dem Meer, dann wird die Gischt der Wellen das Wachs aufweichen. Trotz aller Warnungen seines Vaters führte der Übermut von Ikarus schließlich dazu, dass er zu nah an die Sonne heranflog und nach einem Absturz ins Meer starb. Er bezahlte mit seinem Leben, weil er den Ratschlag seines Vaters nicht befolgte.

Diese Sage wird oft erzählt, um uns vor Übermut zu warnen. Wage dich ja nicht zu nah an die Sonne, fliege aber auch nicht zu tief am Wasser. Bleibe immer schön in der Sicherheitszone, in der nichts Schlimmes passieren kann. Eine Belegschaft, Anhänger einer Religion und ganze Völker sind viel einfacher zu kontrollieren, wenn sie sich an genau diese Vorgaben halten. Sicher ist jedoch, dass das Leben in der Komfortzone nicht unbedingt zur größeren Zufriedenheit führt.

Lasse dir von niemandem erzählen, dass du ins Wasser stürzt, wenn du zu nah an die Sonne fliegst. Wenn wir uns permanent in der sicheren Zone aufhalten, begrenzen wir zwar die Gefahr, Fehler zu begehen oder bei einem Vorhaben zu versagen. Zur gleichen Zeit begnügen wir uns dann aber auch mit einem Lebensweg, der zu großen Teilen vorgegeben ist und mit hoher Wahrscheinlichkeit nicht zu unseren eigenen Plänen passt.

Du liest dieses Buch, weil du dich nicht von anderen Krabben herunterziehen lässt, weil du dich vom Pflock losgerissen hast und ganz nah an die Sonne heran willst. Die Masse der Menschen will das nicht, es fehlt ihnen ganz einfach der Mut dazu, ihr Leben selbst in die Hand zu nehmen. Ich weiß, dass du dazu bereit bist, die Verantwortung für dein eigenes Schicksal zu übernehmen, und dafür zolle ich dir meinen Respekt.

Für wen dieses Buch ist

> *»Die Zukunft hat viele Namen: Für die Schwachen ist sie das Unerreichbare, für die Furchtsamen ist sie das Unbekannte, für die Tapferen ist sie die Chance.«*
>
> *Victor Hugo*

In den letzten Jahren fühlte sich nicht einmal jeder sechste Angestellte seinem Job verpflichtet. Der größere Anteil reichte von wenig engagiert bis hin zur inneren Kündigung. Schuld daran sei laut des Gallup-Instituts, welches seit 2001 eine jährliche Arbeitnehmerbefragung durchführt, das Gefühl, dass die Bedürfnisse und Erwartungen der Arbeitnehmer ignoriert werden.[1]

Das Ziel dieses Buches ist es ganz und gar nicht, das gegenwärtige System der Arbeit zu kritisieren oder Führungsstrategien großer Konzerne zu beklagen. Vielmehr geht es darum, Alternativen für diejenigen von uns zu bieten, die sich in den traditionellen Strukturen der Arbeitswelt nicht mehr wohlfühlen, sondern vielmehr unabhängig von Ort, Zeit und festen Strukturen arbeiten wollen. Diese Alternativen gibt es reichlich, jedoch eignen sie sich nicht für jedermann.

Zusätzliche Freiheit bedeutet auch, zusätzliche Verantwortung zu übernehmen. Selbstbestimmt zu leben bedeutet, sich dafür zu entscheiden, auf gewisse Sozialleistungen des Staates zu verzichten und das vermeintlich sichere Netz der Festanstellung aufzugeben.

Diesem Risiko gegenüber stehen eine größere Entscheidungsvielfalt in vielen Bereichen deines Lebens und Unabhängigkeit von Arbeitgeber, Staat und anderen »Fremdbestimmern«. Wie viel Sicherheit du für eine neu gewonnene Freiheit aufgeben möchtest, liegt ganz bei dir.

Dieses Buch ist eine Anleitung, die dir dabei helfen soll, dein ortsunabhängiges Leben nach deinen eigenen Vorstellungen zu gestalten. Wenn du bereits ortsunabhängig selbstständig bist, dann suche dir die Kapitel heraus, die deinen Informationsbedarf stillen. Sieh es als Nachschlagewerk, zu dem du immer wieder zurückkehren kannst. Solltest du noch ganz am Anfang stehen und nach konkreten Schritten suchen, die dir bei der Gestaltung deines gewünschten Lifestyles helfen, dann lies das Buch von der ersten bis zur letzten Seite. Mein Ziel beim Schreiben dieses Guides war es, gemeinsam mit dir konkrete Schritte zu erarbeiten, die du nach dem Lesen umsetzen kannst.

Bitte erwarte von diesem Buch (oder von irgendeinem anderen Buch) nicht, dass es eine Anleitung zum Glücklichsein ist. Es soll dir alternative Lebensstile zeigen und dich inspirieren. Es soll dich mit vielen Tools und Informationen auf deinem Weg zum ortsunabhängigen Leben unterstützen. Gehen musst du diesen Weg selbst. Verstehe dieses Buch deshalb als Ratgeber und Inspiration.

Über den Autor

»Der Andersdenkende ist kein Idiot, er hat sich eben eine andere Wirklichkeit konstruiert.«

Paul Watzlawick

Freiheit und Selbstverwirklichung sind bestimmende Werte in meinem Leben. Das war allerdings nicht immer so. Aufgewachsen in Brandenburg, war ich bis zu meinem 23. Lebensjahr eher planlos. Abitur, Wehrdienst, Ausbildung zum Einzelhandelskaufmann und dann eine recht gut bezahlte Festanstellung.

Ich kann dir nicht genau sagen, was dann passiert ist, aber es plagte mich eine innere Unzufriedenheit. Relativ spontan entschloss ich mich zu einer Auszeit. Meine Festanstellung, eine Beziehung und eine für viel Geld renovierte Altbauwohnung in Berlin gab ich auf, packte meine Sachen und flog 2006 nach Australien. In diesem einen Jahr Work & Travel wurden mir die Augen geöffnet. Dank der vielen Eindrücke und Bekanntschaften bekam ich ein viel klareres Bild davon, welche Prioritäten mein Leben von nun an bestimmen sollten.

Weniger planlos ging es dann in Berlin zurück auf die Schulbank und fünf Jahre später durfte ich mich Bachelor in BWL und Master in International Business nennen. Wirklich gebrauchen konnte ich die Abschlüsse bis heute nicht, geprägt hat mich diese Zeit dennoch sehr. Immer stärker kam der Wunsch auf, selbst etwas zu schaffen, anstatt für den Erfolg anderer Menschen zu arbeiten. Denn genau so war es bei meinen kurzen Anstellungen in großen Konzernen.

Auch bei Nebenjobs während des Studiums in kleineren Unternehmen, bei denen ich ganz sicher viel gelernt habe und auch mehr Mitspracherecht hatte, fehlte mir einfach das Gefühl, etwas bewegen zu können.

Nach vielen Reisen, einer großartigen Zeit in Berlin und dem Ende des Studiums hat es mich 2012, gemeinsam mit meiner Freundin, nach Shanghai verschlagen. Anders als ursprünglich geplant, sind wir Mitte 2015 immer noch hier. Sehr wahrscheinlich werden wir jetzt, während du das Buch liest, eine neue Homebase in Asien gefunden haben.

Schon während des Studiums habe ich online als Freelancer gearbeitet und nach Wegen gesucht, mir mithilfe kleinerer Jobs meine Reisen zu finanzieren. Das ging eher schlecht als recht, hat mich aber nicht davon abgehalten, es in Shanghai dann ernsthaft zu versuchen. Nach meinem letzten Arbeitsvertrag Mitte 2012 habe ich mein Geld als Übersetzer und Social Media Marketer verdient. Es war mühselig, schlecht bezahlt und hat gerade so gereicht, um die Miete zu bezahlen.

Von Anfang an habe ich mir aber immer ein wenig Zeit für eigene Projekte gelassen, meinen ersten Blog gestartet und mich mit Themen wie Affiliate-Marketing, Webdesign und dem digitalen Nomadentum auseinandergesetzt. Heute verdiene ich neben meiner Marketingagentur einen großen Teil meines Geldes durch ein Portfolio an Affiliate-Nischenseiten. Genug, um mich Leidenschaftsprojekten wie unserer Community My Wireless Life, meinem Blog Wireless Life[2] und weiteren Vorhaben zu widmen. Diese Plattformen sind nicht darauf ausgelegt, direkt Gewinn zu erzielen, sondern dienen mir als Sprachrohr, zum Netzwerken und zum Aufbau meiner eigenen Marke. Daraus ergeben haben sich zahlreiche Interviews, Kooperationen mit Unternehmen, Angebote für Vorträge und Workshops und nicht zuletzt die Veröffentlichung des Buches, das du gerade in den Händen hältst.

Rückblickend auf die letzten vier Jahre kann ich sagen, dass ich viel probiert, gelernt, aufgebaut und auch aufgegeben habe. Mein Weg war alles andere als geradlinig und oft von Planlosigkeit bestimmt. Trotz innerer Zweifel und einem über weite Strecken leeren Bankkonto habe ich mich jedoch nie mit einer Situation abgefunden, die ich als unbefriedigend empfand. Ich bin überzeugt davon, dass mich diese Einstellung und eine große Neugier an den Punkt gebracht haben, an dem ich mein Leben für nichts in der Welt eintauschen würde.

In den letzten Jahren hatte ich das große Glück, dass ich nicht nur mein eigenes, sondern auch das Leben vieler anderer Menschen positiv beeinflussen konnte. Viele Leser fanden Inspiration in meinen Beiträgen, Jobs wurden gekündigt, Unternehmen gegründet und viele Denkbarrieren durchbrochen. Durch zahlreiche Leserkommentare auf meinem Blog, den regelmäßigen Austausch mit Mitgliedern unserer Community und viele Gespräche mit Gleichgesinnten weiß ich recht gut, welche Fragen Menschen bewegen, die sich auf den Weg in die Ortsunabhängigkeit machen.

Die Fehler, die ich begangen habe, und die Erfolge, die ich bis heute feiern konnte, möchte ich in diesem Guide niederschreiben und mit dir teilen. Dabei besteht meine größte Motivation darin, auch dich ein kleines Stück auf dem Weg in dein neues Leben begleiten zu dürfen.

1 Selbstbestimmt leben

»If you don't design your own life plan, chances are you'll fall into someone else's plan. And guess what they have planned for you? Not much.«

Jim Rohn

Spätestens seit dem Erfolg der »4-Hour Workweek« von Tim Ferriss[3] im Jahr 2007 hat der Begriff des Lifestyle-Design eine klare Bedeutung bekommen und viel Aufmerksamkeit erhalten. Immer mehr Menschen suchen seitdem nach alternativen Arbeitsformen und Selbstverwirklichung. Lifestyle-Designer möchten ihr Leben selbst gestalten, anstatt dem zu folgen, was die Gesellschaft für sie vorgesehen hat.

Als Lifestyle-Designer entscheidest du darüber, wie dein Leben in der Zukunft aussehen soll. Du brichst mit alten Annahmen und Erwartungen deines Umfelds, um ab sofort deine eigenen Regeln zu schreiben. Genau das verstehe ich unter einem selbstbestimmten Leben.

Im weiteren Sinne ist Selbstbestimmung die Unabhängigkeit von anderen Menschen, von einem Umfeld, einem Sozialsystem, einem Arbeitgeber und ungewollten Verpflichtungen, die dir keinen Mehrwert bringen. Damit will ich nicht sagen, dass Abhängigkeiten immer negativ sein müssen. Ich möchte jedoch die Freiheit haben, über diese Abhängigkeiten selbst entscheiden zu können. Dazu gehört,

- wann und wo ich arbeite,
- mit wem ich meine Zeit verbringe,
- auf welche Art und Weise ich mich absichere,
- wie ich für mein Alter vorsorge,
- in welchem Land ich lebe und Steuern bezahle und
- welchen Konventionen ich folge.

Die Gesellschaft, in der wir leben, basiert auf Konventionen. Ohne diese ungeschriebenen Regeln und Normen wäre ein friedliches Zusammenleben nur schwer möglich. Aber diese Konventionen können uns gleichzeitig in unserer Handlungsfreiheit einschränken.

Die größte Hürde in Richtung selbstbestimmtes Leben ist für die meisten von uns mentaler Natur. Wir selbst sind unser größtes Problem, denn wir sabotieren, hinterfragen und dramatisieren, wo wir nur können. Kritisch gegenüber Neuem zu sein, so wurden wir erzogen.

Um selbstbestimmt leben zu können, musst du deine Skepsis gegenüber Veränderungen ablegen und stattdessen den Status quo hinterfragen. Dabei darfst du nicht der Mehrheit folgen, sondern musst deinem eigenen Gefühl vertrauen.

Vielleicht liegt es an geringem Selbstwertgefühl oder sozialem Druck – viel zu oft erfüllen wir lieber die Erwartungen anderer, anstatt es uns selbst recht zu machen. Im jungen Alter wurde uns beigebracht, dass es unhöflich ist, Nein zu sagen. Immer freundlich nicken und Danke sagen war die Devise. Im Erwachsenenalter sind wir für unser Handeln und dessen Konsequenzen aber selbst verantwortlich. Genau deshalb hast du immer das Recht, den Kopf zu schütteln.

Ein guter Bildungsabschluss, ein Haus im Grünen und eine Karriere in einem anständigen Unternehmen sind nur einige der erstrebenswerten Ziele, die uns Eltern, Lehrer und Bekannte mit auf den Weg geben. All diese Geschichten, die dir erzählt werden, sind Konventionen. Du hast das Recht zu hinterfragen, was dir erzählt wird. Folge den Geschichten, denen du folgen möchtest, und sage Nein zu allen anderen.

Der erste Schritt zu mehr Unabhängigkeit in deinem Leben beginnt definitiv in deinem Kopf. Ohne festgefahrene Denkbarrieren über Bord zu werfen und neue Ideen hineinzulassen, machen alle weiteren Schritte wenig Sinn. Wenn du nach mehr Freiheit strebst, musst du auch bereit sein, mehr Verantwortung für dich zu übernehmen.

1.1 Verantwortung übernehmen

»With great power comes great responsibility.«

Spider-Man

Echte Freiheit beginnt, wenn du Verantwortung für die Aspekte deines Lebens übernimmst, die bisher noch fremdbestimmt waren. Immer dann, wenn du jemand anderen – Freunde, Arbeitgeber oder Regierung – für dich entscheiden lässt, begibst du dich in eine Abhängigkeit. Das macht es leichter, die Schuld für die Konsequenzen dieser Entscheidung bei anderen zu suchen, aber es führt ganz sicher nicht zu größeren Freiheiten.

All die Bereiche in deinem Leben, in denen du nicht zufrieden bist, musst du selbst steuern. Wenn du es nicht tust, dann macht es jemand anderes für dich und du solltest dich über das Ergebnis nicht beschweren.

Als Unternehmer kannst du den Verlauf deiner beruflichen Zukunft sehr viel flexibler gestalten. Mit dem Austritt aus der Sozialversicherung kannst du selbst bestimmen, ob und wie du dich absichern möchtest. Als Alternative zu einem Studium kannst du dir dein eigenes Curriculum im Internet zusammenstellen und die Inhalte deiner Bildung selbst bestimmen. Die Liste ist endlos.

Du solltest überlegen, von welchen Systemen und Institutionen du dich abhängig machen willst und welche du aus deinem Leben entfernen möchtest, um sie in Zukunft bewusst selbst zu steuern.

Der »Nachteil« eines selbstbestimmten Lebens besteht darin, dass nur du allein verantwortlich für deine Entscheidungen und die daraus resultierenden Konsequenzen bist. Du kannst niemandem mehr die Schuld geben. Nicht deinen Eltern, nicht deinem Arbeitgeber und auch keiner Regierung. Du allein trägst die Verantwortung für alles, was gut, aber auch schlecht läuft. Die Belohnung ist Unabhängigkeit.

Auf den Punkt gebracht hat es Hal Elrod[4] mit folgender Aussage: »The degree to which you accept responsibility for everything in your life is precisely the degree of personal power you have to change or create anything in your life.«

Je mehr Verantwortung du bereit bist zu übernehmen, desto mehr Kontrolle hast du über dein Leben. Bist du bereit, mehr Verantwortung zu übernehmen?

1.2 Unsicherheit akzeptieren

»Menschen bevorzugen meist Unzufriedenheit gegenüber Ungewissheit.«

Tim Ferriss

Kennst du dieses mulmige Gefühl in deinem Bauch, das dich vor einer neuen, möglicherweise riskanten Situation warnt? Das ist die Grenze deiner Komfortzone. Innerhalb dieser Zone gibt es wenig Unsicherheit, da du bekannte Abläufe wiederholst. Immer dann, wenn du dein Angstgefühl überwindest und damit die Grenzen deiner Komfortzone erweiterst, dann wächst du als Person.

Ein Alltag mit sich ständig wiederholenden Tätigkeiten wiederum bedeutet Stillstand. Es bedeutet Konformität. Solange du konform bist, ein festes Einkommen und eine gute Absicherung hast, kannst du das Risiko auf ein Minimum begrenzen. Wie in der Sage von Ikarus lehrt uns die weitverbreitete Meinung, dass wir nicht zu nah an die Sonne und nicht zu tief über dem Wasser fliegen sollen.

Dabei sollte dein Leben eine Reise mit ständig neuen Herausforderungen sein. Wenn du dich wirklich lebendig fühlen willst, dann musst du jeden Tag ein wenig wachsen. Endlich gesund ernähren, aufhören zu rauchen, ein Buch schreiben, einen Blog starten, deine Beziehungen stärken, interessante Konversationen führen, für einen Marathon trainieren, neue Länder bereisen oder eine Idee umsetzen, die du schon lange im Kopf hast.

Viel zu oft erfinden wir neue Ausreden, um uns nicht aus unserer Komfortzone herausbewegen zu müssen, in der wir es uns so bequem gemacht haben. Wenn wir dann doch genug Mut fassen, ein

Risiko einzugehen, dann lässt uns unser Umfeld wissen, wie naiv wir doch sind. Kommt dir das bekannt vor?

Wir Deutschen sind dafür bekannt, dass wir unermüdlich versichern, normieren, prüfen und zertifizieren. Damit sollen Restrisiken möglichst minimiert werden, was bis zu einem gewissen Grad sicher auch erstrebenswert ist. Dieser ständige Wunsch nach Stabilität sorgt aber andererseits dafür, dass wir uns an den Status quo klammern und Veränderungen als negativ empfinden.

Wir sollten uns zwar der Konsequenzen von Veränderungen bewusst werden, uns aber nicht gegen sie stellen, bis wirklich jedes kleine Restrisiko durchdacht und ausgeräumt ist. John G. Bennett hat es sehr treffend formuliert: »Könnte Risiko im Voraus berechnet werden, wäre es kein Risiko mehr.«[5]

Holm Friebe und Sascha Lobo[6] schrieben: »Die Fähigkeit, ein gewisses Maß an Zukunftsangst und Unsicherheit auszuhalten, ist gewissermaßen die Grundvoraussetzung für ein Leben in der digitalen Bohème.« Genau das gilt wohl generell für alle Selbstständigen. Sobald du dich für ein Leben außerhalb der Fürsorge von Arbeitgebern und Staat entscheidest, musst du lernen, mit Unsicherheit umzugehen.

Mit dem Eintritt in die Selbstständigkeit kannst du dir dein Sicherheitsnetz jedoch selbst stricken. Du musst dich nicht mehr auf einen vermeintlich sicheren Arbeitsplatz verlassen, sondern verteilst die Abhängigkeit auf mehrere Klienten oder – besser noch – auf die Masse von Kunden, Lesern und Fans.

Unsicherheit ist eine Reaktion des Gehirns, die uns sagt, dass etwas Wichtiges in unserem Leben geschieht – sozusagen unsere körpereigene Alarmanlage. Je nachdem, wie groß dein allgemeiner Optimismus und deine Risikobereitschaft sind, wird es dir leichter oder schwerer fallen, diese Warnung deines Körpers zu ignorieren beziehungsweise zu relativieren. Nimm das Gefühl von Unsicherheit als etwas Positives wahr. Es ist der Vorbote für eine neue Erfahrung in deinem Leben, für etwas mit wahrhafter Bedeutung.

Als Mittel gegen die Unsicherheit empfiehlt Jonathan Fields in seinem empfehlenswerten Buch »Uncertainty«[7] die Verwendung eines »Certainty Anchor« (Sicherheitsanker), der ein gewohntes Gefühl verleiht (zum Beispiel eine Morgenroutine).

Zudem ist es immer gut, dir den schlimmstmöglichen Fall – den sogenannten Worst Case – bewusst zu machen und eine genaue Vorstellung von dem zu bekommen, was passieren könnte, wenn deine Pläne nicht so gelingen, wie du es dir vorgestellt hast.

In der Regel ist es so, dass der Worst Case weniger schlimm ist als zuvor angenommen. Die wirren Ängste in deinem Kopf reduzieren sich drastisch, sobald du diese rationalisierst. Sei dir darüber bewusst, dass es immer einen Weg zurück ins alte Leben gibt. Auswanderer kehren zurück nach Deutschland, gescheiterte Onlineunternehmer landen wieder in der Festanstellung und schlimmstenfalls kann vorübergehend bei einem Freund auf dem Sofa übernachtet werden.

Selbstzweifel richtig einordnen

Ich gebe zu, dass eine ungewisse Zukunft beängstigend sein kann. Vor allem, wenn man nicht nur für sich selbst, sondern auch für andere Menschen verantwortlich ist.

Ängste entstehen immer dann, wenn du dich auf neues Terrain begibst. Wenn du etwas zum ersten Mal machst. Immer dann kommen Zweifel auf und die Angst vor dem Scheitern hemmt dich in deinen Vorhaben.

Durch die Rationalisierung deiner Ängste machst du aus dem Hirngespinst konkrete Dinge, denen du gegenübertreten kannst. Das ist ganz besonders der Fall, wenn du dich selbstständig machst, für längere Zeit in ein unbekanntes Land gehst oder etwa eine langjährige Beziehung beendest. Diese aufkommenden Zweifel sind teilweise berechtigt, zum anderen Teil aber nur eine subjektive Wahrnehmung.

Um mit deinen Ängsten und Zweifeln richtig umzugehen, musst du die nützlichen Selbstzweifel von blockierenden Denkweisen trennen. Life Coach Daniela Horstmann hat mir im Interview ein paar Tipps für den Umgang mit Selbstzweifeln gegeben.

Daniela Horstmann: Selbstzweifel

Daniela ist Life Coach (www.danielahorstmann.de). Dabei widmet sie sich vor allem den Themen »Selbstzweifel überwinden. Selbstvertrauen stärken« sowie »Veränderung« und »Work-Life-Integration«. Außerdem ist sie Beraterin für Onlinekonzepte und unterstützt Selbstständige und Gründer bei ihrer Positionierung und der Umsetzung ihrer Onlinepräsenz.

»Aus der Distanz betrachtet, erkennt man durch Selbstzweifel, an welcher Stelle man steht und wo eventuell noch Entwicklungsbedarf besteht. Dabei ist es wichtig, die Selbstzweifel, die nützlich sein könnten, von denen zu unterscheiden, die einen nur behindern.

Wenn man zum Beispiel einen Onlineshop für Schokolade eröffnen möchte und noch keinerlei Erfahrungen mit dem Internet oder mit Schokolade hat, ist der selbstzweifelnde Gedanke ›Ich habe nicht die Fähigkeiten, mich selbstständig zu machen‹ erst einmal durchaus berechtigt und nützlich. Er weist einen auf Fakten hin, warnt einen und verhindert damit ein eventuelles Scheitern.

Das Hinterfragen: Entspricht dieser Gedanke einer Tatsache? Gibt es Beweise dafür?, und die daraus folgenden Antworten bieten dann Raum zum Handeln: ›Ich habe nicht die Kenntnisse, um einen Onlineshop für hochwertige Schokolade zu eröffnen! Welche Kenntnisse muss ich mir aneignen – und wo kann ich das tun? Wer kann mich gegebenenfalls unterstützen?‹ Anregende Selbstzweifel sind dann eine Unterstützung für eine erfolgreiche Selbstständigkeit.

Eine andere Art von Selbstzweifeln wie ›Ich möchte gerne selbstständig sein, aber ich traue mich nicht, bin nicht gut genug, habe Angst vor der Konkurrenz‹ bewegen sich auf einer anderen Ebene und können so stark sein, dass sie einen an der Weiterentwicklung hindern. Diese Selbstzweifel sind immer mit der individuellen Situation verbunden. Oft sind sie ein Hinweis für ein mangelndes Selbstwertgefühl. Auch hier empfehle ich, die selbstzweifelnden Gedanken erst einmal aus der Distanz zu betrachten und ihnen zum Beispiel. einen positiven Gedanken entgegenzustellen: ›Ich traue mich nicht! In welchen Situationen in meinem Leben habe ich schon mal etwas gewagt und Erfolg gehabt?‹

Mit welchen Selbstzweifeln man auch immer konfrontiert wird, man kann sie überprüfen, hinterfragen, ändern und eventuell loslassen. Merkt man allerdings, dass man alleine nicht weiterkommt und sie für die Selbstständigkeit ein wirkliches Hindernis sind, empfehle ich, die Unterstützung eines Beraters oder Coachs in Anspruch zu nehmen.«

Mir persönlich hat beim Umgang mit Zweifeln stark geholfen, meine Definition für Misserfolg zu ändern. Wenn mal etwas nicht funktioniert, dann sehe ich das nicht als Scheitern, sondern als Lernprozess. Ich analysiere für mich, was schiefgelaufen ist, und mache es beim nächsten Mal besser.

Wenn du an einem Punkt bist, an dem dich deine Selbstzweifel auffressen, dann frage dich nicht immer, was wäre, wenn es nicht funktioniert, sondern frage dich stattdessen: Was wäre, wenn ich es nicht probiere? Was wäre, wenn ich es schaffe? Was ist der Best Case? Denke nicht an die Sicherheit, die du aufgeben musst, sondern denke an die Unabhängigkeit, die du gewinnst. Vorfreude statt Verlustangst, das sollte dein Motto in Zukunft sein! Deine offene Einstellung gegenüber Veränderungen wird von allein dazu führen, dass du Chancen anstelle von Risiken siehst.

1.3 Anker reduzieren

> *»Wir haben so viel Zeug in unserem Leben – von Besitztümern, Dingen, die wir tun müssen, bis hin zu Informationen, die uns visuelle und emotionale Unordnung bereiten, dass wir richtig überladen sind.«*
>
> *Leo Babauta*

Wenn du über deine dir zur Verfügung stehende Zeit, deinen Wohnort und deinen gesamten Lebensweg frei entscheiden möchtest, dann musst du dich von all den Dingen trennen, die dich fremdbestimmen.

Der Inbegriff für Fremdbestimmung in deinem Leben sind Dinge, die wir in diesem Buch als Anker bezeichnen. Im englischsprachigen Raum wird der Begriff »anchored«[8] (verankert) unter anderem für Menschen verwendet, die voll im Leben stehen. Sie haben im Hafen angelegt und sich mit mehreren schweren Ankern vor möglichen Stürmen geschützt. Die Anker haben sich jedoch so tief in den Meeresboden versenkt, dass das Schiff den sicheren Hafen nicht mehr verlassen kann.

Genug der Metaphern. Du weißt, worauf ich hinauswill. Ein Sicherheitsgefühl, antrainierte Konsumgelüste und bestimmte Erwartungen der Gesellschaft sorgen dafür, dass du dich mit zunehmendem

Alter immer stärker an Dinge und Verpflichtungen bindest, die dich letztendlich fremdbestimmen.

Mit beiden Beinen im Leben zu stehen bekommt eine positive Assoziation. Eine Karriere zu haben, Eigentum zu besitzen, Statussymbole anzuhäufen und dich bestmöglich abzusichern gilt als normgerecht, obwohl dich genau diese Anker von einem selbstbestimmten Leben abhalten können.

Immer wenn dich etwas festhält – seien es vertragliche Verpflichtungen, emotionale Bindungen oder finanzielle Restriktionen –, gibst du ein kleines Stück Selbstbestimmung auf und überlässt die Entscheidungsgewalt einem Dritten. Indem du einige Anker einholst und mehr Verantwortung für dein Leben übernimmst, holst du dir diese Freiheit zurück.

Sehr hilfreich bei der Reduzierung von Ankern ist der Ansatz des Minimalismus. Unter dem Motto »Declutter your life« (»Vereinfache dein Leben«) versuchen Minimalisten der Überladung mit Dingen entgegenzuwirken. Dabei geht es um weit mehr, als die Wohnung zu entrümpeln und dem Konsum abzuschwören.

Der Grundgedanke des Minimalismus ist es, den wirklich wichtigen Dingen in deinem Leben mehr Bedeutung zuzusprechen und dich von allem Überflüssigen zu befreien. Genau darum geht es in deinem selbstbestimmten Leben – du übernimmst die Kontrolle, anstatt dich von all den Einflüssen und Dingen in deinem Leben kontrollieren zu lassen.

Schaue dir die nachfolgende Liste mit Ankern an und überlege ganz genau, welche dieser Dinge dich mehr belasten, als sie dir Freude bereiten und dein Leben besser machen:

- **Finanzielle Anker:** Abhängigkeit von einer Einkommensquelle, Schulden, Versicherungen und Vorsorge, wiederkehrende Zahlungen für Miete, Versorgungsunternehmen und Dienstleister sowie kleinere Verträge wie Abonnements oder Mitgliedschaften
- **Materielle Anker:** Statussymbole oder teure Hobbys, Besitztümer wie Autos oder Immobilien, Wohnungseinrichtung und Kleidung, Gadgets, Fernseher, Erinnerungsstücke und Papierunterlagen
- **Soziale Anker:** Familie, Beziehungen und Freundschaften, Vereinsmitgliedschaften, ehrenamtliche Tätigkeiten, soziale Verpflichtungen und Erwartungen wie Familienfeiern oder Stammtische
- **Emotionale Anker:** Selbstzweifel, konventionelle Denkweisen, Ängste und schädliche Gewohnheiten

Nun gibt es natürlich auch Anker, die nicht schlecht für dich sind. Beziehungen, bestimmte Besitztümer und Verantwortung gegenüber deinem sozialen Umfeld können einen Mehrwert schaffen. Wir wollen hier auf die Anker eingehen, die dich belasten, dich an einen Ort binden, dich finanziell abhängig machen und deine Zeit in Anspruch nehmen, ohne dein Leben gleichzeitig zu bereichern.

Emotionale Anker wie Ängste und Selbstzweifel haben wir im Ansatz bereits angeschaut. Auf die weiteren Anker möchte ich auf den folgenden Seiten kurz eingehen.

Weniger besitzen, mehr nutzen

> *»Wer wenig besitzt, wird umso weniger besessen: Gelobt sei die kleine Armut!«*
>
> *Friedrich Nietzsche*

Wenn auch du der Ansicht bist, dass die Anhäufung von materiellen Dingen deinem Leben keinen Wert hinzufügt, dann befolge eine ganz einfache Regel: Trenne dich von allem, das du nicht regelmäßig benutzt oder das dein Leben nicht bereichert.

Das wird dir deutlich leichter fallen, wenn du nicht an den Besitz von Dingen, sondern an deren Nutzen denkst. Wenn du den Nutzen priorisierst, geht es nicht mehr um Verzicht. Denn du verzichtest auf nichts, wenn du beispielsweise vom Besitz eines Autos auf dessen Nutzung beim Carsharing oder Mitfahrgelegenheiten umsteigst und ein Fitnessstudio anstelle deines eigenen Fitnesskellers nutzt.

Für fast alle materiellen Besitztümer in deinem Leben gibt es gute Alternativen, die flexibler sind, weniger Platz wegnehmen und überallhin mitgenommen werden können. Fotos und Unterlagen können digitalisiert werden, PC und Fernseher können gegen einen kleinen Laptop eingetauscht und das Festnetztelefon kann durch eine Skype-Festnetznummer ersetzt werden.

Familie und Beziehungen

Viel zu oft nehmen wir langjährige Beziehungen als gegeben hin, selbst wenn sie uns mehr belasten, als dass wir uns daran erfreuen. Wir halten an alten Schulfreunden fest, obwohl sich die Interessen schon vor Jahrzehnten komplett verschoben haben. Wir schließen neue Freundschaften, die nur auf örtlicher Nähe, nicht aber auf Gemeinsamkeiten basieren.

Es ist an der Zeit, sich einzugestehen, dass Beziehungen nicht statisch sind. Wir verändern uns ebenso wie die Menschen in unserem Umfeld. Sobald unsere Werte, Interessen und Bedürfnisse auf keinen gemeinsamen Nenner mehr kommen, können und sollten solche Beziehungen hinterfragt werden.

Erinnerst du dich an die Geschichte mit den Krabben aus der Einleitung? Genau so reagiert dein Umfeld – Familie, Freunde, Kollegen und Bekannte – in der Regel, wenn du ihm von deinen Plänen eines ortsunabhängigen Lebens und der geplanten Selbstständigkeit erzählst. Es zieht dich wieder hinunter, aus Angst davor, dass dir in der Freiheit etwas zustößt oder – noch schlimmer – es dir dort besser geht als denen, die im Eimer bleiben.

Anstatt dich über das Unverständnis deiner Freunde aufzuregen oder dich mit ihnen zu streiten, akzeptiere die Tatsache, dass ihr ganz einfach andere Vorstellungen vom Leben habt. Höre dir die gut gemeinte Kritik an, aber lasse dich nicht von ihr herunterziehen, nur weil die anderen deinen unkonventionellen Plan nicht verstehen (wollen). Denn eines ist ganz klar: Sobald sich dein Lifestyle ändert, wird sich auch dein Umfeld ändern. Neue Menschen treten in dein Leben und langjährige Kontakte brechen ab. Das ist der natürliche Gang, den Veränderungen mit sich bringen.

Jim Rohn hat es treffend ausgedrückt: »You are the average of the five people you spend the most time with.«[9] – »Du bist der Durchschnitt der fünf Menschen, denen du am nächsten stehst.« Unabhängig von der genauen Anzahl kannst du das sicher bestätigen.

Unsere engsten Beziehungen haben einen so großen Einfluss auf uns, dass sie unser Leben entweder zum Stillstand bringen oder es verändern können. Deshalb solltest du eine Gruppe von Menschen um dich herum versammeln, die bereits deinen gewünschten Lifestyle leben oder dich zumindest dabei ermuntern und dir helfen, Veränderungen vorzunehmen. So schmerzhaft Trennungen auch sein mögen, du wirst neue Freunde finden, die dein Leben auf ganz verschiedene Weisen bereichern.

Leider wirst du auch nicht um harte Entscheidungen zwischen deinen egoistischen Plänen und den Verpflichtungen gegenüber deiner Familie herumkommen. Natürlich solltest du deiner Verantwortung gegenüber hilfsbedürftigen Angehörigen nachkommen und selbstverständlich die Interessen deiner Familie berücksichtigen, dich nicht aber aus reiner Gewohnheit daran binden. Begehe nicht den Fehler, dich unnötig zu etwas verpflichtet zu fühlen.

Denke auch darüber nach, ob sich deine neu gewonnene Freiheit nicht sogar positiv auf Familienmitglieder auswirken kann. Kann es nicht sein, dass die unkonventionelle Erziehung einen guten Einfluss auf Kinder hat, dass dich deine Schwester gerne mal an exotischen Orten der Welt besuchen würde und es deine Eltern mit Stolz und Glück erfüllt, wenn du dein Leben nach deinen Vorstellungen gestaltest?

Gabi Reichert: Unterwegs mit der Familie

Gabi und Gunter Reichert und ihre Kinder Esra, Noah und Amy berichten seit dem Jahr 2000 unter www.5reicherts.com live von ihren langen Touren durch Europa und die Welt. Die Kinder, mittlerweile Teenager oder gar Erwachsene, waren und sind immer noch dabei. Die Reicherts leben und lernen gemeinsam und gehen dabei ihrer Passion, der Fotografie, intensiv nach.

Wie oft seid ihr als Familie unterwegs und wie sieht so eine typische Reise aus?

Gewöhnlich sind wir auf zwei bis drei längeren Touren pro Jahr unterwegs. Entweder mit unserem Wohnmobil oder mit VW-Bus, kombiniert mit Ferienwohnung. Konkrete Anlaufpunkte haben wir sehr wenige, wir erkundigen uns lieber vor Ort oder gehen nach unserem Gefühl. Jede Reise ist anders, »typisch« gibt es bei uns nicht.

Wie habt ihr die Schulpflicht in Deutschland umgangen und was ist euer »Ersatz« zur konventionellen Bildung?

Der Schulpflicht sind wir aus dem Weg gegangen, indem wir uns ins Ausland abgemeldet haben. Als Alternative haben wir den Kindern weitestgehend freie Hand gelassen und auf ihre natürliche Wissbegier gesetzt.

Als für Esra feststand, dass er das Abitur ablegen wollte, hat er gecheckt, was er schon kann, das war schon erstaunlich viel. Dann hat er sich für den fehlenden Stoff, zum Beispiel in Mathematik, Physik oder Latein, einen Zeit- und Lernplan erstellt, den er durchgezogen hat. Viel dabei geholfen haben ihm englische Lehrvideos wie die der Khan Academy. Diese Art der individuellen, auf die eigenen Bedürfnisse zugeschnittenen Lehrpläne erwies sich als äußerst effektiv und zeitsparend im Vergleich zum normalen Schulunterricht. Esra bereitete sich in etwa sechs Monaten auf das Abitur vor.

Unser 18-jähriger Sohn Noah lernte im Frühjahr auf einer Tour der bretonischen Inseln für den Realschulabschluss und legte ihn erfolgreich ab.

Gibt es neben der Schulpflicht weitere Hürden, die für euch als Familie eine große Herausforderung darstellen?

Abweichende Lebensstile werden in Deutschland anscheinend nicht gerne gesehen. Der Umgang mit den Behörden gestaltet sich kompliziert und aufwendig. Da kann es auch schon mal vorkommen, dass das uns rechtlich zustehende Kindergeld einfach nicht mehr gezahlt wird. Es hat ein Dreivierteljahr gedauert, bis wir eine Begründung für die Streichung hatten, und noch ein halbes Jahr, bis wir unsere Ansprüche durchgesetzt und es nachgezahlt bekamen.

Das häufig wechselnde Umfeld sehen wir eher positiv. Neue Bekanntschaften, Kontakt mit anderen Ansichten erweitern den Horizont. Viele Deutsche sind im Vergleich viel unflexibler, Abweichungen von der Norm werden oft heftig attackiert. Wir wurden oft wegen der freien Bildung unserer Kinder angegriffen. Doch die alten Freundschaften, zumindest die echten, bestehen immer noch. Über das Internet ist es kein Problem, Kontakt zu halten.

1.4 Finanzen ordnen

»Today I will do what others won't, so tomorrow I can accomplish what others can't.«

Jerry Rice

Einer der stärksten Anker, der uns in unserer Bewegungsfreiheit eingrenzt, sind finanzielle Verpflichtungen und Ängste. Ich möchte gar nicht erst damit beginnen, den Begriff »finanzielle Unabhängigkeit« zu definieren oder gar absolute Zahlen festzulegen. Bestimmt hast du deine ganz eigenen Vorstellungen von finanzieller Sicherheit.

Egal was du für dich als finanzielle Unabhängigkeit definierst, es ist ratsam, die Priorität von Geld in deinem Leben grundlegend zu überdenken. Das hilft dabei, eine gewisse mentale Unabhängigkeit von Geld zu erlangen und finanziellen Ängsten mit einem veränderten Blick entgegenzutreten.

Außerdem solltest du unbedingt einen konkreten Überblick über deine Eingaben und Ausgaben haben. Das sind zwei Stellschrauben, an denen es ganz sicher noch einigen Spielraum gibt. Lass uns doch mal beide Seiten betrachten, beginnend beim Einkommen.

Dein Ziel sollte es sein, als Selbstständiger ein Mindesteinkommen zu erwirtschaften, welches nur geringen Schwankungen unterliegt. Das gelingt dir nur, wenn du dich breit aufstellst, also nicht von wenigen Klienten, Lesern oder anderen Einflüssen (zum Beispiel Google, Affiliate-Partnern) abhängig bist, sondern möglichst viele verschiedene Einnahmequellen hast.

Generell lassen sich Einkünfte in zwei Kategorien unterteilen:

- **Aktives Einkommen** aus einem Angestelltenverhältnis oder einer selbstständigen Tätigkeit
- **Passives Einkommen** aus deinem eigenen Unternehmen, aus Zinsen, Aktiengewinnen oder Mieteinnahmen

Passives Einkommen verdienen

Eine Motivation der digitalen Selbstständigkeit ist es sicher, dein Einkommen unabhängiger von den Komponenten Ort und Zeit zu machen. Anders als beim aktiven Einkommen – also dem Tausch von Zeit gegen Geld, den wir als Onlineunternehmer vermeiden wollen – soll ohne deine direkte Leistung und physische Anwesenheit Geld auf dein Konto fließen.

Genau das ist passives Einkommen. Das kannst du durch die Automatisierung und Auslagerung von Prozessen erreichen, auf die wir im dritten Kapitel ausführlich eingehen. Zwar wirst du immer Arbeit in dein Einkommen investieren müssen, weshalb es nie zu 100 Prozent passiv sein wird, du kannst dies aber zu einem hohen Grad automatisieren.

Anders als beim passivem Einkommen durch den Handel mit Wertpapieren oder Immobilien sind die Dividenden für digitale Geschäftsmodelle nicht so spektakulär, jedoch deutlich risikoärmer und unabhängiger von äußeren Einflüssen. Wenn du nicht spekulieren, sondern ein nachhaltiges Business aufbauen willst, brauchst du ein Geschäftsmodell, das gut steuerbar und skalierbar ist.

Denke zum Beispiel an den Verkauf eines Informationsprodukts wie ein E-Book oder einen gut automatisierten Onlineshop. Das Angebot dafür wird einmalig erstellt und kann dann zu jeder Tageszeit völlig automatisiert an eine beliebige Anzahl von Käufern ausgeliefert werden. Der Skalierung nach oben sind keine Grenzen gesetzt.

Ich denke, du erkennst den Unterschied zum aktiven Einkommen, bei dem du deine Arbeitskraft nicht einfach aus der Gleichung subtrahieren kannst. Beim passiven Einkommen ist dein Verdienst nicht durch deine Arbeitszeit beschränkt, sondern theoretisch unbegrenzt.

Die großen Nachteile sind der recht hohe Zeitaufwand zur Erstellung eines Angebots und die Schwankungen, denen deine Einnahmen ausgesetzt sein können. Letzterem Punkt beugst du vor, indem du dich von Anfang an nicht auf eine Einnahmequelle beschränkst, sondern das Risiko auf verschiedene Einnahmequellen verteilst.

Ich denke dabei an die von Tim Ferriss beschriebene Muse[10] – ein Geschäftsmodell, das deine laufenden Kosten bezahlt und nicht zwangsläufig deiner ganz großen Leidenschaft entsprechen muss. Du musst anfangs gar nicht so groß denken. Ich kenne viele Menschen (mich eingeschlossen), die mit kleinen, informativen Webseiten, die über Affiliate-Marketing oder Werbeanzeigen monetarisiert werden, mehrere Tausend Euro im Monat verdienen und sich damit die finanziellen Freiheiten für ihre echten Leidenschaften geschaffen haben.

Bereite dich mental darauf vor, dass es mühselig ist und ein paar Monate dauern kann, bis sich deine Arbeit auszahlt. Egal welches Projekt du für dich in Erwägung ziehst, es ist vor allem wichtig, dass du bereits heute beginnst, kleine Schritte weg von der »Zeit-gegen-Geld-Arbeit« hin zu einem passiven Einkommen zu machen.

Passe dein Konsumverhalten an

»The more stuff you own, the more your stuff owns you.«

Joshua Becker

Es ist der Kreislauf von Einkommen und Konsum, der dafür sorgt, dass du nie genug verdienen kannst. Diesen Kreislauf wirst du nicht mit immer mehr Arbeit durchbrechen, sondern durch ein bewusstes Konsumverhalten. So gerne du auch deinen kurzfristigen Konsumgelüsten nachgibst, so sehr gibst du mit jedem Kauf ein kleines Stückchen Freiheit auf, da du diese Ausgaben erst wieder verdienen musst.

Die folgenden Ratschläge sollen dir dabei helfen, deinen Konsumgelüsten zu widerstehen:

- Sei dir über die Gesamtkosten einer Anschaffung bewusst (Versicherung, Lagerung, Schutz, Wartung).
- Kaufe Dinge, weil sie nützlich sind, und nicht, um Zugehörigkeit und Anerkennung zu finden.
- Ignoriere bewusst die Werbeindustrie, die versucht, Bedürfnisse in dir zu wecken, die du eigentlich gar nicht hast.
- Mache dich nicht von deinem Besitz abhängig (materiell sowie psychologisch).
- Miete Dinge (und Dienstleistungen), anstatt sie zu besitzen.
- Tausche Dinge, anstatt sie zu kaufen.

- Verschenke kein nutzloses Zeug, sondern Zeit.
- Entscheide dich gegen die kurzfristige Befriedigung durch Konsum und für die langfristige Unabhängigkeit.

Neben dem einmaligen Kauf von Dingen gibt es diese fiesen Beträge, die regelmäßig von deinem Konto abgebucht werden. Das Problem dabei ist, dass es sich meist um langfristige vertragliche Verpflichtungen handelt. Verträge sind der absolute Inbegriff von Abhängigkeit. Egal ob ein Arbeitsvertrag, eine Versicherungspolice oder ein Telefonvertrag – was dir verkauft wird, ist eine vermeintliche Sicherheit, die in der Regel teuer erkauft werden muss.

Eine oft falsche Annahme ist, dass eine Dienstleistung günstiger wird, je länger der Vertrag läuft. Das hat sich in den letzten Jahren nicht zuletzt wegen eines größeren Wettbewerbs in vielen Märkten und im Internet drastisch geändert. In vielen Bereichen kannst du einen Service on demand (bei Bedarf) oder zumindest als monatlich kündbares Abo-Modell nutzen.

Mit einem Blick auf deine Kontoauszüge des letzten Jahres siehst du, welche fixen Beträge regelmäßig von deinem Konto abgehen – Verträge für Handy und Internet, Mitgliedschaften im Fitnessstudio und Steuerhilfeverein, Abonnements, Versicherungen, Kontogebühren und Kreditkarten. Überlege dir dann ganz genau, ob du diese langfristigen finanziellen Verpflichtungen wirklich weiterhin eingehen musst und willst, und halte dich dabei an die folgenden zwei Grundsätze:

1. **Nutzen vor Besitzen** (on demand statt ständiger Verfügbarkeit)
2. **Flexible Lösungen vor langfristigen Verträgen** (Unabhängigkeit statt vermeintlicher Sicherheit)

Das Gleiche gilt natürlich auch, wenn du über den Abschluss eines neuen Vertrags nachdenkst. Manchmal sind es nur kleine monatliche Beträge, die auf lange Sicht nicht nur hohe Kosten verursachen, sondern dich an einen Ort binden oder mental belasten.

Genug mit materiellen und mentalen Ankern, von denen du auf den letzten Seiten sicher einige auch auf dich beziehen konntest. Bevor es im zweiten Kapitel darum geht, welche Möglichkeiten dir für das ortsunabhängige Arbeiten zur Verfügung stehen, möchte ich noch einen Punkt diskutieren, der mir sehr am Herzen liegt: Zeitreisen.

1.5 In der Gegenwart leben

»It's never too late to be what you might have been.«

George Eliot

»Genieße dein Leben jetzt, bevor es zu spät ist!« – Eltern raten es ihren Kindern, Lehrer erzählen es Schülern und Freunde geben sich gegenseitig diesen merkwürdigen Rat. Sobald wir eine vielversprechende Anstellung und eine Familie haben, ist es schließlich vorbei mit dem Leben voller Freiheit und Reisen.

Das ist eine von vielen Konventionen, mit denen wir aufwachsen. Wir fühlen uns dazu verpflichtet, zur Arbeit zu gehen und etwas zu schaffen, um damit die Erwartungen von Umfeld und Gesellschaft zu erfüllen. Mit jedem Arbeitsverhältnis, jedem Meeting in deinem Terminkalender und jedem Fernsehprogramm richtest du dich nach einer fremden Agenda und gibst damit die Kontrolle über deine Zeit ab.

Kulturell gesehen sind Vergangenheit und Zukunft für die meisten Deutschen wichtiger als die Gegenwart. Umgekehrt ist das für Südländer und asiatische Kulturen, bei denen die Gegenwart übergeordnet ist. Basierend auf diesen zeitlichen Prioritäten, mit denen die meisten von uns aufgewachsen sind, treffen wir Entscheidungen hinsichtlich zukünftiger Absicherung und lassen uns von vergangenen Erfahrungen einschränken.

Gedankliche Zeitreisen in die Vergangenheit und die Zukunft bringen dich in den wenigsten Fällen weiter. In der Vergangenheit liegen Wut und Reue über die Dinge, die du hättest machen können oder nicht gemacht hast. In der Zukunft stößt du auf Zweifel und Ängste.

Beeinflussen kannst du letztendlich nur die Gegenwart. Nur in der Gegenwart hast du die Chance, dein Leben zu verändern. Ganz egal, wie deine Vergangenheit aussieht und was deine Annahmen über die Zukunft sind. In der Gegenwart zu leben bedeutet auch, nicht in jeder Situation an das Resultat zu denken. Anstatt dich immer zu fragen, welches Ergebnis eine Handlung hat, genieße den Prozess.

Nimm Klavierstunden, ohne damit andere Menschen beeindrucken zu wollen. Schreibe einen Blog, ohne damit Geld verdienen zu wollen. Reise in ein fremdes Land, ohne dabei alle Sehenswürdigkeiten aus dem Reiseführer zu besichtigen. Genieße den Aufbau deines Onlinebusiness, ohne ständig an den finanziellen Ertrag zu denken.

Halte dir vor Augen, dass der Weg das Ziel ist, und vergesse bei all deinen gut gemeinten Ambitionen nicht, auch mal innezuhalten und diese nie endende Reise zu genießen.

Der Großteil des Lebens vieler Menschen ist ziemlich vorbestimmt. Sie gehen zur Schule, machen eine Ausbildung oder studieren, arbeiten 40 Jahre lang und genießen dann die wohlverdiente Rente. Ist da nicht irgendetwas faul?

Solltest du denn wirklich den besten Teil deines Lebens damit verbringen, bestmöglich für das Rentenalter vorzusorgen? Sprüche wie »nur noch fünf Jahre bis zur Rente« hörst du wahrscheinlich öfter mal von älteren Kollegen. Ist es denn nicht absurd, das Rentenalter herbeizusehnen? Es ist genauso absurd, wie sich schon am Montagmorgen auf den kommenden Freitag und das bevorstehende Wochenende zu freuen.

Ich bin mir sicher, dass du es hasst, wenn die Wochen an dir vorbeifliegen. Du möchtest dein Leben jetzt leben und nicht auf das nächste Wochenende und schon gar nicht bis zur Rente warten. Du möchtest jetzt Sprachen lernen, Sport treiben, neue Kulturen entdecken und die Welt bereisen, solange du den Antrieb und die körperliche Verfassung dafür hast. Du möchtest raus aus dem Teufelskreis von Ausbildung, Arbeit und Rente, oder?

Mini-Retirements

Die Idee hinter den Mini-Retirements (Mini-Renten)[11] ist, dass die »Rentenzeit« über das ganze Leben lang verteilt wird. Das Geld wird nicht für den Lebensabend aufgespart, sondern es werden regelmäßige Auszeiten genommen, in denen kleine Ersparnisse ausgegeben werden. Du belohnst dich also alle paar Jahre für deine harte Arbeit und gibst dein Geld für Reisen oder andere Leidenschaften aus.

In der Praxis kann das ein Sabbatical sein oder die Übergangszeit zwischen zwei Anstellungen. Während dieser Auszeit ziehst du einen Teil deiner Rente vor, anstatt ein Leben lang darauf zu warten. Da ich weiß, dass du als Leser dieses Buches nicht auf solche Chancen warten willst, habe ich noch eine bessere Alternative für dich.

Was hältst du davon, in den nächsten zwei bis drei Jahren hart an dem Aufbau deines Onlinebusiness zu arbeiten, um dir dann jedes Jahr monatelange Mini-Retirements zu gönnen?

Dass diese Idee alles andere als utopisch ist, beweisen viele Onlineunternehmer, die sich für ihre Arbeit mit regelmäßigen Auszeiten belohnen. Lasse die Idee der Mini-Renten für einen Moment sacken. Konkrete Schritte zur Umsetzung folgen im Laufe des Buches.

Rearview Mirror Syndrome

Das »Rearview Mirror Syndrome« (Rückspiegel-Syndrom)[12] sorgt dafür, dass wir ständig zurückschauen und unsere Vergangenheit immer wieder erleben. Fälschlicherweise glauben wir dadurch, dass wir durch unser vergangenes Ich bestimmt werden und damit unser Potenzial beschränken. Anstatt neuen Möglichkeiten positiv gegenüberzustehen, schauen wir in den Rückspiegel und bewerten unsere Chancen mit vergangenen Zweifeln, Ängsten und Fähigkeiten.

Um eine einschneidende Veränderung in deinem Leben herbeizuführen, musst du damit aufhören, immer nach hinten zu schauen. Lasse dich von einschränkenden Erlebnissen aus der Vergangenheit nicht davon abhalten, etwas Neues zu probieren. Wenn du gestern etwas nicht konntest, dann kannst du es heute lernen. Deine Vergangenheit gibt nicht vor, wie deine Zukunft aussieht. Mache nicht den Fehler, dich durch Erlebnisse in deiner Vergangenheit definieren zu lassen.

Zukunftsdenken

Sich Gedanken über die Zukunft zu machen, ist grundsätzlich keine schlechte Idee. Wer nur von einem Tag in den nächsten lebt, ohne eine langfristige Vision zu haben, kann sein volles Potenzial nicht entfalten.

Auf der anderen Seite macht es nie Sinn, sich Sorgen über die Zukunft zu machen. Warum solltest du dir als Student Gedanken über deine Rente machen? Warum als junge Mutter bereits an das Studium deines Kindes denken? Diese Dinge kannst du nicht beeinflussen, ohne dich in der Gegenwart unnötig einzuschränken.

Deine Zukunft solltest du an deiner Berufung oder Vision ausrichten. Wenn deine täglichen Entscheidungen diesem übergeordneten Sinn folgen, dann gewinnst du an Sicherheit. Nicht aber, wenn dein Zukunftsdenken durch Nachrichten, dein Umfeld oder konventionelle Annahmen bestimmt wird. Eine dieser Konventionen ist die ständige Sorge über die Altersvorsorge, die auf gar keinen Fall die Blütezeit deines Lebens beherrschen darf.

2 Ortsunabhängig arbeiten

»Arbeit ist etwas, das man tut, nicht ein Ort, an den man geht.«

Cali Ressler und Jody Thompson

Ist dir eigentlich bewusst, dass unser Selbstverständnis von Arbeit noch gar nicht so lange existiert? Und doch nehmen es so viele von uns als gegeben hin, ohne das bestehende System zu hinterfragen.

Vor der industriellen Revolution gab es keine Trennung von Arbeit und Freizeit. Jahreszeiten und Ernte bestimmten Beginn und Ende des Arbeitstags eines Bauern. Zu dieser Zeit waren die Menschen sehr viel selbstständiger in der Bewältigung ihres Lebensunterhalts. Mit der Industrialisierung veränderte sich das Arbeitsleben der Menschen vollständig, da die mit dem industriellen Zeitalter verbundene Fabrikarbeit dazu führte, dass Arbeitsplatz und Wohnort voneinander getrennt wurden. Das Konzept der Arbeitszeit, also der Verkauf von Lebenszeit gegen eine monetäre Entlohnung, entstand. Anders als bei Landwirten, Goldschmieden und Händlern zählten nicht mehr die Ergebnisse der Arbeit, sondern vorrangig die geleisteten Stunden.

Seit Beginn der Industrialisierung wird Erwerbsarbeit auf eine Lebensphase festgelegt und nach kategorisierten Berufen ausgeführt, die ein Leben lang beibehalten werden. Die Trennung von Arbeitsplatz und Wohnort (Privatleben) erachten wir heute als selbstverständlich. Doch gerade werden wir Zeugen einer erneuten Revolution, die uns den Ausbruch aus dem vorherrschenden Arbeitssystem der letzten 200 Jahre ermöglicht.

Im 21. Jahrhundert verändert die digitale Revolution unser bisheriges Verständnis von Arbeit. Auf der einen Seite wird sie als Gefahr für eine steigende Arbeitslosigkeit gesehen, da neue Technologien zu wachsender Automatisierung und somit zum Verlust von Arbeitsplätzen führen können.[13]

Zu diesen neuen Technologien gehört natürlich auch das Internet. Mit seiner wachsenden Anzahl an Onlinemarktplätzen beginnt das Internet beispielsweise, lokale Geschäfte zu verdrängen und Arbeitsplätze freizusetzen. Auf der anderen Seite wird die digitale Revolution jedoch für viele Menschen – wie für dich als Leser dieses Buches – zur Chance für ein selbstbestimmtes Leben und Arbeiten. Ein Leben und Arbeiten weit entfernt von den veralteten Lebens- und Arbeitsformen des vergangenen Zeitalters der industriellen Fabrikarbeit und der Arbeitsteilung.

Der technologische Fortschritt des digitalen Zeitalters kreiert neue Arbeitsplätze mit komplett neuen Arbeitsbedingungen, die zu wiederum neuen Lebensumständen führen. Willkommen im Zeitalter der digitalen Selbstständigkeit mit völlig neuen Möglichkeiten. In diesem Kapitel geht es darum, wie du dir eine ortsunabhängige Selbstständigkeit aufbaust, ohne dabei zwischen Arbeit und Leben trennen zu müssen.

Der wichtigste Baustein für dein ortsunabhängiges Leben ist ein Einkommen, das nicht an einen fixen Arbeitsplatz gebunden ist. Das Internet bietet nahezu unendliche Möglichkeiten, um Dienstleistungen und Produkte unabhängig von Ort und Zeit zu verkaufen. Im Grunde gibt es zwei Herangehensweisen:

- Du kannst als **Freelancer** deine individuelle Arbeitszeit anbieten oder
- mit deinem eigenen **Onlinebusiness** ein Geschäftskonzept umsetzen, das unabhängig von deiner Arbeitszeit funktioniert.

Mit anderen Worten: Du kannst dein Einkommen im Internet aktiv (als Freelancer) oder passiv (mit einem Produkt oder einer automatisierten Dienstleistung) verdienen.

Als Freelancer bietest du Dienstleistungen als Berater, Coach oder beispielsweise Übersetzer gegen ein vorher festgelegtes Entgelt an. Deine Einkommensgrenze entspricht dabei deiner verfügbaren Arbeitszeit und der Höhe deines Stundenlohns.

Diese Grenzen gibt es bei einem Onlinebusiness nicht, denn damit hast du die Möglichkeit, ein sich selbst verkaufendes Produkt oder eine sich selbst verkaufende Dienstleistung anzubieten, ohne dass du permanent an den Prozess der Leistungserbringung gebunden bist. Dadurch ermöglichst du eine theoretisch unbegrenzte Skalierung deines Einkommens.

Warum also überhaupt die Option eines Freelancers in Betracht ziehen? Ganz einfach: Weil der Einstieg deutlich leichter fällt und innerhalb von kurzer Zeit Geld auf dein Konto fließt. Ein Onlinebusiness setzt hingegen ein größeres Maß an Vorkenntnissen voraus und benötigt mehr Vorlaufzeit, bis es profitabel ist.

Solltest du dich noch in einem Angestelltenverhältnis befinden oder unter finanziellem Druck stehen, dann ist das Freelancing eine gute Option. In der Regel wirst du direkt nach Abschluss eines Projekts bezahlt und benötigst aus diesem Grund keine größeren Geldreserven.

Langfristig betrachtet ist es jedoch sinnvoll, sich eine passive Einkommensquelle – also eine Einkommensquelle unabhängig von der eigenen Arbeitszeit – zu erschaffen. Mit einem Onlinebusiness kannst du etwas Eigenes erschaffen, mit dem du anderen Menschen helfen und gleichzeitig aus deiner Leidenschaft ein Geschäft machen kannst. Sei dir jedoch darüber bewusst, dass Onlineunternehmer erst nach Monaten oder Jahren genügend Geld verdienen, um sich mit ihrem Unternehmen ihren Lebensunterhalt zu verdienen.

Als Alternative zum Onlinefreelancing und Onlinebusiness gibt es auch die Form der ortsunabhängigen Festanstellungen. Vielleicht gehörst du zu der Gruppe von Menschen, die in ihrer Festanstellung glücklich sind und sich lediglich flexiblere Arbeitszeiten und das Arbeiten außerhalb des Büros wünschen. Wir gehen darauf ein, wie du deinen Arbeitgeber mit den richtigen Argumenten zu einem »Remote Work Agreement« bewegen kannst und wie du die neu gewonnenen Freiheiten effizient nutzt.

2.1 Remote Worker: Kompromiss ohne Anwesenheitspflicht

> *»Wir haben gelernt, dass Fleiß in Stunden gemessen wird, Effizienz in Anwesenheit und Einsatzbereitschaft anhand der Menge von Privatleben, die wir bereit sind, unserem Job zu opfern.«*
>
> *Markus Albers*

Wie wäre es, wenn die Arbeitszeiten flexibel und der Arbeitsplatz nicht an einen festen Ort gebunden wären? Wäre es nicht super, nach Ergebnissen und nicht nach Arbeitszeit bezahlt zu werden? Für die meisten Angestellten beginnt der Büroalltag in der Regel um neun Uhr und endet je nach Ambitionen des Unternehmens und des Mitarbeiters zwischen 17 und 20 Uhr. Das ist wichtig, da nach Anwesenheit bezahlt wird und der Vorgesetzte die Angestellten kontrollieren will oder muss.

Die Technologien für mobile Büros, Heimarbeit und barrierefreie Onlinekooperation sind heute ausgereift genug, um nicht mehr fünf Tage in der Woche ins Büro fahren zu müssen. Als Freiangestellter oder Telearbeiter tauschst du Flexibilität gegen Schreibtisch und wirst nur noch nach Leistung und nicht mehr nach Anwesenheit bezahlt. Die größte Hürde ist es, deinen Arbeitgeber von den Vorteilen der digitalen Zusammenarbeit zu überzeugen.

Deine Argumente müssen die Vorteile für das Unternehmen und deinen direkten Vorgesetzten hervorheben. Nur wenn es für die Arbeitgeberseite eine Einsparung oder Erleichterung bedeutet, wirst du Zustimmung finden.

Bereite dich mit folgenden Argumenten auf das Gespräch vor, in dem du die virtuelle Zusammenarbeit vorschlägst:

- Das Unternehmen spart bares Geld für Immobilien und Ausstattung.
- Du kannst die Zeitersparnis für den Arbeitsweg für sinnvolle Dinge nutzen.
- Du bist flexibel und kannst damit auch (Online-)Termine außerhalb der Rahmenarbeitszeit wahrnehmen.
- Du wirst nur für tatsächlich erreichte Zielvereinbarungen bezahlt und nicht für reine Anwesenheit (liefere Beispiele von Arbeitsmodellen wie ROWE[14] oder solche der Deutschen Bank, wo es in manchen Abteilungen einen Homeworking Day pro Woche gibt).[15]
- Du lieferst einen täglichen/wöchentlichen Statusbericht ab.
- Du bietest an, testweise ein bis zwei Tage in der Woche im Homeoffice zu arbeiten und nach einem Monat die Entwicklungen zu besprechen.
- Du bietest deinem Chef an, dass er dich jederzeit wieder ins Büro holen kann, wenn die Testphase negativ verläuft.

Sollte dein Arbeitgeber diesem Modell absolut pessimistisch gegenüberstehen, dann musst du ihm beweisen, wie vorteilhaft es für beide Seiten sein kann. Lasse dich doch mal für ein paar Tage krankschreiben, wenn die nächste Grippewelle umgeht, und überrasche deinen Chef dann mit E-Mails, die deine Arbeitsergebnisse vom »Krankenbett« aus belegen.

Relatives Einkommen

Arbeit, Einkommen und Freizeit sollten im Einklang stehen. Dabei geht es um relatives Einkommen, bei dem Zeit als Währung gesehen wird. Statt für mehr Geld länger zu arbeiten, sollte es dein Ziel sein, für das gleiche Geld weniger zu arbeiten. Dies kann durch flexible Arbeitszeitmodelle und somit weniger vertrödelte Zeiten im Büro und die Ersparnis des täglichen Weges zur Arbeit erreicht werden. Rein mathematisch ausgedrückt führt dein gleichbleibendes Gehalt damit bei weniger Zeitaufwand zu einem höheren Einkommen.

Deine neu gewonnene Zeit und Flexibilität solltest du sinnvoll nutzen. Du kannst deine Arbeit mit auf Reisen nehmen. Du kannst die eingesparten Zeiten für den Arbeitsweg nutzen, um dich täglich eine Stunde lang weiterzubilden. Oder du beginnst neben deinem Haupterwerb bereits, an eigenen Projekten zu arbeiten, um damit den Schritt in die Selbstständigkeit vorzubereiten.

Christoph Wehle – Remote arbeiten

Christoph arbeitet als fest angestellter, dauerreisender SEM-Manager in einer deutschen Agentur. Über seine Arbeit als angestellter Nomade bloggt er unter www.angestellt-reisen.de.

Wie würdest du deine Stelle beschreiben und wie groß ist das Unternehmen, in dem du arbeitest?

Ich arbeite in einer Onlinemarketingagentur mit 14 Kollegen. Wir betreuen B2B- und B2C-Kunden und investieren für diese einen achtstelligen Betrag im Jahr bei Google AdWords und Facebook. Meine Aufgabenbereiche umfassen die Kundenkommunikation, die kreative Arbeit der Werbemittelerstellung und eher Technisches wie die Aussteuerung der Gebote oder die Datenfeed-Optimierung.

Wie bist du mit der Idee des »Remote Work Agreements« an deinen Chef herangetreten und was für einen Deal habt ihr ausgehandelt?

Temporäres Arbeiten im Homeoffice war in meinem Unternehmen schon etabliert. Auch arbeitete mein Chef im Urlaub stets von unterwegs und schlug vor, dass auch wir Mitarbeiter unseren Urlaub so strecken könnten, um die Kollegen zu entlasten. Von dieser positiven Einstellung zu Telearbeit ausgehend, war es nicht mehr weit zu unserem Deal: Ich kann auf eigene Kosten reisen, wohin ich möchte, sofern die Kommunikation und die Leistung darunter nicht leiden und ich alle paar Monate für ein bis zwei Wochen zurück ins Büro komme.

Hast du allgemeine Tipps für die Leser, wie sie ihren Arbeitgeber von einem flexibleren Arbeitsmodell überzeugen können?

Zeigt ihm auf, welche Vorteile er daraus ziehen kann: Seid ihr ständig unterwegs, fallen für ihn die Kosten für einen Büroarbeitsplatz weg. Ihr werdet mit gesteigerter Motivation arbeiten, da ihr euren neuen Lebensstil nur verfolgen könnt, wenn die Leistung stimmt.

Schlagt ihm vor, mit einer Homeoffice-Phase zu beginnen, das Experiment dann auf »zwei Wochen halbtags im Urlaub arbeiten« auszuweiten und so langsam zu einer Abnabelung zu gelangen.

Welchen Schwierigkeiten bist du als reisender Festangestellter bisher begegnet?

Das Wichtigste ist gutes Internet: WLAN im Café genügt mir nicht, da die Qualität der VoIP-Gespräche dort zu stark schwankt. Da ich meistens von meinen Unterkünften aus arbeite, versuche ich im Voraus abzuklären, ob ich per LAN-Kabel Zugang zum Router bekomme. Ein weiterer Knackpunkt ist die Kommunikation mit den Kollegen: eins zu eins funktioniert mit dem Telefon sehr gut, klinke ich mich in eine größere Gruppe ein, wird es problematisch.

Was denkst du: Für welche Berufsgruppen eignet sich dieses Arbeitsmodell?

Für alle Dienstleister, deren Leistung nicht unbedingt an physisch präsente Produkte gebunden ist. Das können Onlinemarketer (SEM, SEO, Content, Social Media) sein, Illustratoren oder Journalisten und Berater jeglicher Couleur.

2.2 Freelancer: Services anbieten

Als Freelancer bist du ein freier Mitarbeiter beziehungsweise eine Honorarkraft. Das heißt, du hast in der Regel einen Werks- oder Dienstvertrag mit deinen Klienten, bist aber darüber hinaus komplett ungebunden. Dabei ist es wichtig, dass du als Freelancer nicht fest in eine Organisation eingebunden bist und dass du mehrere Auftraggeber hast. Bei nur einem Klienten giltst du als Scheinselbstständiger, womit du, wie bei einem Angestelltenverhältnis, sozialversicherungspflichtig bist.

Indem du deine Fähigkeiten anbietest, hast du die Möglichkeit, ein sofortiges Einkommen zu generieren. Das Freelancing wird somit zu einer der schnellsten Möglichkeiten, den Schritt in die Selbstständigkeit zu wagen. Zumindest bis zu dem Zeitpunkt, an dem deine eigenständigen Projekte genügend Geld abwerfen.

Ich selbst habe fast zwei Jahre lang nebenbei als Freelancer im Bereich Übersetzungen und Onlinemarketing gearbeitet. Zwar hatte ich grundlegende Kenntnisse in beiden Bereichen, aber weder eine Ausbildung noch die nötige Berufserfahrung. Auch wenn ich anfangs nur einen geringen Stundenlohn erzielen konnte, erhöhten sich mit jedem neuen Auftrag meine Preise und meine Referenzen. Nach einem Jahr konnte ich mir meine Klienten aussuchen und musste immer weniger Jobs annehmen, um meinen Lebensunterhalt zu sichern. Es war für mich ein gutes Sprungbrett in die »echte« Selbstständigkeit, da ich mir nützliche Fähigkeiten aneignen und wertvolle Kontakte knüpfen konnte.

Wenn du bereits Fachwissen oder Fähigkeiten in einem speziellen Bereich mitbringst, umso besser. Der Einstieg in das Freelancing sollte dir damit deutlich leichter fallen, als es bei mir der Fall gewesen ist. Folgende Schritte helfen dir bei deinem Start als Freelancer:

Schritt 1: Finde deine Marktnische, formuliere in einem kurzen Satz, welchen konkreten Service du anbieten möchtest und welchen Mehrwert du deinen Klienten damit bietest.

Selbst wenn du kein abgeschlossenes Studium oder eine relevante Ausbildung vorzuweisen hast, ist es möglich, in den Bereichen Onlinemarketing, Übersetzung, Content-Erstellung und allgemeiner Administration erste Jobs für den Einstieg zu finden.

Du brauchst kein außergewöhnliches Expertenwissen, sondern musst dich gut verkaufen können und deine Nische[16] clever auswählen. Orientiere dich dabei nicht nur an deinen Fähigkeiten, sondern auch am Bedarf. Dir muss es gelingen, den Mehrwert deines Services in einem Satz zu formulieren, um ihn für Klienten interessant zu machen.

Hier ein Beispiel für eine mögliche Nische, wenn du als Übersetzer arbeiten möchtest: In der Regel bist du als Übersetzer einer von Millionen. Als Deutsch-Englisch-Übersetzer bist du nur noch einer von Tausenden. Als Deutsch-Englisch-Übersetzer mit Spezialgebiet Smartphone-Apps bist du einer von Hunderten. Wenn du dann noch lernst, wie SEO in App Stores funktioniert, dann wirst du einer von ganz wenigen sein. In dieser Nische bist du aufgrund der geringeren Konkurrenz viel stärker nachgefragt, kannst dich schneller als Experte positionieren und damit auch deutlich höhere Stundensätze verlangen.

Schritt 2: Akquiriere erste Kunden – mache dein Angebot öffentlich und erstelle jeweils ein Profil bei einem internationalen und einem deutschen Freelancer-Portal.

Lasse deine Freunde, alte Arbeitgeber und dein soziales Netzwerk wissen, welche Services du anbietest. Alternativ kannst du deinen Weg ins Freelancing auf deiner Facebook-Seite dokumentieren, sodass es sich weniger nach Werbung anfühlt, aber dennoch von deinen Kontakten wahrgenommen wird.

Wenn du noch wenig bestehende Beziehungen zu potenziellen Auftraggebern hast, dann melde dich auf den großen Freelancer-Portalen an. Dort stellen Auftraggeber Jobgesuche ein, auf die du dich mit deinem Profil, deinem Stundensatz und einem kurzen Anschreiben bewerben kannst. Auf diese Art kommst du schnell an erste Aufträge. Auch wenn die Bezahlung niedrig ist, hast du so die Möglichkeit, erste Erfahrungen und Referenzen zu sammeln.

Abhängig von deiner gewählten Nische würde ich dir vorschlagen, dich in einer der international bekannten, allgemeinen Jobbörsen anzumelden sowie bei einem auf deinen Tätigkeitsbereich ausgerichteten Jobportal. Hier eine kleine Auswahl[17]:

- **Upwork** (ehemals oDesk) ist die mit Abstand größte internationale Plattform mit einem breiten Angebot an Freelancer-Jobs.
- Bei **SEOJobboerse.de** werden sowohl Vollzeitkräfte als auch Freelancer im Onlinemarketing gesucht.
- Bei **Bloggerjobs** findest du kleinere Schreibjobs und kannst selbst Angebote einstellen.
- **twago** bietet weltweite Projekte vor allem in den Kategorien IT und Design.

- **Freelance-Market** bietet die gezielte Vermittlung von Freelancern aus allen möglichen Bereichen.
- Auf **people4project** können IT-Projekte gefunden werden, die meist sehr spezielle Qualifikationen voraussetzen.
- **ProZ.com** und **TranslatorsCafe.com** sind sehr gute Portale für fortgeschrittene Übersetzer.

Schritt 3: Kalkuliere deinen Mindeststundenlohn, schlage 50 Prozent darauf und begehe nie den Fehler, dich unter Wert zu verkaufen.

Dein Wert als Freelancer bestimmt sich durch dein Know-how und deine Fähigkeiten zur Selbstvermarktung. Je besser du den Nutzen für einen Auftraggeber kommunizieren kannst, desto mehr ist dieser bereit zu bezahlen. Dabei geht es vielmehr um den wahrgenommenen Nutzen als um deine eingesetzte Arbeitszeit.

Um rationaler an die Preisfindung heranzugehen, kalkuliere deine monatlichen Kosten, teile diese durch deine verfügbare Arbeitszeit und du erhältst deinen Mindeststundenlohn. Bei der Kalkulation deines Mindeststundenlohns solltest du auch Ausgaben für Steuern, Versicherung und Administration nicht unberücksichtigt lassen.[18] Die meisten Freelancer tendieren dazu, zu wenig Stundenlohn zu verlangen, da sie es nicht gewöhnt sind, den Wert ihrer Arbeit selbst zu bestimmen.

Denke daran, dass die Höhe deiner Stundensätze auch den wahrgenommenen Wert deiner Dienstleistungen bei deinen potenziellen Klienten bestimmt. Vermeide es, dich in den Preiskampf mit Studenten oder Freelancern aus Entwicklungsländern zu begeben. Es ist immer besser, wenige, aber gute Klienten zu haben, als ein großes Portfolio an schlecht bezahlenden und ständig nörgelnden Kunden zu bedienen.

Schritt 4: Lege eine eigene Portfolio-Seite an und fülle diese mit Inhalten zu deinen Services, vergangenen Jobs und Rezensionen.

Potenzielle Klienten interessieren sich weniger für deinen Lebenslauf oder deine erlangten Zertifikate, sondern für dein Portfolio an bisherigen Jobs und Referenzen. Dieses Portfolio ist im Idealfall eine eigene kleine Website. Als nächstbeste Alternative kommt ein Profil in einem Freelancer-Portal infrage.

In der Regel hast du zu Beginn wenig bis gar nichts vorzuweisen. Wenn das der Fall ist, dann versuche so schnell wie möglich, kleine Aufträge über Jobbörsen zu bekommen, und bitte nach Abgabe sofort um eine Bewertung. Zu Beginn ist es auch vollkommen okay, dich unter Wert zu verkaufen, denn die Referenzen führen auf lange Sicht zu einem höheren Verdienst. Frage auch in deinem Bekanntenkreis nach, ob jemand deinen neuen Service vergünstigt oder kostenfrei testen will, und bitte dann um eine Empfehlung.

Portfolio auf deiner eigenen Website: Sichere dir am besten eine Domain mit deinem Namen. Wenn diese schon belegt ist, dann werde kreativ. Installiere WordPress und suche nach einem Portfolio Theme[19], welches zu deinen angebotenen Services passt. Beschränke die Infos auf der Seite auf das Wichtigste zu deiner Person, deinen Leistungen, deinem Portfolio und ein Kontaktformular. Im Vordergrund sollte dabei immer stehen, welchen Mehrwert du deinen Kunden bieten kannst.

Portfolio auf Freelancer-Portalen: Auf den meisten Freelancer-Portalen kannst du bisherige Projekte eintragen und Arbeitsproben in Form von Textdokumenten, Videos oder Grafiken hochladen. Neben diesem Portfolio sind die Bewertungen deiner Auftraggeber absolut essenziell. Sobald du ein paar 5-Sterne-Bewertungen bekommen hast, werden deine zukünftigen Bewerbungen ganz anders wahrgenommen. Versuche also immer, deine Kunden glücklich zu machen, und frage nach Bewertungen.

Schritt 5: Lege eine Kundendatenbank an, die potenzielle, aktuelle und vergangene Auftraggeber enthält, und erhöhe ständig die Qualität deiner Klienten.

Überlege dir genau, wer deine Services brauchen könnte und wo du diese vermarkten kannst. Dafür kommen beispielsweise Foren, Gruppen auf LinkedIn, XING oder Facebook und Blogs infrage. Bringe dich dort in Gespräche ein und versuche mit deinem Wissen zu helfen, ohne direkt deine Services anzubieten.

Denke auch darüber nach, welche bestehenden Kontakte aus deinem Freundeskreis oder deiner beruflichen Vergangenheit du anschreiben könntest. Selbst wenn diese am Ende nicht zu Kunden werden, kennen sie eventuell jemanden, der es werden könnte.

Im Idealfall solltest du nach einigen Monaten keine aktive Kundenakquise mehr betreiben müssen, sondern Aufträge durch Empfehlungen erhalten. Sobald du einige Jobs erledigt hast, wirst du merken, dass dich zufriedene Auftraggeber gerne weiterempfehlen und dir Folgeaufträge übertragen. Pflege die Beziehungen mit diesen guten Klienten und lasse sie wissen, dass du freie Kapazitäten für zukünftige Aufträge hast.

Wenn du an einem Punkt mehr Aufträge bekommst, als du abarbeiten kannst, dann ist es an der Zeit, sich von den weniger guten Klienten zu trennen. Der beste Filter ist es, einfach deine Preise zu erhöhen, woraufhin die »schlechten Kunden« von ganz allein abspringen. Über die Zeit erhöhst du damit nicht nur dein Einkommen, sondern auch die Qualität deiner Kundenbeziehungen.

Schritt 6: Verliere dein langfristiges Ziel nicht aus den Augen – versuche, den Anteil deiner Gleitzeit für eigene Projekte ständig zu erhöhen, um so den Übergang vom Freelancer zum Unternehmer zu schaffen.

Vielleicht macht dir die Arbeit als Freelancer so viel Spaß, dass du diese ein paar Jahre machen willst. Wenn es dir wie mir und vielen anderen geht, dann willst du dich jedoch irgendwann weiterentwickeln. Ich kann dir nur dringend ans Herz legen, dir von Anfang an eine langfristige Strategie zurechtzulegen.

Nimm dir ab dem ersten Tag immer etwas Zeit für eigene Projekte. Dein Ziel sollte es sein, Monat um Monat weniger Zeit für deine Kunden und mehr Zeit in den Aufbau deines eigenen Unternehmens zu investieren.

Genau so habe ich es gemacht. Nach einem Jahr als Freelancer hatten meine eigenen Projekte genügend Einnahmen, sodass ich mich von dem Großteil meiner Klienten trennen konnte. Dann habe ich ein Unternehmen gegründet, bei dem einige meiner alten Klienten trotz höherer Preise heute immer noch Dienste buchen, die ich selbst an andere Freelancer auslagere. Bekannt ist diese Skalierung durch Standardisierung von Arbeitsschritten und Prozessen auch unter dem Namen »Productized Service«.[20]

Noch ein abschließender Hinweis zu diesem Kapitel: Sobald du die Tätigkeit als Freelancer aufnimmst, musst du – abhängig von deinen Dienstleistungen – ein Gewerbe oder dich beim Finanzamt als Freiberufler anmelden. Ob deine Tätigkeiten freiberuflich oder gewerblich sind und was es bei der Anmeldung zu beachten gibt, kannst du im 4. Kapitel nachlesen.

Walter Epp: Freelancing

Walter Epp ist Freelance-Texter, Blogger und Autor. Auf seinem Blog www.schreibsuchti.de bringt er mit Leidenschaft und Spaß anderen das Schreiben bei. Dort bekommst du auch sein kostenloses E-Book mit Schreibtipps für Blogger, Texter und Autoren.

Wie hast du für dich herausgefunden, in welchem Bereich du freelancen möchtest?

Ich habe neben meinem Jurastudium schon viele Jahre gebloggt und »hobbymäßig« geschrieben – für Magazine, Flyer und Webseiten von Freunden und Bekannten. Ich war in meinem Freundeskreis »der Typ für die Texte«.

Genau das war dann zu Beginn auch meine Zielgruppe: kleine und mittlere Unternehmen, die Werbetexte, Flyer oder Magazine brauchen. Meine ersten Kunden fanden sich in meinem Freundeskreis und sogar unter Verwandten. Danach sprach sich das dann rum.

Mein Angebot war am Anfang ziemlich schlecht. Ich wusste selbst nicht so genau, was ich anbot. Ich bot einfach alles an zum Thema Texte. Doch dann merkte ich schnell, dass ich dadurch niemals zum Spezialisten werden könnte und dass ich das alles gar nicht bedienen kann. Deshalb legte ich mich fest: Werbetexte, Blogging, Blog-Coaching.

Was ist bei der Preisfestlegung für Freelancer besonders wichtig?

Ich persönlich verlange keinen Stundenlohn. Denn durch einen Stundenlohn ist man wieder im alten »Ich tausche Zeit gegen Geld«-Muster. Das kennen wir alle aus dem Hamsterrad und da wollte ich raus.

Für meine Schreibprojekte nehme ich deshalb Festpreise, die vorher individuell ausgehandelt werden. Wenn es länger dauert, bin ich selbst schuld. Wenn es aber schnell geht, dann gewinne ich (hoher Stundenlohn) und der Kunde (schnelle Erledigung).

Welche Strategien nutzt du, um Kunden zu akquirieren?

Meine ersten Kunden bekam ich durch meinen Freundeskreis. Die weiteren Kunden bekam ich durch eine Bekannte. Wenn echte Menschen dich empfehlen, ist das immer noch die beste Art, um an gute Kunden zu kommen. Deshalb sollte man seinen Freundes- und Bekanntenkreis einweihen. Kein Geheimnis aus der Selbstständigkeit machen, sondern allen erzählen, was man anbietet. Später werden sie sich an dich erinnern und dich empfehlen.

Die zweite Methode: fragen. Ich habe eine Bekannte (mit viel Einfluss) gefragt, ob sie jemanden kennt, der meine Dienste bräuchte. Sie gab mir die Kontaktdaten – und ich hatte einen neuen Kunden! Hätte ich nicht gefragt, hätte er sich sicher nicht von alleine bei mir gemeldet.

Dritte Methode: mein Blog. Da mein drittes Geschäftsfeld Blog-Coaching beziegungsweise Schreibcoaching ist, schreibe ich über das Schreiben. In diesem Feld läuft es also passiv. Das ist, was sich viele Freelancer wünschen, aber bis solch ein Blog aufgebaut ist, dauert es mehrere Jahre. Deshalb sollte man mit den oberen zwei Methoden beginnen.

Welche Fehler hast du beim Einstieg ins Freelancing begangen und was hast du daraus gelernt?

Erster Fehler: Ich habe meine Preise zu niedrig angesetzt. Dadurch hatte ich zwar viele Aufträge, konnte diese aber nicht rechtzeitig bedienen. Das macht immer einen schlechten Eindruck.

Zweiter Fehler: Ich habe mich zu breit gestreut. Ich habe damals alles angeboten: vom Magazin über den Flyer bis hin zur Webseite. Ich spezialisiere mich heute mehr. Ich habe gelernt: Als Allrounder ist es unmöglich, eine Autorität in dem Gebiet aufzubauen und wirklich gut zu werden. Deshalb mache ich nur noch Blogging und Werbetexte. Demnächst arbeite ich deshalb auch nicht mehr als freier Journalist.

Mein Rat zum Abschluss: Nimm alles, was du kriegen kannst, aber arbeite daran, dass es nicht so bleibt. Hebe langsam, aber sicher die Preise an und spezialisiere dich immer weiter.

2.3 Infopreneur: Digitales Wissen verkaufen

> *»In der Wissensgesellschaft liegt das Kapital in den Köpfen der Menschen und nur in zweiter Linie bei den Banken.«*
>
> *Günter Faltin*

Freelancer werden für ihre speziellen Fähigkeiten bezahlt, Unternehmen für ihre Produkte oder Dienstleistungen, und als Infopreneur entlohnen dich Kunden für dein Wissen. Du verpackst dein Know-how in ein gut verständliches Text-, Audio- oder Videoformat, das du dann online verkaufst.

Als digitale Formate kommen ein Internetauftritt wie ein Blog, ein Mitgliederbereich oder Informationsprodukte wie E-Books, Onlinekurse oder kostenpflichtige Newsletter infrage. Ein Blog oder eine Mitgliederseite müssen ständig mit frischen Inhalten gefüllt werden. Anders ist dies bei einmalig erstellten Informationsprodukten, die nach der anfänglichen Arbeit über Jahre hinweg für passives Einkommen sorgen können.

Die beste langfristige Strategie für dich als Infopreneur besteht zweifelsfrei in der Kombination einer starken Plattform mit großer Reichweite und verschiedenen Informationsprodukten. Diese Plattform kann beispielsweise ein Facebook-Profil, eine XING-Gruppe oder eine E-Mail-Liste sein.

Die beste Wahl für den Verkauf deiner digitalen Produkte ist aber ohne Frage ein Blog in Verbindung mit einer E-Mail-Liste. Mit einem persönlichen Blog baust du dir eine Leserschaft auf, die gleichzeitig auch potenzielle Kunden darstellen. Darüber hinaus eignet sich ein Blog hervorragend zur Marktforschung. Deine Leser lassen dich über die Zeit wissen, welche Informationen sie benötigen und in welcher Form sie diese konsumieren wollen. Du weißt also vorab, ob dein Produkt gekauft wird und wo die thematischen Schwerpunkte liegen sollten. Das Buch, das du gerade liest, basiert auf Hunderten von Leserfragen und ist damit ein gutes Beispiel dafür.

Blogs

Ein professionell betriebener Blog kann nicht nur eine Plattform für den Verkauf von Informationsprodukten sein, sondern auch selbst monetarisiert werden. Deine persönliche Sammlung von Anleitungen, Erfahrungsberichten und Meinungen stellst du zwar in der Regel kostenlos zur Verfügung, kannst diese jedoch auch indirekt zu Geld machen. Das geschieht über Werbung, Affiliate-Marketing, bezahlte Inhalte oder Kooperationen mit Unternehmen.

Im Grunde vermarktest du deine bereitgestellten Informationen und die Reichweite deines Blogs. Vergütet wirst du jedoch nicht von deinen Lesern, sondern von Werbetreibenden. Folgende Monetarisierungsformen kommen für einen Blog infrage:

- **Affiliate-Marketing:** Du bewirbst Produkte oder Services dritter Anbieter und erhältst bei erfolgreicher Vermittlung (Einkauf nach dem Klick auf einen Affiliate-Link) eine Provision.
- **PPC-Werbung** (Pay per Click): Eingebundene Anzeigen werden nach einem Klick vergütet (zum Beispiel Google AdSense).
- **Direktmarketing:** Für Werbebanner wird ein monatlicher Festpreis vereinbart.
- **Artikelmarketing** (Sponsored Posts): Unternehmen bezahlen dich dafür, dass du einen Artikel, eine Produktrezension oder beispielsweise ein Gewinnspiel auf deinem Blog veröffentlichst.
- **Linkverkauf/-vermietung:** Werbetreibende bezahlen einmalig oder monatlich für die Einbindung von Links, entweder di-

rekt in einem Artikel oder auf der gesamten Internetseite innerhalb der Sidebar.

- **Paid Listings:** Über eine Seite mit einem Schwarzen Brett oder einem Jobboard können Unternehmen kostenpflichtige Anzeigen in deinem Blog aufgeben.
- **Premium-Inhalte:** Besonders hochwertige und rechercheintensive Beiträge können über eine einmalige Bezahlung oder ein Abo-Modell verkauft werden.
- **Kooperationen:** Unternehmen sind bereit, dich für die Reichweite deines Blogs (besonders in den Bereichen Reisen, Mode oder Technologien) und deinen Einfluss in Form von Produkttests, einzelnen Kampagnen oder als Markenbotschafter zu bezahlen.
- **Kostenpflichtige Newsletter:** In regelmäßigen Abständen kannst du Abonnenten exklusive Beiträge, gebündelte Branchennews oder Rabattangebote zusenden.
- **Coaching:** Nachdem du in deiner Nische/deinem Tätigkeitsfeld als »Experte« wahrgenommen wirst, kannst du dein Wissen für Privatleute oder Unternehmen in Form von Beratungsdiensten anbieten.

E-Books

Das E-Book stellt die einfachste Form dar, um dein Wissen als Produkt zu verkaufen. Du kannst es entweder im PDF-Format über deinen eigenen Blog oder alternativ als EPUB-Version (Format für digitale Bücher) über fremde Marktplätze für Bücher anbieten.[21]

Der Umfang kann von einem 30-seitigen E-Book mit einer Zusammenfassung deiner besten Beiträge bis hin zu originären, fiktionalen oder nonfiktionalen Inhalten reichen. Du könntest beispielsweise einen Ratgeber zu einem häufig auftretenden Problem in deiner Nische, einen Reiseführer für dein Lieblingsland oder auch deine Gedanken und Erfahrungen niederschreiben. Solange es die Leser interessiert, ist alles möglich.

Der Erfolg deines E-Books steht und fällt mit den Verkaufszahlen. Der Aufwand für die Erstellung bleibt gleich, egal ob du 20 oder 2000 Exemplare verkaufst. Aus diesem Grund macht es Sinn, dass du dich zuerst um den Aufbau einer Plattform kümmerst, bevor du ein E-Book schreibst.

Onlinekurse

Die Erstellung eines Onlinekurses ist mit einem hohen Aufwand verbunden, kann aber umso ertragreicher sein. Solch ein Kurs kann rein textbasiert sein, Videos enthalten oder auch in Form von Audiodateien angeboten werden. Überlege dir, welches Medium sich zur Vermittlung des Wissens in deinem Kurs am besten eignet.

Wenn dir die Erstellung eines kompletten Kurses zu aufwendig ist, dann denke über ein kürzeres Tutorial nach, in dem du sehr spezielles Wissen für einen geringen Preis anbietest. Das kann in Form eines einfachen PDFs, einer Videoreihe oder einer Artikelserie geschehen.

Die technische Umsetzung führt über verschiedene Komponenten. Dazu gehören ein Membership Plug-in[22] für den abgesperrten Mitgliederbereich, ein passendes Theme[23] für deine Inhalte und eine Lösung für die Kaufabwicklung[24].

Membership Sites

Eine Mitgliederseite wird von vielen Onlinemarketern als die Königsdisziplin für Informationsprodukte gesehen. Und das mit gutem Recht, denn nicht nur die Erstellung, sondern vor allem der Betrieb einer solchen Community ist aufwendig.

Bei einer Membership Site kann es sich um ein einfaches Forum, eine Lern-Plattform oder eine komplette Community handeln. Monetarisiert wird eine Membership Site in der Regel über eine wiederkehrende Mitgliedschaftsgebühr. Die Arbeit für eine solche Membership Site ist dauerhaft und endet eigentlich nie, da Mitglieder ständig neue Inhalte erwarten. Dementsprechend ist das Einkommen aus einer Membership Site auch nicht passiver Natur.

Die technische Umsetzung führt auch diesmal über eine Kombination aus unterschiedlichen Komponenten. Dazu gehören ein Membership Plug-in, ein Forum, ein Payment Gateway[25] und viele weitere individuelle Lösungen für die benötigten Funktionen.

Peer Wandiger: Digitale Selbstständigkeit

Peer Wandiger ist der Betreiber des größten deutschen Blogs für digitale Selbstständige unter www.selbstaendig-im-netz.de. Außerdem veranstaltet Peer regelmäßig die Nischenseiten-Challenge, ist Autor des Nischenseiten-Guides und betreibt mit dem Blogprojekt und den Affiliate-Marketing-Tipps zwei weitere Seiten für Onlinemarketer.

Welche Methode zum Geldverdienen im Internet empfiehlst du absoluten Einsteigern?

Hier kann ich drei Empfehlungen geben, die zusammen meistens zu guten Ergebnissen führen.

Zum einen sollte man klein anfangen und nicht gleich das nächste eBay oder etwas Ähnliches planen. Auf diese Weise erzielt man schneller Fortschritte und bleibt motiviert. Zudem wird man damit fertig. Viele Anfänger scheitern nämlich genau daran. Sie bringen ihr Projekt nicht zu Ende.

Des Weiteren sollte man vieles ausprobieren. Es gibt nicht die eine Methode, die für alle funktioniert. Es kommt auf die eigene

Situation an, die Fähigkeiten, das Know-how und mehr. Deshalb sollte man vieles testen, um das zu finden, was einem liegt.

Und drittens sollte man etwas angehen, was einem Spaß macht. Dann muss man sich keine Sorgen über die Motivation machen. Geld verdienen ist wichtig, aber Geld sollte nicht der einzige Grund sein.

Was sind die häufigsten Fehler, die du bei Neu-Selbstständigen im Netz beobachtest?

Viele Einsteiger gehen mit zu hohen Erwartungen an das Onlinebusiness. Sie glauben den vielen Onlinegurus, die ihnen den Erfolg über Nacht versprechen. Das ist aber nicht die Realität. Die Anfangszeit kann sehr zäh sein und viele geben nach kurzer Zeit schon wieder auf.

Ebenso kann zu wenig oder zu viel an Planung schlecht sein. Wer ohne Planung startet, weiß gar nicht, was eigentlich das Ziel ist. Demgegenüber sind manche ewig mit der Planung beschäftigt und legen einfach nicht los. So wird das natürlich auch nichts.

Und wie eben schon erwähnt gehen manche nur mit der Motivation »Geld verdienen« an die Arbeit. Das ist für die meisten aber auf Dauer nicht ausreichend, um sich jeden Tag zu motivieren.

Was sind deine Tipps für den Aufbau eines langfristig erfolgreichen Onlinebusiness?

Man sollte sich etwas suchen, was finanzielles Potenzial bietet und einem Spaß macht. Ich halte es für wichtig, immer langfristig zu denken und den kurzfristigen Verlockungen des Geldes zu widerstehen. Es gibt viele Selbstständige im Netz, die sich ihren Ruf wegen bestimmter Aktionen ruiniert haben. Nur für ein paar zusätzliche Euro. Zudem braucht man Durchhaltevermögen. Die Selbstständigkeit im Netz ist harte Arbeit. Ich habe in den ersten Jahren weit mehr als 40 Stunden in der Woche gearbeitet. Langfristig zahlt sich das aber aus.

2.4 Entrepreneur: Lifestyle-Business aufbauen

> *»Unter einem Entrepreneur versteht man einen gestaltenden Unternehmer, also jemanden, der das Unternehmen wirklich selbst formt und aufbaut.«*
>
> *Ehrenfried Conta Gromberg*

Sind wir denn als Blogger, Freelancer oder Infopreneure nicht schon gewissermaßen Unternehmer? Diese Diskussion zieht immer wieder gegensätzliche Meinungen an und ist an dieser Stelle auch nicht zielführend. In diesem Buch verstehen wir unter Entrepreneur jemanden, der neue, innovative Ideen aufgreift oder selbst kreiert und diese mit dem nötigen Mut zum Risiko umsetzt.

Es gehört mehr dazu, als nur einen Blog zu erstellen oder seine Fähigkeiten als Freelancer zu verkaufen. Als Entrepreneur hast du eine andere Denkweise. Du willst etwas schaffen, das nicht an deine Person gebunden ist. Ein Geschäftsmodell, das nachhaltig funktioniert und relativ unabhängig von externen Einflussfaktoren (zum Beispiel Google, Klienten, Trends) ist, um dir möglichst viele Freiheiten zu schaffen.

Unter dem zugegebenermaßen etwas strapazierten Begriff des Lifestyle-Business verstehen wir die Schnittmenge aus Tätigkeiten, Hobbys, Leidenschaften und so weiter, die wir gerne tun und für die andere Menschen bereit sind, Geld auszugeben.

Mit einem Lifestyle Business bringst du dein Leben und deine unternehmerischen Aktivitäten in Einklang. Das Ziel ist es, Arbeit und Leben nicht getrennt, sondern als Einheit zu verstehen. Dein Unternehmen soll sich an deinen Lifestyle anpassen und nicht umgekehrt. Dies erreichst du nur, indem du eigene Produkte und/oder Dienstleistungen entwickelst, diese skalierbar machst und unabhängig von Ort und Zeit anbietest.

Einstieg als Solopreneur

Der Begriff »Solopreneur« wurde in Deutschland von Ehrenfried Conta Gromberg[26] geprägt. Er versteht darunter einen Entrepreneur, der sein Unternehmen zwar alleine steuert, dieses jedoch nicht zwingend alleine aufbaut.

Als Solopreneur hast du alleinige Entscheidungsgewalt und arbeitest ohne Gesellschafter. Dennoch kannst und solltest du dich vernetzen, kooperieren und outsourcen. Du bist auch nicht, wie andere Selbstständige, von Aufträgen Dritter abhängig. Dies ermöglicht es dir, zu einem hohen Grad selbstbestimmt zu arbeiten.

Der Start als Solopreneur ohne Mitgesellschafter, festes Büro, Angestellte und gebundene Ressourcen, ist relativ unkompliziert. Natürlich spricht überhaupt nichts dagegen, in der Zukunft auch Partner mit ins Boot zu holen. Zu Beginn deines Unternehmertums kann »solo« aber eine empfehlenswerte Variante darstellen.

Lifestyle-Business-Modelle

Im nächsten Kapitel sprechen wir ganz ausführlich darüber, wie du dir ein Geschäftskonzept erarbeitest und dieses umsetzt. An dieser Stelle möchte ich dir lediglich einen kleinen Überblick geben, welche Modelle für ein ortsunabhängiges Lifestyle-Business infrage kommen. Überfliege die folgenden Modelle und denke darüber nach, welches besonders starken Anklang bei dir findet. Welches Modell passt gut zu deinem gewünschten Lifestyle und deinen Interessen?

Produkte handeln

Als Großhändler (B2B) oder Einzelhändler (B2C) vertreibst du Produkte von Dritten. Fulfillment-Lösungen[27] können hier die komplette Abwicklung von Vertrieb, Fakturierung und Bezahlung übernehmen. Auch bist du seitens der Hersteller meist nicht an Mindestabnahmemengen gebunden. Der Erfolg dieses Modells wird zum größten Teil durch dein Marketing bestimmt. Mit einer Shop-Lösung wie von WooCommerce oder Jimdo[28] kannst du in kürzester Zeit einen Onlineshop erstellen, Produkte einpflegen und mit dem Verkauf beginnen. Du musst nun »lediglich« für ausreichend Besucher in deinem Shop sorgen.

Beispiel: Onlineshop aufsetzen und Produkte über einen Fulfillment-Dienstleister vertreiben.

Produkte herstellen

Hierunter fallen alle physischen Produkte, die auf traditionelle Art und Weise hergestellt und vertrieben werden. Natürlich brauchst du heutzutage keine eigene Produktion mehr, sondern kannst dir einen Hersteller suchen, der dein Produkt dann fertigt und auf Wunsch auch selbst vertreibt. Oft wirst du jedoch Anfangsinvestitionen oder Mindestabnahmemengen haben, die zu einem höheren Risiko führen. Dieses Modell eignet sich daher gut zur Weiterentwicklung eines bestehenden Onlinehandels, bei dem du das Risiko bereits gut einschätzen kannst.

Beispiel: T-Shirts mit eigenem Design fertigen lassen und online verkaufen.

Services anbieten

Alle Leistungen, für die du nicht vor Ort sein musst, kannst du digital anbieten. Dazu gehören Coaching und Consulting, Übersetzungen, Webdesign und vieles mehr. Ein guter Einstieg ist die Arbeit als Freelancer, womit du sowohl dein Know-how als auch deine Beziehungen zu Kunden ausbaust, um deine Leistungen dann später über ein eigenes Unternehmen anzubieten. Du bist dann nur noch für Kundenakquise und Auftragsabwicklung zuständig und lagerst die eigentliche Arbeit an Freelancer aus. Die nächsten Schritte wären dann die Standardisierung von Arbeitsschritten und die Automatisierung von Prozessen, was auch unter dem Namen »Productized Service« bekannt ist.

Beispiel: Übersetzungsagentur mit ausgelagerter Arbeit an Freelancer und klar definierten Prozessen.

Digitale Produkte verkaufen

Sogenannte Informationsprodukte und Software sind digitale Produkte, die einfach über einen Download oder einen Mitgliederbereich angeboten werden können. Anders als bei der indirekten Monetarisierung von Informationen werden diese Informationsprodukte direkt verkauft. Denkbar für die direkte Monetarisierung sind Onlinekurse, E-Books, Plug-ins, Software, Apps oder kostenpflichtige Newsletter. Die Erstellung ist in der Regel aufwendig, kann dann aber für langfristige passive Einnahmen sorgen. Um über einen Blog oder ein E-Book hinaus unternehmerisch tätig zu werden, baust du dir ein Portfolio mit Informationsprodukten auf, die du über deine eigene oder fremde Plattformen verkaufst.

Beispiel: Serie von E-Books zu Bergsteigerrouten in den Alpen und Videokurse zum Bergsteigen über den eigenen Blog verkaufen.

Menschen vernetzen

Soziale Netzwerke, Foren oder (virtuelle) Konferenzen funktionieren genau nach diesem Prinzip. Sie bringen Menschen zusammen und sorgen für den Austausch zwischen einer bestimmten Gruppe von Menschen. Das Community-Modell kann dann indirekt über Werbung oder direkt über kostenpflichtige Mitgliedschaften monetarisiert werden. Nicht zu unterschätzen ist hierbei der langfristige Wert, der durch die Bindung von Mitgliedern geschaffen wird. Nicht unterschätzen solltest du die Arbeit, die es braucht, um eine Basis an treuen Mitgliedern zu schaffen.

Beispiel: My Wireless Life als Plattform für digitale Nomaden.

3 Lifestyle-Business

»Entrepreneurship ist Eigeninitiative, Selbstbehauptung, Umgang mit Unsicherheit, Durchstehen von Turbulenzen und Krisensituationen. Gegebenenfalls rechtzeitiges Erkennen der Aussichtslosigkeit und Mut zur Aufgabe – und Neuanfang.«

Günter Faltin

Ein Lifestyle- oder ein Freedom-Business[29] ist eine Investition, die es uns ermöglicht, unabhängiger zu leben, finanzielle Sicherheit zu gewinnen und konstant zu wachsen.

Der große Unterschied zwischen einem Business und einer selbstständigen Tätigkeit liegt darin, dass der Erfolg nicht ausschließlich an deine Person gebunden ist. Ein Business lässt sich skalieren und kann auch ohne deine direkte Anwesenheit wachsen. Genau das ist die Voraussetzung für dein Lifestyle-Business. Es soll sich deinem Leben anpassen, nicht umgekehrt.

Im Idealfall findest du mit deinem Business die Schnittmenge aus deinen Leidenschaften, deinen Fähigkeiten und Dingen, für die andere Menschen bereitwillig Geld ausgeben.

Die Basis für ein nachhaltiges Business ist immer, dass du anderen Menschen einen Mehrwert bietest. Werte erschaffst du, indem du Probleme löst, Menschen inspirierst oder für sie da bist. Schaffst du es, diese Leistungen ortsunabhängig zu erbringen, hast du neben der zeitlichen Flexibilität auch die örtlichen Freiheiten. Damit sparst du zum einen Kosten für Ausstattung, Büro und Mitarbeiter. Zum anderen kannst du dein virtuelles Büro überallhin mitnehmen.

Dieses Kapitel gibt dir einen Rahmen für den schrittweisen Aufbau und die Skalierung deines Lifestyle-Business. Im Vordergrund stehen dabei die Methoden des Lean Startup und des Bootstrapping. Es geht darum, wie du mit möglichst wenig Mitteln in möglichst kurzer Zeit eine Geschäftsidee umsetzt und deren Erfolgsaussichten am Markt bewertest.

Die von Eric Ries[30] beschriebene Methode des Lean Startup basiert auf einem Zyklus aus Prototyping, Feedback und Optimierung. Dahinter steckt die Idee, ein Produkt so schnell wie möglich am Markt anzubieten, um dieses mit dem erhaltenen Feedback von Kunden oder Beta-Testern schrittweise zu verbessern. Durch das frühe Feedback im Entwicklungsprozess reduziert sich nicht nur die Unsicherheit über den Erfolg der Geschäftsidee, sondern es ermöglicht zudem eine gemeinsame Produktentwicklung mit der Zielgruppe.

Ganz nach dem Motto »Think big, start small« hatte Nick Swinmurn – der Gründer von Zappos – die Vision, das Konzept des Einzelhandels zu revolutionieren. Anstatt lange zu planen und aufwendige Marktanalysen zu betreiben, hat er Schuhe aus einem Handel in der Nachbarschaft abfotografiert, in einen Onlineshop eingestellt und vermarktet. Sobald jemand ein paar Schuhe bestellte, ging er zurück in den Laden, kaufte sich die Ware zum Originalpreis und verschickte sie an den Kunden.

Dabei ist kein Gewinn herausgesprungen, aber er konnte seine Annahme, dass Menschen Schuhe online bestellen würden, mit einfachsten Mitteln validieren. Heute verkauft Zappos Schuhe im Wert von über einer Billion US-Dollar im Jahr.

Genau das, was Nick Swinmurn vorgemacht hat, verstehen wir unter Bootstrapping. Es bedeutet, dass du eine Geschäftsidee ausreichend überprüfst, bevor du große Investitionen tätigst. Also keine fest angestellten Mitarbeiter, kein Büro, keine teure Ausstattung und vor allem auch kein Fremdkapital, bis die Idee validiert ist.

Die folgenden Schritte sollen dir in diesem Kapitel eine Orientierung für den Aufbau deines Lifestyle-Business geben:

- Erste Idee(n) entwickeln (Nische finden und positionieren)
- Geschäftskonzept erstellen (Geschäftsmodell und Plattform)
- Geschäftskonzept validieren (Test unter Realbedingungen)
- Geschäftskonzept umsetzen (Komponenten nutzen)
- Reichweite erhöhen (Marketing und Wachstumsstrategien)
- Angebot kontinuierlich verbessern (Feedbackschleifen)
- Geschäftskonzept skalieren (Outsourcing und Automatisierung)

3.1 Idee, Nische und Positionierung

> *»If everything is known and certain, that means it's all been done before. And creation isn't about repetition.«*
>
> *Jonathan Fields*

Ein nachhaltiges Geschäftsmodell braucht Substanz. Es braucht einen Longseller anstelle eines One-Hit-Wonders. Anstatt immer wieder punktuelle Angebote zu machen, musst du ein Produkt erschaffen, das sich über Jahre hinweg verkauft und ständig verbessert werden kann. Als Grundlage dafür brauchst du ein klar definiertes Marktsegment, in dem du dich oder deine Unternehmensmarke als Marktführer positionierst.

Anstatt zwanghaft nach der bahnbrechenden Idee zu suchen, fange damit an, die Zielgruppe oder Nische zu bestimmen, die du gerne bedienen möchtest. Ausgehend davon wird es dir leichter fallen, eine Geschäftsidee zu entwickeln. Für das Finden dieser Idee gibt es leider keinen Fünf-Stufen-Prozess. Es ist ein kreativer, organischer Prozess.

Um deine Kreativität zu entfalten, solltest du dir schöpferische Räume schaffen, in denen du Ablenkungen reduzierst und deinen Gedanken freien Lauf lassen kannst. Dieser »Raum« kann ein langer Spaziergang sein, ein Wochenende auf dem Bauernhof, Meditation oder das Schreiben eines Journals. Lasse dich von deiner Umwelt inspirieren, indem du fremde Orte siehst, mit unbekannten Menschen sprichst, eine neue Sportart ausprobierst oder ziellos im Internet surfst.[31]

Halte in deinem Alltag die Augen und Ohren offen, und du bekommst viele Anhaltspunkte für großartige Geschäftsideen. Frage dich selbst: Wann hat dich das letzte Mal etwas so richtig gestört? Wann hast du dich über einen Service beschwert? Wann geflucht, weil du nach etwas gesucht hast, es aber nicht finden konntest?

Jeden Tag siehst du so viele Dinge, die besser gemacht werden können oder an denen es mangelt. Tagtäglich unterhältst du dich mit Kollegen, Freunden oder deiner Familie über die verschiedensten Dinge. Oftmals werden dabei Erlebnisse geschildert, die auf einen Mangel oder ein Problem hinweisen. Höre zu, frage nach und mache dir (mentale) Notizen.

Entdecke deine Berufung

»When your work becomes your life's mission, you no longer need a work-life-balance.«

Joshua F. Millburn

Simon Sinek beschreibt in seinem Besteller »Start With Why«[32] das sogenannte goldene Dreieck mit dem übergeordneten, feststehenden Sinn in deinem Leben an dessen Spitze. Dieser Sinn ist dafür verantwortlich, warum (why) du etwas tust. Mit welchen Mitteln (what) und wie (how) du diesem Sinn einen Schritt näherkommst, ist ganz einfach die praktische Anwendung deiner Berufung, deiner Leidenschaft und deiner Vision. Besonders in Zeiten, in denen du nach Motivation und Orientierung suchst, gibt dir deine langfristige Vision eine Richtung vor.

Deine Berufung ist etwas, das du leidenschaftlich gern tust und wovon du wortwörtlich besessen bist. Es ist kein Hobby und kein Beruf, sondern etwas, von dem du nicht mehr ablassen kannst. Gibt es so etwas in deinem Leben? Eine Sache, bei der deine Leidenschaft auf eine fixe Idee trifft, die seit langer Zeit in deinem Kopf ist? Denke nicht zwangsläufig daran, ob du damit Geld verdienen kannst. Deine Berufung muss weder ein Jobtitel noch eine einzige Tätigkeit sein. Es ist eine Sache, der du leidenschaftlich nachgehst, und dadurch bleibst du motiviert und am Ball.

Eine Leidenschaft entwickelt sich im Laufe der Zeit. Das ist nicht zu verwechseln mit einem vorübergehenden Gefühl der Aufgeregtheit, das wir haben, wenn wir uns mit neuen Themen beschäftigen. Genau wie deine Interessen ändern sich auch deine Leidenschaften. Einige verschwinden, andere prägen sich so stark aus, dass sie zu einer lebenslangen Mission werden.

Solange du in deiner täglichen Routine gefangen bist, ist es schwer, deine Leidenschaften zu entdecken. Im Alltag fehlen dir ganz einfach der Weitblick und ein offener Geist, um deine Interessen völlig frei entfalten zu können. Sicher hast du während eines längeren Urlaubs schon einmal festgestellt, wie dir neue Sichtweisen und Gedanken durch den Kopf schießen. Diese gilt es einzufangen und zu fördern, anstatt sie wenig später im (Arbeits-)Alltag wieder zu begraben. Es hilft, Abstand vom gewohnten Umfeld zu gewinnen und viel Neues zu probieren.

Kannst du dich daran erinnern, was du werden wolltest, als du ein Kind warst? Ich weiß es noch ganz genau. Ich wollte immer Maurer werden. Ich wollte Häuser bauen. Etwas erschaffen. Das lag schon immer in meiner Natur. Ich habe für mich gemerkt, dass ich leidenschaftlich gern Unternehmer bin. Auf welchem Markt und mit welchem Produkt, ist dabei zweitrangig.

Als Kind fiel es dir sicher leicht, dich leidenschaftlich einer Sache hinzugeben. Mit dem Älterwerden und dem Einfluss durch Umfeld und Gesellschaft ist diese Leichtigkeit dahin. Andauernd bekommst du gesagt, was du kannst, was du tun sollst und was von dir erwartet wird. Mit der Zeit entstehen Selbstzweifel und du hast Angst davor, deine wahren Leidenschaften mit anderen zu teilen. Zu hoch ist die Gefahr, dass dich jemand für verrückt erklärt und dir sagt, dass das doch »so nicht geht«.

Besinne dich darauf zurück, was dir als Kind Freude bereitet hat. In der Zeit, als dir niemand gesagt hat, was du kannst oder nicht kannst. Als du ermutigt wurdest, deinen Interessen zu folgen und neugierig zu sein. Sollten diese Erinnerungen verblasst sein, dann denke über nicht umgesetzte Ideen in der Vergangenheit nach. Oder gehe in eine Buchhandlung und blättere durch die Bücher, die deinen Interessen entsprechen. Achte ganz bewusst darauf, welche Dinge in deinem Alltag deine Aufmerksamkeit gewinnen. Dann setze dich an einen ruhigen Ort, nimm dir Zettel und Stift zur Hand und schreibe auf, was dir zu den folgenden Fragen zuerst in den Sinn kommt:

- **Interessen:** Welche Themen interessieren mich besonders stark? Welchen Hobbys gehe ich in meiner Freizeit nach? Was würde ich gerne lernen? Welche Fähigkeiten möchte ich verbessern?
- **Fähigkeiten:** Mit welchen Fragen kommen Freunde und Bekannte immer wieder zu mir? Was kann ich besser als andere Menschen? Welche beruflichen und persönlichen Erfahrungen habe ich bisher gesammelt?
- **Ideologien:** Möchtest du anderen Menschen helfen? Willst du die Welt bereisen? Hast du ein besonderes Talent, das du gerne mit anderen teilen würdest?

Du solltest jetzt eine ziemlich lange Liste mit deinen Interessen, Stärken und ideologischen Vorstellungen haben. Frage dich, was du von diesen Dingen am liebsten machen würdest, wenn Geld keine Rolle spielen würde. Oder für welche der Tätigkeiten du gerne bezahlt werden würdest. Wenn du keine Antworten auf diese Fragen findest, dann gilt es, neugierig zu bleiben, deinen Geist für neue Dinge zu öffnen, Fähigkeiten zu erlernen und jeden Tag einen weiteren Schritt zu machen, um deine eigene Komfortzone zu verlassen.

Ob deine Interessen dann zu Leidenschaften und diese Leidenschaften zu deiner Berufung werden, das findest du nur heraus, wenn du dich mit ihnen beschäftigst. Gib deinen Interessen die Chance, ausprobiert zu werden, und folge deinen Leidenschaften so lange, bis du entweder von ihnen ablässt oder besessen davon bist.

Auch wenn ich es als sehr wichtig erachte, seine eigene Berufung zu kennen und sich daran zu orientieren, bin ich kein großer Fan der Aussage, dass du nur deiner Leidenschaft folgen musst und sich der Erfolg dann von selbst einstellt. Ich kann dir nur raten, dich von der zwanghaften Vorstellung zu trennen, mit deinen Leidenschaften Geld verdienen zu müssen. Es ist ideal, wenn du aus einer Schnittmenge zwischen deinen Interessen und Fähigkeiten ein Geschäft machen kannst, jedoch muss das nicht das oberste Ziel sein. Ziehe es in Betracht, deine »Money Projects« und deine »Passion Projects« zu trennen, bis du eine Muse[33] hast, die deine laufenden Kosten bezahlt.

Markus Cerenak: Finde deine Leidenschaft

Markus Cerenak ist Autor, Mentor und digitaler Berater. Auf seinem Blog www.markuscerenak.com und in seinen Kursen unterstützt er Menschen dabei, aus ihrem Hamsterrad auszubrechen und aus ihrer Leidenschaft ein erfolgreiches digitales Business zu machen.

Du hilfst deinen Lesern dabei, aus dem Hamsterrad der Festanstellung auszubrechen. Was sind konkrete erste Schritte, um dem Hamsterrad zu entkommen?

Innehalten und sich klarmachen, dass der normale Alltag nicht geeignet ist, um sich aus dem Hamsterrad zu befreien. Es braucht ein wenig Abstand und Zeit für sich selbst, um den Status quo zu definieren. Auch ein GPS-Navi kann dich nur zum Ziel führen, wenn der Ausgangspunkt klar ist: Warum will ich raus? Was motiviert mich dazu? Ist es eine Weg-von-Motivation? Was will ich stattdessen? Hast du den Status quo definiert, dann gilt es, ihn zu akzeptieren und die nächsten Schritte zu planen. Und das ist die Frage nach der eigenen Berufung und Leidenschaft.

Was empfiehlst du Menschen, denen es schwerfällt, ihre Leidenschaft oder Berufung zu finden?

Das Thema nicht so auf einen Thron zu stellen. Wenn Berufung so mystifiziert wird, dann kann man sich ihr schwer nähern. Es geht eher darum zu erkennen: Was macht mir Spaß? Womit beschäftige ich mich schon lange und die Begeisterung bleibt? Wobei fragen mich andere um Rat, auch wenn mir das nicht sonderlich

»besonders« vorkommt? In meinem Kurs »Finde deine Leidenschaft« widme ich mich genau diesen Fragen. Und eines ist wichtig: zu akzeptieren, dass jeder Mensch etwas hat, wofür er brennt. Sich so etwas mal selbst zu erlauben, ist ein großer Schritt.

Sollte meine Leidenschaft zwangsläufig der Tätigkeit entsprechen, mit der ich meinen Lebensunterhalt verdiene?

Wenn du deiner Leidenschaft folgen willst und es kein Geld bringt, dann ist es ein Hobby, eine Liebhaberei. Das ist okay. Wenn du etwas »arbeiten« willst, das nicht dem entspricht, was du den ganzen Tag tun möchtest, dann ist das auch okay. Okay ist aber eben nicht immer optimal. Auch hier geht es wieder darum, den Begriff nicht überzustrapazieren. Wenn es nicht Leidenschaft, Berufung oder gar Bestimmung ist, dann nenne es doch einfach Begeisterung. Denn wenn du mit Begeisterung bei der Sache bist, dann wird dir Arbeit nie wieder wie Arbeit vorkommen. Das verstehe ich unter selbstbestimmt leben und arbeiten.

Finde deine Nische

Der englische Begriff »Fear of Niching«[34] beschreibt die Angst vor der Beschränkung auf eine kleine Marktnische. Eine unklare oder gar fehlende Definition der Zielgruppe ist einer der größten Fehler, den du als Unternehmer begehen kannst. Wenn du deine Nische zu breit gestaltest, um möglichst viele Menschen zu erreichen, dann fühlt sich am Ende niemand angesprochen. Habe keine Angst davor, Menschen von deinem Angebot auszuschließen, denn nur dann kannst du die Bedürfnisse deiner wichtigen Kunden zielgerichtet erfüllen.

Anstatt mit finanzkräftigen Wettbewerbern zu konkurrieren, spezialisierst du dich in einem Marktsegment auf eine klar festgelegte Zielgruppe. Durch ein eindeutig definiertes Angebot und geringen Wettbewerb schaffst du es so selbst als kleiner Unternehmer zur Marktführerschaft in der gewählten Nische. Sobald du diese kleine Nische erobert hast, kannst du dein Angebot ausweiten.

Wenn du tiefer in das Thema Nischenfindung einsteigen willst, dann empfehle ich dir das Buch »The Long Tail«[35] von Chris Anderson. In dem Klassiker geht es darum, wie du dich mit Nischenprodukten clever im Internet positionierst, anstatt den Massenmarkt zu bedienen. Weitere gute Anregungen zur Ausarbeitung einer Nischenstrategie findest du in der von Wolfgang Mewes entwickelten engpasskonzentrierten Strategie (EKS)[36]. EKS basiert auf vier Schritten:

- Konzentration der Kräfte auf Stärkenpotenziale, Abbau von Verzettelung
- Orientierung der Kräfte auf eine eng umrissene Zielgruppe
- In die Lücke (Marktnische) gehen
- Sich in die Tiefe der Problemlösung entwickeln, Marktführerschaft anstreben

Branding und Positionierung

Sobald du eine Nische und erste Ideen für Angebote im Kopf hast, geht es um deine Positionierung in diesem Marktsegment. Wer bist du, was bietest du an und wie möchtest du am Markt wahrgenommen werden? Genau das steckt hinter den Begriffen »Positionierung« und »Branding«. Anstatt dich hier mit Begriffen wie »Kosten-« und »Qualitätsführerschaft« zu langweilen, möchte ich einen anderen Ansatz vorstellen.

Traditionelles Marketing versucht, Konsumenten zu manipulieren, um damit Produkte und Dienstleistungen an den Verbraucher zu bringen. Aber es gibt einen besseren, kostengünstigeren Weg, um

Menschen von deinem Angebot zu überzeugen: Inspiration. Du benötigst kein Marketingbudget, wenn du es schaffst, Leser, Klienten, Kollegen und Fremde durch deine inspirierende Arbeit zu beeinflussen, anstatt sie zu manipulieren.

Um inspirieren zu können, musst du vor der Umsetzung der Geschäftsidee dein Warum[37] finden. Erst wenn du eine klare Vorstellung davon hast, worin deine Motivation liegt und was deine langfristige Vision ist, kannst du das Was – ein Produkt, einen Service, ein Buch, eine Idee – mit voller Überzeugung kommunizieren. Nachdem du dir klar darüber bist, wirkst du authentisch und kannst dein Warum in Form eines greifbaren Angebots auf andere Menschen übertragen.

Sobald du dich auf diesen übergeordneten Zweck konzentrierst, spielt das einzelne Produkt oder die Dienstleistung keine so große Rolle mehr. Innovative Unternehmen wie Apple haben ein klares Warum. Sie verkaufen nicht nur ein Produkt, sondern ein ganzes Lebensgefühl. Im Fall von Apple ist es »Think different«, wobei die einzelnen Produkte wie Laptop, MP3-Player, iTunes oder Apple TV in keine gemeinsame Produktkategorie fallen.

Ein gutes Beispiel für die Kommunikation einer solchen Vision ist die Botschaft, die Apple zur Einführung des iPods nutzte: »1,000 songs in your pocket«. Der Wettbewerber Creative, der weitaus mehr Erfahrungen im Bereich digitale Musikprodukte vorzuweisen hatte, entschied sich für folgende Werbebotschaft: »5 GB MP3-Player«. Jeder kennt den iPod, jedoch haben die wenigsten je etwas von Creative gehört.

Für dich bedeutet das in der Praxis, dass du kein Produkt oder keinen Service anbietest, sondern einen Nutzen verkaufst. Dieser Nutzen sollte einen ganz klaren USP[38] haben, durch den du dich vom Wettbewerb abhebst. Dieses Alleinstellungsmerkmal kann dein ausgezeichneter Service, ein niedriger Preis, eine zusätzliche Funktion oder deine langjährige Erfahrung sein. Egal was es ist, konzentriere dich auf *eines* dieser Merkmale und positioniere dich damit in deiner Nische. Sobald du versuchst, »der Qualitätsführer mit dem niedrigsten Preis und bestem Service« zu werden, verwässerst du deine Marketingbotschaft und wirkst unglaubwürdig.

Personal oder Product Branding?

Eine Marke aufzubauen ist ein langjähriger Prozess. Du musst konsistente Qualität liefern, eine klare Botschaft haben und das Vertrauen deiner Zielgruppe gewinnen. Vor allem für ein Lifestyle-Business ohne große Kapitalbindung steckt in der Marke der eigentliche Wert.[39] Genau deshalb musst du dir von Anfang an gut überlegen, welche Markenstrategie du wählst. In Anlehnung an Ehrenfried Conta Gromberg[40] gibt es die folgenden Modelle zum Branding:

- **Personal Branding:** Die eigene Person wird als Urheber des Angebots zu einer Marke aufgebaut. Das ist sinnvoll für Künstler, Autoren, Blogger, Experten und Infopreneure, bei denen die Produkte direkt an die Person des Anbieters gebunden sind.
- **Product Branding:** Dieses Modell ist abgelöst von einer bestimmten Person, wodurch das Angebot auch ohne das direkte Mitwirken des Gründers offeriert werden kann. Eine Produktmarke kann ein spezielles Produkt (zum Beipiel Outlook) oder eine Produktpalette beziehungsweise ein Unternehmensname (zum Beipiel Microsoft) sein.

Überlege dir gut, ob du deine eigene Person zur Marke aufbauen willst, denn damit bindest du die Leistungserbringung sehr stark an dich selbst. Bei einer Produktmarke ist es deutlich einfacher, das Angebot zu skalieren und Aufgaben an Mitarbeiter abzugeben.

Kriterien für eine gute Geschäftsidee

Viele Künstler arbeiten voller Leidenschaft und Selbstverwirklichung an ihren Werken. Das bedeutet leider noch lange nicht, dass sie ein unabhängiges Leben führen. Für den finanziellen Erfolg deiner Geschäftsidee musst du ein gutes Gleichgewicht zwischen Angebot (deine Interessen und Stärken) und Nachfrage (Marktverhältnisse und Bedürfnisse deiner Zielgruppe) finden. Pamela Slim[41] schlägt folgende Formel für eine gute Geschäftsidee vor:

Gute Geschäftsidee = Leidenschaft und Interesse + Fähigkeiten + Geschäftskonzept + solide Planung

Die Idee sollte also ein guter Mix aus deiner Leidenschaft, aber auch rationaler Herangehensweise sein. Wenn du die folgenden Anhaltspunkte bejahen kannst, dann ist die erste Einschätzung deiner Idee vielversprechend:

- Du bist in der Lage, deine Idee selbst oder mithilfe von anderen Personen umzusetzen.
- Du stehst mit so viel Leidenschaft hinter der Idee, dass du dich in den nächsten Jahren (auch in schlechten Zeiten) dafür motivieren kannst.
- Du schämst dich nicht dafür, öffentlich über deine Idee zu sprechen.
- Deine Idee löst ein Problem oder beseitigt einen Mangel.
- Es gibt einen ausreichend großen Markt für dein Angebot.
- Deine Idee lässt sich gut monetarisieren.
- Deine Zielgruppe verfügt über die entsprechende Kaufkraft.
- Du kannst dich gegen den bestehenden Wettbewerb durchsetzen.

Selbstverständlich kannst du auch einen komplett neuen Markt bedienen, den es bisher noch gar nicht gibt. Vielleicht hast du eine

Idee, die ein bisher nicht existierendes Bedürfnis weckt. Sei dir nur vorher sicher, dass Menschen das unbekannte Produkt auch kaufen würden.

3.2 Geschäftskonzept erstellen

> *»Das Konzept muss erstens stimmig zur Person sein. Und zweitens auch stimmig zum Markt.«*
>
> *Günter Faltin*

Nun gilt es, deinen ersten Einfall in einem Konzept reifen zu lassen und sich dafür Feedback einzuholen. Dein Konzept sollte dir eine ganz klare Vorstellung davon vermitteln, wie dein Angebot, deine Zielgruppe und deine Absatzkanäle aussehen. Alles, was darüber hinausgeht, wirst du mit der Zeit entwickeln. Bitte beginne nicht damit, einen Businessplan zu schreiben oder detaillierte Finanzpläne aufzustellen, die auf willkürlichen Annahmen basieren.

Mit deinem kurzen, aber klaren Konzept solltest du in der Lage sein, einem Dritten dein Geschäftsmodell in wenigen Minuten zu erklären. Die folgenden Punkte gehören auf dein ein- bis zweiseitiges Geschäftskonzept:

- **Vision:** Warum verfolgst du diese Geschäftsidee? Was ist deine langfristige Vision?
- **Geschäftsmodell:** Welche deiner Stärken und Interessen nutzt du für dein Produkt oder deine Dienstleistung? In welcher Form bietest du diese an?
- **Produkt/Service:** Welchen Nutzen bietet dein Angebot und wie kannst du diesen Nutzen kommunizieren? Was ist der Angebotspreis?

- **Zielgruppe/Nische:** Wer sind deine potenziellen Käufer? Wie grenzt du dein Marktsegment ab?
- **Positionierung:** Was hebt dein Angebot von Wettbewerbern ab? Welchen einzigartigen Mehrwert bietet es (USP)?
- **Absatzkanäle/Plattformen:** Wo befinden sich deine potenziellen Käufer? Welche Plattformen kannst du zum Verkauf nutzen?
- **Strategische Umsetzung:** Wie sieht dein Zeitplan bis zur Umsetzung aus? Welche Ressourcen und welche Hilfe benötigst du?
- **Budget:** Wie hoch sind deine Kosten für die Umsetzung? Wann erwartest du erste Einnahmen? Wie hoch ist der kalkulierte Gewinn für die nächsten sechs bis 36 Monate?

In diesem Konzept triffst du viele Annahmen, die dich zunächst einmal nur bei der Organisation deiner Gedanken unterstützen sollen. Im nächsten Schritt müssen diese theoretischen Annahmen über den Nutzen und Preis deines Angebots sowie die Zielgruppe und Absatzkanäle überprüft werden. Bevor wir zur Validierung deines Konzepts kommen, schauen wir uns an, welche Geschäftsmodelle und Plattformen zur Vermarktung deines Angebots infrage kommen.

Geschäftsmodelle

Zum Ende des vorherigen Kapitels sind wir bereits auf verschiedene Lifestyle-Business-Modelle eingegangen. Die folgenden fünf Hauptkategorien[42] beinhalten wohl 99 Prozent aller Optionen, um die herum du dein Onlinebusiness aufbauen kannst. Wenn du dir die einzelnen Punkte ansiehst, dann denke bitte nicht sofort an eine sehr spezielle Geschäftsidee, sondern denke in Modellen. Welches der Geschäftsmodelle spricht dich am ehesten an? Welches würde dich erfüllen? Und welches passt zu deinen Fähigkeiten?

- Der **Händler (E-Commerce)** vermarktet ein Sortiment, das er nicht selbst herstellt. Er kann sich für fremde Produkte begeistern und diese gut präsentieren, hat gute Einkaufsquellen für fremde Waren, Zugang zu guten Handelsplätzen und handelt gerne mit Produkten.
- Der **Hersteller (Produzent)** stellt ein Produkt selbst her oder lässt es herstellen. Er hat Spaß an einem eigenen Produkt und dem Handel damit, tüftelt gerne mit Materialien und an Funktionen, traut sich zu, eine Produktion zu steuern, und hat gute Zulieferer für Teile und Material.
- Der **Dienstleister (Problemlöser)** bietet einen Service und nimmt anderen Arbeit ab. Er hat die Lösung für ein Problem oder ein Bedürfnis, gibt diese gerne an andere Menschen weiter, kann einen Service automatisieren und hat gute Umsetzer dafür.
- Der **Infopreneur (Experte)** baut sein Business um sein Wissen herum auf. Er ist auf einem Themengebiet Experte, will lehren und andere voranbringen, präsentiert gerne Inhalte und weiß, wie Infoprodukte erstellt und angeboten werden.
- Der **Kreative (Netzwerker)** schafft ein Erlebnis und vermarktet dieses. Er ist gerne kreativ und gestaltet Erlebnisse, hat ein Gespür dafür, was andere entspannt und fasziniert, kann das Erlebnis als Produkt vermarkten und verkaufen und traut sich zu, eine Erlebnismarke aufzubauen.

Plattformen

Für jedes dieser Geschäftsmodelle gibt es verschiedene Absatzkanäle oder Plattformen, die du für den Vertrieb deiner Produkte und Services nutzen kannst. Verstehe diese Kanäle nicht nur als ein Instrument zum Verkauf, sondern auch als eine Plattform, über die du einen langfristigen Wert erschaffst. Über deine Plattform baust du deine eigene Marke auf, bindest Kunden an dich oder dein Unternehmen und positionierst dich als Experte in deiner gewählten Nische.

Je nach deinem Geschäftsmodell und deiner Geschäftsidee eignen sich jeweils andere Plattformen, in vielen Fällen auch eine Kombination von Plattformen, um möglichst viele Käufer zu erreichen. Wichtig ist es aber, dass du eine Hauptplattform auswählst, die zum Zentrum für all deine Onlineaktivitäten wird.

Ein eigener Blog

Für die meisten Geschäftsmodelle ist ein Blog die beste Plattform, von der aus alle weiteren Aktivitäten gesteuert werden können. Mit einem Blog kannst du dich als Experte in deiner Nische positionieren, eine feste Leserschaft aufbauen und darüber direkt Produkte und Services anbieten. Diese Plattform eignet sich für:

- **Dienstleister:** Als Dienstleister kannst du deine Expertise in Beiträgen zum Thema bekräftigen.
- **Kreative und Netzwerker:** Der Blog wird dein Anlaufpunkt für eine Community, die du um dein Thema herum aufbaust.
- **Infopreneure:** Du profitierst von indirekter Monetarisierung über Werbung, Advertorials und Affiliate-Marketing oder verkaufst digitale Informationsprodukte an Stammleser, zu denen bereits eine Vertrauensbasis besteht.
- **Hersteller und Händler:** Du informierst auf dem Blog über Produkte und gibst Hilfestellungen, die Interessenten die Entscheidungsfindung erleichtern und neue Besucher über die organische Google-Suche auf deine Seite bringen.

Portfolio Website/Landing Page

Diese vom Umfang her recht kleine Website hat die Aufgabe, deine angebotenen Produkte oder Dienstleistungen vorzustellen. Das Portfolio oder die Landing Page soll dem Interessenten kurz und knapp zeigen, welche Leistungen du anbietest und mit wem er oder sie es zu tun hat. Diese Plattform eignet sich für:

- **Hersteller:** Präsentiere deine selbst hergestellten Produkte auf einer Landing Page.
- **Dienstleister:** Als Dienstleister kannst du dein Portfolio von angebotenen Leistungen und Referenzen vorstellen.
- **Infopreneure:** Als Infopreneur kannst du deine Informationsprodukte gebündelt darstellen und über diese Seite verkaufen.

Mitgliederseite

Ein Forum oder ein Mitgliederbereich eignet sich nicht nur, um Menschen zu vernetzen. Darüber kannst du ebenso einen Onlinekurs anbieten, technischen Support liefern oder regelmäßig neue Informationen zu einem sehr speziellen Thema bereitstellen. Eine Mitgliederseite eignet sich für:

- **Dienstleister:** Du bietest technischen Support oder Coaching gegen eine monatliche Mitgliedsgebühr an.
- **Infopreneure:** Onlinekurse in Verbindung mit einer Community lassen sich wunderbar mit einem Mitgliederbereich umsetzen.
- **Netzwerker:** Gegen eine monatliche Gebühr oder Einmalzahlung bietest du Mitgliedern eine Plattform zum Netzwerken, Lernen und Austauschen.

Soziale Netzwerke

Für einige wenige Geschäftsmodelle können soziale Netzwerke die wichtigste Plattform sein. In der Regel solltest du sie jedoch als Ergänzung zur Hauptplattform und als unterstützenden Kanal nutzen. Soziale Netzwerke eignen sich für:

- **Dienstleister:** In sozialen Netzwerken wie XING oder LinkedIn kannst du direkte Kundenakquise betreiben und deine Services vorstellen.
- **Infopreneure:** Über Newsfeeds von sozialen Netzwerken gibst du deinen Lesern, Kunden oder Fans ständige Updates und bindest sie an deine Marke.
- **Netzwerker:** Über Gruppen und Fanseiten schaffst du eine Community mit Fans deiner Marke.

Onlineshop

Für E-Commerce-Modelle ist ein eigener Shop zum Vertrieb deiner Produkte oder der Produkte fremder Hersteller empfehlenswert. Zur Unterstützung bei der Kundenakquise bietet sich eine Verknüpfung mit einem Blog und sozialen Netzwerken an. Ein Onlineshop eignet sich für:

- **Händler:** Über ein Shopsystem kannst du Produkte fremder Hersteller anbieten sowie Versand und Bezahlung abwickeln.
- **Hersteller:** Wenn du eine Reihe eigener Produkte hast, dann behältst du über den Verkauf im eigenen Shop die volle Kontrolle.
- **Infopreneure:** Sobald dein Portfolio an Informationsprodukten groß genug ist, kannst du diese über einen Shop anbieten oder über den Shop fremde Affiliate-Produkte bewerben.

Fremde Portale

Marketing- und Absatzkanäle in Form von fremden Plattformen solltest du möglichst nur als unterstützende Maßnahme nutzen, da du niemals die volle Kontrolle darüber hast. Änderungen in den AGBs oder eine strategische Neuausrichtung dieser Portale kann dein Geschäftsmodell schnell auf wackligen Füßen stehen lassen. Diese Plattformen eignen sich zur Unterstützung für:

- **Händler:** Plattformen wie Amazon und eBay bieten einen einfachen Einstieg, indem du Listings mit Produkten Dritter anlegen kannst.
- **Hersteller:** Portale wie Amazon oder Crowdfunding-Plattformen[43] kannst du zur Validierung deiner eigenen Produkte und als zweiten Vertriebskanal nutzen.
- **Dienstleister:** In branchenübergreifenden Jobbörsen oder speziellen Portalen für deine Nische kannst du die Leistungen deines Unternehmens anbieten.
- **Infopreneure:** Für die meisten Informationsprodukte gibt es große Portale, die einen starken Vertriebskanal darstellen können.[44]

3.3 Validierung der Geschäftsidee

> *»Das Prinzip heißt, mit Kreativität und Systematik ökonomisch intelligente Lösungen zu entwickeln, die am Markt profitabel sind und kommerziellen Wohlstand schaffen – für den Entrepreneur und seine Kunden.«*
>
> *Günter Faltin*

Das Geschäftskonzept steht nun in deinem Kopf oder, noch besser, auf einem Blatt Papier. Jetzt solltest du umgehend Feedback von Bekannten und auch Fremden erfragen, um einen objektiveren Blick auf deine Idee zu bekommen. Stelle das Konzept deiner Familie und Freunden vor. Sie kennen dich mit all deinen Stärken und Schwächen bereits sehr gut, sind jedoch nicht immer objektiv.

Als Gegengewicht dazu solltest du dir die Meinungen von anderen Entrepreneuren einholen. Erwähne deine Geschäftsidee beim nächsten Besuch im Coworking Space, bei einem Meetup oder in Onlinecommunitys. Mache dir keine Sorgen darum, dass jemand deine Idee stehlen könnte, denn wenn sie so einfach zu kopieren wäre, dann war es wahrscheinlich sowieso noch nicht der große Wurf.

Bewerte alle diese Meinungen so rational wie möglich, ohne dich davon einschüchtern oder zu sehr beeinflussen zu lassen. Wenn du nun immer noch von deinem Konzept überzeugt bist, dann geht es an die Validierung deines Geschäftskonzepts.

Das Ziel bei der Validierung ist es, dein Bündel von Annahmen in der Praxis unter möglichst realen Bedingungen zu testen, um damit so viele Unsicherheitsfaktoren wie möglich auszuschließen. Am Ende steht die Entscheidung über die Weiterentwicklung oder Aufgabe der Geschäftsidee.

Fragen, die es in der Validierungsphase zu beantworten gilt, sind die folgenden:

- Verstehen potenzielle Käufer den Nutzen deines Angebots?
- Gibt es genügend Interessenten, die eine Bestellung aufgeben, eine Anzahlung leisten oder zumindest ihre E-Mail-Adresse hinterlassen?
- Welche Verbesserungswünsche hinsichtlich Funktionen oder Leistungen haben (potenzielle) Käufer?

Minimum Viable Product (MVP) erstellen

Jetzt ist an der Zeit, deinen Perfektionismus abzulegen und ein erstes Produkt auf den Markt zu bringen. Optimieren kannst du dein Angebot basierend auf dem gewonnenen Feedback im Laufe der

Zeit. Bevor du dich aber schon zu Beginn in Details verlierst, solltest du mit einem sogenannten Minimum Viable Product (MVP)[45] schnellstmöglich deine Annahmen überprüfen. Wenn sich dein perfektionistisches Unterbewusstsein zu Wort meldet, dann mache ihm klar, dass dein erster Entwurf noch nicht deinem Standard entsprechen muss.

Dein Ziel muss es sein, mit wenig Aufwand ein MVP zu erstellen, das dein späteres Angebot ansatzweise simuliert. Hier ein paar Beispiele für die Umsetzung eines solchen Prototyps:

- **Coaching:** Biete für eine Woche lang kostenlose 15-minütige Erstberatungen an und schlage deinen Klienten am Ende eine kostenpflichtige Folgesitzung vor.
- **Onlinekurs:** Erstelle zunächst nur die Gliederung und das erste Kapitel deines Kurses und lasse Interessenten sich dann für einen Sonderpreis einschreiben.
- **E-Book:** Schreibe zuerst auf einem Blog über das Thema und bewerte dann, wie groß das Interesse daran ist. Im zweiten Schritt setzt du eine Landing Page auf, über die sich Interessenten im Gegenzug für einen Rabattcode in deine E-Mail-Liste für Neuigkeiten zum Buch eintragen können.
- **E-Commerce:** Frage Produzenten nach der Genehmigung, Produktbilder und -beschreibungen auch schon vor der Bestellung größerer Margen in deinen Onlineshop einbinden zu können. Weise Käufer dann auf verlängerte Lieferzeiten hin und bestelle die Ware erst, wenn du genügend Käufer hast.

Strategie zur Validierung

Erinnerst du dich an Nick Swinmurn, den Gründer von Zappos? Er wollte seine These überprüfen, dass Menschen gewillt sind, Schuhe online zu bestellen. Anstatt ein Lagerhaus mit Schuhen zu füllen und einen perfekten Onlineshop aufzusetzen, hat er lediglich den Anschein erweckt, ein Onlineschuhhändler zu sein. Nach jeder Bestellung ist er in den Schuhladen um die Ecke gerannt, hat das Paar selbst gekauft und dann an seine Kunden verschickt. Nach einiger Zeit war er sich aufgrund der gesammelten Daten sicher, dass seine Idee funktionieren würde.

Genau so solltest du bei der Validierung deiner Geschäftsidee vorgehen: einen ersten Prototyp oder ein Leistungsangebot auf den Markt bringen, ohne bis zu diesem Punkt viel Zeit und Geld zu investieren. Anhand vorher festgelegter Kennzahlen überprüfst du dann, ob sich die Umsetzung der Idee lohnt oder ob du das Projekt verwirfst. Gehe dabei wie folgt vor:

- Laufzeit für die Validierungsphase festlegen (Start- und Endtermin)
- Kennzahlen für die Erfolgsmessung suchen (Anzahl an E-Mail-Abonnenten, Bestellungen oder Besuchern, Conversion Rate[46])
- Prototyp und/oder Landing Page mit Angebot erstellen (Google Analytics einrichten und Kauf-Button oder E-Mail-Formular einbinden)
- Automatische E-Mail an Interessenten versenden, die auf Wartezeit hinweist
- Traffic auf die Landing Page schicken (über bezahlte Facebook- und Google-Anzeigen oder die Vorstellung des Angebots, zum Beipiel in Gruppen auf XING, Facebook oder einem Newsletter)
- Daten sammeln und auswerten (Anzahl der Besucher, Käufe beziehungsweise ausgefüllte Formulare, Conversion Rate)
- Entscheidung (wurden die festgelegten Kennzahlen erreicht?)

Einen ähnlichen Ansatz verfolgen Crowdfunding-Plattformen[47], auf denen du deine Idee vorstellen und finanzieren lassen kannst. Sobald du nach einem festgelegten Zeitraum das Finanzierungsziel erreicht hast, geht das Projekt in die Umsetzung, und du hast bereits erste Kunden (und Produktbotschafter), die vorab in deine Idee investiert haben.

Wenn die Validierungsphase gezeigt hat, dass dein Konzept den Annahmen unter echten Marktbedingungen nicht standhält, dann trenne dich davon. Seth Godin[48] beschreibt diese Situation als »Dip« – als ein Tal, aus dem du so schnell wie möglich herauskommen musst, um deine Motivation und deinen Fokus auf neue Projekte zu richten.

Natürlich wird es dir schwerfallen, dein Ideenbaby sinken zu sehen. Es ist aber deutlich besser, als eine Idee großzuziehen, die wenig Aussicht auf Erfolg hat, oder?

3.4 Umsetzung mit Komponenten

Gehen wir davon aus, dass du deine Geschäftsidee erfolgreich validiert hast. Dann geht es jetzt in die Umsetzung. Aus dem Prototyp muss ein marktfähiges Produkt werden, das möglichst automatisiert an Kunden ausgeliefert wird. Die gute Nachricht ist, dass du für die Umsetzung wenig spezielle Kenntnisse und noch weniger Budget benötigst.

Für so ziemlich alle Bereiche deines Lifestyle-Business gibt es vorgefertigte Komponenten. Dabei handelt es sich um Bausteine, die alle eine bestimmte Funktion erfüllen und die du wie bei einem Puzzle stückweise miteinander verbinden kannst. Die wichtigsten Komponenten zur Umsetzung deines Geschäftskonzepts findest du in der folgenden Übersicht.

Webseite

Für deinen Blog, deine Landing Page oder einen Onlineshop benötigst du eine Domain, einen Hosting-Anbieter, (als Nicht-Programmierer) ein Content-Management-System (CMS) und einen Analyseservice.

- **Domain und Hosting:** Buche am besten alles beim gleichen Anbieter und achte darauf, dass du das CMS mit einem Klick installieren kannst.[49]
- **Content-Management-System:** WordPress und Jimdo sind gute und kostenlose Lösungen zur Erstellung von Webseiten über eine leicht bedienbare Benutzeroberfläche.[50]
- **Analytics:** Du solltest unbedingt auch einen Analyseservice wie das kostenlose Google Analytics nutzen.[51]

Onlineshop

Du kannst entweder eine Shopsoftware auf deiner eigenen Seite installieren oder ein Baukastensystem von einem Drittanbieter nutzen. Im Zweifel ist die selbst gehostete Lösung empfehlenswert, da sie dir mehr Gestaltungsfreiheiten gibt (aber auch mehr Wartungsaufwand erfordert).[52]

- **WooCommerce:** ein kostenloses Shopsystem für WordPress-Seiten, das mit Themes und Plug-ins erweitert werden kann
- **Jimdo:** ein deutsches Shopsystem, das den europäischen Regulierungen für E-Commerce entspricht
- **Shopify:** ein komplettes kostenpflichtiges Shopsystem für deine eigene Seite oder als fremd gehostete Lösung

E-Mail-Software

Ganz egal ob für deinen Blog, einen Onlineshop oder als Autor – du solltest immer die E-Mail-Adressen deiner Leser und Käufer sammeln. Anbieter von E-Mail-Software machen es dir leicht, mit deiner Zielgruppe in Kontakt zu bleiben.[53]

- **MailChimp:** kostenlos für bis zu 2000 Abonnenten und damit eine perfekte Lösung für Einsteiger
- **AWeber:** kostenpflichtiger Anbieter mit sehr guten Optionen zur Automation und Integration von weiteren Services
- **CleverReach:** ein deutscher Anbieter mit gestaffelten Preisen ab 250 Abonnenten

Kundenservice

Für einen Onlinekurs, eine Dienstleistung oder einen Shop solltest du ab einer gewissen Größe über eine Lösung für die Kundenbetreuung nachdenken. Neben dem Kundenservice via E-Mail, Chat und Telefon lassen sich damit auch Support-Tickets (Kundenanfragen) organisieren.[54]

- **Zendesk:** größter Anbieter für webbasierte Ticketsysteme mit kostenlosem Test
- **Freshdesk:** gute Alternative zu Zendesk mit einem kostenlosen Tarif

Bezahlsysteme

Ein »Payment Gateway« wird relevant, sobald du online ein Produkt verkaufen möchtest. Einige Shop-Systeme und WordPress Themes haben bereits eine Bezahlfunktion integriert. Für andere benötigst du eine zusätzliche Lösung.[55]

- **SendOwl:** sehr einfach zu bedienen, geeignet für den internationalen Einsatz und zur Integration von Affiliate-Partnern
- **DigiStore24:** deutscher Anbieter, der sich sowohl für einmalige als auch wiederkehrende Zahlungen (Abo-Modell) eignet
- **PayPal:** alleinstehende Lösung über ein PayPal-Geschäftskonto mit Button für Zahlungen
- **Billbee:** ein Verkäufertool speziell für Onlineshopsysteme

Mitgliederbereiche

Um für einen Onlinekurs, eine Community oder ein Forum einen geschlossenen Mitgliederbereich zu erstellen, gibt es kostenlose und kostenpflichtige Plug-ins für WordPress.[56]

- **DigiMember:** hochpreisiger deutscher Anbieter, der sehr gut mit DigiStore24 zur Abrechnung kombiniert werden kann
- **s2Member:** in der Basisversion kostenloses WordPress Plug-in mit zahlreichen Funktionen
- **bbPress:** eine kostenlose, auf WordPress basierende Forumsoftware, die sich durch viele Add-ons und Plug-ins erweitern lässt

Logistik

Lagerhaltung, Kommissionierung, Verpackung, Versand, Rechnungswesen, Retourenmanagement und Kundenservice – das alles kann an einen Fulfillment-Dienstleister ausgelagert werden. Wenn du weniger Leistungen in Anspruch nehmen willst, dann reicht auch ein Spediteur.[57]

- **Amazon FBA:** Das »Fulfillment by Amazon« übernimmt die komplette Abwicklung von der Lagerung bis zum Kundenservice.
- **Spediteure:** Logistikdienstleister wie TNT, DHL, UPS und Hermes übernehmen Einlagerung und Versand.
- **Abfüllung/Verpackung:** Deutsche Abfüller und Verpackungsdienstleister (und auch Spediteure) findest du auf der Webseite wlw.de (»Wer Liefert Was«).

Administration

Auch für administrative Arbeiten wie die Buchhaltung, Angebotserstellung oder Entgegennahme von Kundenanrufen gibt es Services, die du als Komponenten für dein Geschäftsmodell nutzen kannst.[58]

- **FastBill:** Buchhaltung und Rechnungslegung in der Cloud für Freelancer und kleine Unternehmen
- **ebuero:** ein virtuelles Sekretariat mit Anrufentgegennahme, Meeting-Räumen und weiteren Büroservices

Natürlich gibt es noch viele weitere Komponenten, die du je nach Bedarf für dein Lifestyle-Business nutzen kannst. Sobald dein Unternehmen wächst, werden vor allem Tools für die Kommunikation und das Projektmanagement im Team wichtig. Für den Start solltest du mit den vorgestellten Komponenten jedoch einen Großteil deiner benötigten Aufgaben abgedeckt haben.

3.5 Ausbau der Reichweite

> *»If I had asked people what they wanted, they would have said: ›Faster horses.‹«*
>
> *Henry Ford*

Traditionelles Marketing versucht, Nachfrager mit Dumpingpreisen, befristeten Sonderangeboten und Massenwerbung zu einem Kauf zu überreden. Andere Unternehmen positionieren sich mit einer Marke als Qualitätsführer und lassen sich ihre Markenangebote dann teuer bezahlen. Da du zu Beginn weder das Marketingbudget noch eine etablierte Marke vorweisen kannst, bleiben dir unkonventionelle Vertriebsmethoden.

Der Berliner Professor und Entrepreneur Günter Faltin[59] spricht von drei großen Vorteilen, auf die du als Gründer setzen solltest:

- **Economies of sympathy:** Als Gründer solltest du dir die Ökonomie der Sympathie zunutze machen. Anders als gesichtslosen Konzernen fällt es dir deutlich leichter, Sympathiepunkte bei den Nachfragern zu sammeln, wenn du dein Anliegen positiv kommunizierst.
- **Economies of attention:** Wenn du ein Angebot mit Neuigkeitswert hast, dann bekommst du schnell die Aufmerksamkeit der Medien. Damit sparst du dir ein großes Marketingbudget und erreichst viele Menschen, ohne dabei aufdringlich zu wirken.
- **Economies of authenticity:** Als Gründer, der glaubwürdig und aus innerer Überzeugung handelt, hast du automatisch einen Vorteil gegenüber anonymen Wettbewerbern. Du kannst au-

thentisch für deine Sache werben, ohne dabei den Stempel eines Kapitalisten aufgedrückt zu bekommen.

Anstatt dir an dieser Stelle konkrete Marketingstrategien zu geben, möchte ich einige grundsätzliche Gedanken zum Absatz deiner Produkte und Leistungen mit dir teilen. Wende diese auf deine Vertriebskanäle an, und du wirst schnell feststellen, dass die richtige Herangehensweise deutlich wichtiger ist als die konkrete Umsetzung.

Denke immer zuerst an deine Kunden

Dein Angebot richtet sich an deine Kunden. Es geht immer zuerst um sie und ihre Bedürfnisse. Kunden interessiert es in der Regel herzlich wenig, wer diese Leistung erbringt, sondern welcher Nutzen ihnen durch den Kauf entsteht. Frage dich also immer, wie du deinen Kunden wirklich weiterhelfen kannst.

Dafür solltest du nicht auf deine Mitbewerber schauen, denn die meisten Anbieter sind nur auf ihr eigenes Produkt fokussiert. Deine große Chance ist es, die Bedürfnisse und Probleme deiner Zielgruppe zu verstehen und zielgerichtet zu bedienen.

Gewinne Meinungsführer als Botschafter

Anstatt deine Zielgruppe mit kostspieliger Massenwerbung zu beschallen, solltest du ganz gezielt die Meinungsführer und Early Adopter (frühzeitige Anwender) von deiner Idee begeistern. Das können Blogger, Journalisten, Autoren oder andere Menschen sein, die selbst schon eine große Reichweite haben.

Diese erreichst du auf Konferenzen, mit Erwähnungen auf Twitter und Facebook, über hilfreiche Kommentare auf Blogs und E-Mails mit Feedback zu deren Arbeit. Sobald du das Interesse dieser Meinungsführer geweckt hast, übernehmen sie das Marketing für dich.

Gehe Kooperationen mit Mitbewerbern ein

Anstatt mit deinen Wettbewerbern in einen erbitterten Kampf um Kunden zu treten, gehe offen auf andere Anbieter in deiner und in ähnlichen Branchen zu. Mit dem einen oder anderen gibt es eventuell Potenzial zur Zusammenarbeit, die sich in gemeinsamen Werbemaßnahmen, Cross-Selling[60], Link-Kooperationen oder sogar der gemeinsamen Produktentwicklung ausdrücken kann.

Betreibe kreatives Marketing

Der Zuwachs an Lesern und Kunden bestimmt sich langfristig durch die Viralität deines Angebots, also die Anzahl neuer Kunden, die durch jeden einzelnen neuen Kunden dazugewonnen werden. In der Praxis geschieht das durch medienwirksame Aktionen oder »Kunden-werben-Kunden-Programme« beziehungsweise Affiliate-Partner, die für ihre Vermittlungen eine Vergütung erhalten.

Beste Beispiele für Growth Hacking[61] mit unkonventionellen Marketingideen sind die Start-up-Tour von FastBill[62], ein auf Einladung basierendes Referenzsystem (»Invite-Only«) wie bei NUMBER26 oder eine kostenlose Fahrt für Erstnutzer der App von Uber.

Denke außerhalb der traditionellen Marketingmethoden darüber nach, wie du mehr Aufmerksamkeit für deine Idee gewinnen kannst und deinem Business mit einer kreativen Maßnahme einen viralen Wachstumsschub geben kannst.

Nutze den Preis als wichtiges Marketinginstrument

Nicht immer basiert der Preis auf dem Wert eines Angebots. Oft ist es so, dass der Preis einen Wert vermittelt. Denke immer daran, dass ein Käufer für den wahrgenommenen und nicht den eigentlichen Nutzen bezahlt. Diese Wahrnehmung weicht für gewöhnlich von deiner eigenen Einschätzung ab, weshalb du verschiedene Preisstrategien testen solltest. Berücksichtige bei der Preisfestlegung die folgenden Aspekte[63]:

- **Wahrnehmung des Kunden:** deine wahrgenommene Expertise oder die Qualität des Produkts
- **Finanzieller Nutzen:** der messbare Wert, den der Kunde erhält
- **Dringlichkeit des Bedürfnisses:** das Ausmaß des Problems oder Verlangens nach dem Angebot
- **Externe Marktbedingungen:** Wettbewerbspreise und Anzahl der Alternativen am Markt

Strategisch gesehen ist es schlau, dich langfristig mit deiner Marke in allen Preiskategorien zu positionieren. Das bedeutet, dass du von gratis bis premium für alle Geldbeutel deiner Zielgruppe ein Produkt beziehungsweise eine Produktvariation anzubieten hast.

The Medium is the Message

Basierend auf dem Bestseller von Medienanalyst Marshall McLuhan und Grafikdesigner Quentin Fiore[64] aus dem Jahr 1967 liegt die Botschaft in der Technologie, über die sie kommuniziert wird, und weniger in der Nachricht selbst. Durch die Verwendung einer bestimmten Plattform positionierst du dich und deine Marke (zum Beispiel Kundenservice via Telefonhotline versus Kundenservice via WhatsApp).

Du erreichst deine Zielgruppe über spezielle Kanäle. Für technikversierte Menschen ist das Google+, Journalisten und Trendjäger findest du auf reddit, Shopping-Liebhaber und Hobbyköche lassen sich auf Pinterest inspirieren, Programmierer stellen ihre Leistungen auf GitHub vor, Designer auf Behance und Fotografen auf Flickr. Du musst herausfinden, wo sich deine Zielgruppe im Internet befindet, und dann über diesen Kanal kommunizieren.

Unentbehrliche Marketingkanäle

Unabhängig von deinem Angebot solltest du als grundlegenden Marketing- und Kommunikationskanal unbedingt eine E-Mail-Liste haben. Darin befinden sich alle Käufer deines Produkts, Abonnenten deines Newsletters oder Interessenten für zukünftige Angebote. Diese Liste ist wortwörtlich Gold wert, denn sie gehört nur dir (anders als Facebook-Gruppen und Twitter Follower). Schreibe mindestens einmal monatlich an deine Liste, versorge sie mit nützlichen Inhalten und informiere sie über deine derzeitigen Projekte.

Ein zweiter Kanal, der unentbehrlich ist, ist eine Facebook-Seite. Darüber erreichst du, unabhängig von deinem Geschäftskonzept, die Allgemeinheit. Aus diesen Massen gilt es dann, potenzielle Käufer zu filtern und auf deine Webseite, deinen Onlineshop oder in deine E-Mail-Liste zu locken.

Neben diesen beiden Kanälen gibt es noch ein weiteres Instrument, das du für jede deiner Onlinepräsenzen nutzen solltest. Ein Großteil der Interessenten wird dein Angebot über eine Google-Suche finden, weshalb du in den Suchergebnissen besser weit oben erscheinen solltest. Das erreichst du auf zwei Wegen:

- **Suchmaschinenmarketing** (SEM – bezahlte Anzeigen): sehr gutes Targeting möglich, kostenintensiv, sofort einsetzbar

- **Suchmaschinenoptimierung** (SEO – organische Suchergebnisse): kostengünstig, zielgruppenspezifisch, zeitintensiv[65]

3.6 Kontinuierliche Optimierung

»Startups that succeed are those that manage to iterate enough times before running out of resources.«

Eric Ries

Dein erstes Geschäftskonzept ist nicht perfekt. Das kann es gar nicht sein, da dir ganz einfach die Erfahrungswerte fehlen. Deshalb solltest du dieses Konzept nicht als starren Plan, sondern als Grundlage für einen kreativen, lebendigen Entwicklungsprozess sehen. Dein ursprüngliches Grundkonzept passt du jetzt schrittweise an die Bedürfnisse deiner Nutzer an.

Ein nachhaltiges, qualitativ hochwertiges Produkt oder eine Dienstleistung zu etablieren ist ein iterativer (sich wiederholender) Prozess, in dem dein Angebot ständig optimiert wird. Das gelingt über kontinuierliche Feedbackschleifen, also dem ständigen Ausprobieren, Messen, Verwerfen und Anpassen.

Eric Ries bezeichnet den Build-Measure-Learn-Zyklus in seinem Konzept vom Lean Startup[66] als »Validated Learning« und meint damit die ständige Weiterentwicklung und Verbesserung eines Produkts oder Services, basierend auf Markterfahrungen. Dabei gilt: Je schneller dein Angebot am Markt ist, desto eher kannst du Kundenmeinungen einholen, und je schneller diese Feedbackzyklen ablaufen, desto besser kann das Angebot gestaltet werden.

Dieses Feedback kann sich entweder in subjektiven Meinungen oder harten Daten ausdrücken. Letztere bekommst du durch die Auswertung von indirektem Feedback wie Besucherzahlen, Klickraten oder der Verweildauer eines Besuchers auf deiner Seite. Aktives Feedback, also die bewusste Abgabe einer Meinung, erhältst du auf Nachfrage durch das Ausfüllen eines Formulars, E-Mails oder Gespräche via Skype, Telefon oder vor Ort.

Aktives (direktes) Feedback

Die Gruppe der Early Adopter liebt es, Bestandteil einer Produktentwicklung zu sein und ihre Ideen berücksichtigt zu sehen. Wichtig ist, dass du dieses subjektive Feedback rationalisierst und nicht zu viel Gewicht auf Einzelmeinungen legst. Sobald sich ein Trend abzeichnet, hast du Verbesserungspotenzial gefunden. Hier sind einige Methoden zum Sammeln von aktivem Feedback:

- **Feedbackformular:** Das klassische Kontaktformular sollte auf keiner Webseite fehlen und der Link dorthin gut sichtbar sein, um deine Besucher zu Feedback zu ermutigen.
- **Umfragen:** Sende eine Umfrage zu deinem Service, Produkt oder Blog an deine E-Mail-Liste oder teile den Link zur Umfrage in sozialen Netzwerken.[67] Die Chance auf Teilnehmer erhöhst du, wenn du den Umfang auf wenige wichtige Fragen beschränkst und einen Anreiz bietest (zum Beipiel Rabattcode für ein Produkt oder kostenloses E-Book).
- **Beta-Tester:** Gewinne Early Adopter für ein neues Produkt oder einen Service, die in der frühen Entwicklungsphase kostenlos ausprobieren dürfen und dich im Gegenzug über fehlende Funktionen oder Fehler aufmerksam machen. Diese Nutzer freuen sich, wenn sie etwas beitragen können und ihre Meinung berücksichtigt wird.

- **Feedbackgruppe:** Suche dir eine feste Gruppe von potenziellen Käufern für dein Produkt und bitte sie während der Entwicklungsphase um Rückmeldungen zu spezifischen Fragen. Als Anreiz kann die kostenlose Nutzung deines Angebots, ein Gutschein oder eine öffentliche Danksagung dienen.
- **Vorstellung in Foren:** Stelle dein Angebot in Foren oder Facebook-Gruppen vor und bitte um ehrliches Feedback. Als Grundlage für eine solche Anfrage solltest du dich vorher schon aktiv in andere Diskussionen eingebracht und anderen Mitgliedern geholfen haben.
- **Mit Fragen abschließen:** Nutze jeden Newsletter und Blogpost als Möglichkeit zum Einholen von Feedback, indem du sie immer mit einer Frage beendest. Die besten Rücklaufraten hast du mit Entscheidungsfragen, die ein einfaches Ja oder Nein beziehungsweise Option A oder Option B erfordern.
- **Käuferzufriedenheit erfragen:** Schicke den Käufern deines Produkts oder deiner Dienstleistung ein paar Tage nach dem Kauf eine automatisierte E-Mail zu, in der du dich nach ihrer Zufriedenheit erkundigst. Frage auch, ob sie Verbesserungsvorschläge haben oder an ähnlichen Produkten interessiert sind.

Passives (indirektes) Feedback

Passives Feedback ist nicht nur deutlich einfacher zu sammeln, sondern auch verlässlicher. Auch wenn »Zahlen nicht lügen«, solltest du mit voreiligen Rückschlüssen vorsichtig sein. Zunächst brauchst du eine kritische Masse an Daten und dann musst du diese richtig interpretieren. Hier einige Methoden und Tools, um das Verhalten deiner Webseiten-Besucher auszuwerten und damit wertvolles Feedback zu bekommen:

- **Google Analytics:** Gute Kennzahlen sind Verweildauer und Absprungraten für einzelne Seiten. Zudem solltest du Ziele für einzelne Conversions[68] wie beispielsweise das E-Mail-Formular festlegen.
- **E-Mail-Software:** In den Berichten für deinen E-Mail-Newsletter siehst du neben der Öffnungsrate auch, auf welche Links geklickt wurde und nach welcher E-Mail sich wie viele Abonnenten abgemeldet haben.
- **Link-Tracking:** Richte Weiterleitungen für deine ausgehenden Links ein,[69] um zu analysieren, wie oft auf welchen Link geklickt wurde. Verwende einfach unterschiedliche Weiterleitungen für den gleichen Ziellink und schaue dann, an welcher Stelle der Link öfter geklickt wurde.
- **Heatmaps:** Ein super Tool, um das Verhalten der Besucher deiner Webseite zu untersuchen. Mit Heatmaps kannst du sehen, wo deine Besucher auf deiner Webseite klicken und wo sich ihr Mauszeiger befindet.[70]
- **A/B-Tests:** Bei einem Splittest oder A/B-Test bekommt der Besucher deiner Seite nach dem Zufallsprinzip unterschiedliche Elemente (Formulare, Buttons, Text) oder eine komplett andere Seite angezeigt. So kannst du testen, ob der grüne oder blaue Button besser funktioniert und welcher Werbetext mehr Verkäufe bringt.[71]

Suche dir je nach deinem angebotenen Produkt oder deiner Leistung die passenden Feedbackkanäle aus und versuche, in einem festgelegten Zeitraum (zum Beipiel ein Monat) so viel Feedback wie möglich zu sammeln. Nach dem Testzeitraum wertest du diese Daten aus und passt dein Angebot an das beobachtete Verhalten und die Bedürfnisse deiner Zielgruppe an.

Diese Feedbackschleifen solltest du kontinuierlich ablaufen lassen, um dein Angebot immer weiter zu optimieren und an sich eventuell verändernde Gegebenheiten anzupassen.

3.7 Outsourcing und Automatisierung

Zu Beginn dieses Kapitels haben wir ein Lifestyle-Business darüber definiert, dass es sich an dein Leben anpasst und nicht andersherum. Wenn der Zeitpunkt gekommen ist, an dem du dich auf neue Projekte konzentrieren möchtest oder dir ganz einfach mehr Freizeit schaffen willst, dann erreichst du dies mithilfe von automatisierten Prozessen und der Auslagerung von Aufgaben für dein bestehendes Business.

Durch Outsourcing und Automatisierung kannst du dir nicht nur mehr Zeit verschaffen, sondern ebenso dein Geschäftsmodell skalieren. Bei der Skalierung deines Business bringst du dein bereits bestehendes Produkt ohne großen Mehraufwand zu einer größeren Gruppe von Käufern. Das funktioniert für digitale Produkte besonders gut, da der Verkaufsprozess sehr gut automatisiert werden kann.

Aufgaben auf Projektbasis auslagern

Durch das Auslagern von Arbeiten an Freelancer bewahrst du dir Flexibilität, da du nur dann zahlst, wenn du ein Projekt zu vergeben hast. Du kannst dir immer genau die Experten suchen, die du für eine bestimmte Aufgabe benötigst. Der große Nachteil beim Outsourcing auf Projektbasis ist, dass sich die Motivation vieler Freelancer in Grenzen hält und sie dich und dein Business nicht gut kennen.

Umso wichtiger ist eine klare Kommunikation beim Outsourcing. Freelancer machen genau das, was du ihnen sagst – nicht mehr und nicht weniger. Wenn deine Aufgabenstellung nicht eindeutig ist, dann verschwendest du am Ende mehr Zeit mit der Kommunikation, als du durch die Auslagerung einsparst.

Der einfachste Weg zum Auslagern von kleineren Projekten führt über Outsourcing-Plattformen. Diese Jobbörsen für Online-freelancer eignen sich vor allem für kleinere Projekte wie die Erstellung von Content (Videos, Blogposts, Infografiken), Programmier- und Designarbeiten, allgemeine Administration und Recherche.

Die Gebühren für die Plattform liegen entweder beim Auftraggeber oder Auftragnehmer. Letztendlich ist es egal, da du als Auftraggeber entweder direkt oder indirekt durch höhere Preise für Freelancer die Gebühren bezahlst. Die Plattformen dienen im Grunde als Treuhänder zwischen Freelancer und Auftraggeber. Sobald du Vertrauen zu einem Freelancer gefasst hast, solltest du die Zusammenarbeit außerhalb der Plattform fortsetzen. Das spart nicht nur Kosten, sondern sorgt auch für ein angenehmeres Arbeitsklima.

Freelancer auf internationalen Plattformen können dank Geo-Arbitrage deutlich günstiger arbeiten als deutsche Freelancer. Jedoch funktioniert das nur, wenn du nicht auf deutsche Sprachkenntnisse angewiesen bist. Hier ein paar Anbieter für internationale und deutsche Outsourcing-Plattformen[72]:

- **Upwork** (englisch): das mit Abstand größte Freelancer-Netzwerk mit acht Millionen Freelancern für alle Bereiche, ehemals unter dem Namen Elance-oDesk bekannt
- **Fiverr** (englisch): gut geeignet für sehr einfache Aufgaben wie Lektorate, Rechercheaufgaben oder kleinere Designarbeiten
- **twago** (deutsch): die deutsche Variante zu Upwork mit vielen Programmierern und Designern, jedoch etwas teurer und weniger besucht als die großen internationalen Seiten
- **Freelance-Market** (deutsch): Outsourcing-Plattform für alle Kategorien mit sehr transparenten Preisangaben
- **people4project** (deutsch): Freelancer aus dem IT-Bereich für projektbasierte Aufgaben

- **TaskTillDone** (englisch): recht neuer Marktplatz für das Outsourcen von allen Aufgaben, die digital erledigt werden können
- **SEOJobboerse.de** (deutsch): sowohl Vollzeitkräfte als auch Freelancer für Aufgaben im Onlinemarketing
- **Bloggerjobs** (deutsch): eignet sich gut für kleinere Schreibjobs, Designarbeiten und WordPress Support.
- **Textbroker** und **content.de** (deutsch): für die Erstellung von Blogartikeln, SEO-optimierten Produktbeschreibungen und anderen Texten
- **mein-virtuellerassistent.com** und **Strandschicht** (deutsch): sehr gute Plattformen zum Finden von qualifizierten virtuellen Assistenten
- **ProZ.com** und **TranslatorsCafe.com** (englisch): die beiden größten Plattformen für qualitativ hochwertige Übersetzungen in alle Sprachen

Aufgaben auf langfristiger Basis auslagern

Ein festes Team mit unterschiedlichen Fachkräften aufzubauen hat den großen Vorteil, dass die Mitarbeiter in deinem Unternehmen eingebunden sind. Dadurch erhöhen sich die Motivation und das Gefühl der Zugehörigkeit. Außerdem ist die interne Kommunikation bei einem eingespielten Team deutlich besser.

Der große Nachteil bei fest angestellten Mitarbeitern ist, dass diese auch ein festes Gehalt, Sozialversicherung, Urlaubstage und Fortzahlung bei Krankheit bekommen. Das Risiko bei Leistungsausfall liegt also bei dir. Außerdem bist du aufgrund von Kündigungsfristen weniger flexibel in deinem Handlungsspielraum.

Eine Alternative zum festen Mitarbeiter ist die Anstellung eines Freelancers mit Rahmenvertrag und monatlicher Abrechnung, basierend auf den geleisteten Stunden. Als Auftraggeber musst du lediglich darauf achten, dass der Freelancer tatsächlich noch selbstständig handelt, also neben dir auch noch andere Auftraggeber hat und damit nicht in einer sozialversicherungspflichtigen Anstellung mit dir steht.

Leo Brunnhofer: TaskTillDone

Leo ist Start-up-Enthusiast, liebender Vater einer Tochter, durstig nach Wissen und reisebegeistert. Als Gründer und CEO von TaskTillDone (www.tasktilldone.com) sowie als CTO und Kogründer von GAMINSIDE GmbH bringt Leo mehr als zehn Jahre an Start-up-Erfahrung mit. TaskTillDone will jeden, der sein eigenes Unternehmen aufbauen möchte, unkompliziert unterstützen und ihm dabei helfen, die eigenen Ziele schneller und besser zu erreichen.

Was sind die großen Vorteile und eventuell auch Nachteile der Nutzung einer Plattform wie TaskTillDone?

TaskTillDone bietet ein Cockpit, vergleichbar mit einer To-do-Liste, von der man direkt auslagern kann. Man könnte auch sagen, man delegiert über die Unternehmensgrenzen hinaus. Man kann bestimmte Leute zu Aufgaben einladen, die diese je nach Verfügbarkeit annehmen können oder auch nicht. Oder man stellt die Aufgaben öffentlich auf den Marktplatz und jeder TaskTillDone-User kann ein Angebot dafür abgeben.

Ein Vorteil ist natürlich, dass man Aufgaben aus der Hosentasche heraus koordinieren kann und ein mächtiges Tool zur Verfügung hat, mit dem man von der Task-Beschreibung bis zur Bezahlung alles abwickeln kann. TaskTillDone ist eine Art OneStopShop für Unternehmer. Mit jeder neuen Version versuchen wir, den Prozess noch einfacher zu gestalten.

Weitere Vorteile:

- Aufwand des Findens der richtigen Person oder des richtigen Auftraggebers fast auf null reduziert
- Persönliche Empfehlung als Quelle für den passenden Freelancer oder Auftraggeber

- An aktuelle Lebenssituation angepasste Möglichkeit, ein orts- und zeitunabhängiges Freelancing-Business aufzubauen
- Zusätzlicher Vertriebskanal

Was sind typische Tätigkeiten, die problemlos an günstige Freelancer in Niedriglohnländern auslagert werden können, und wann sollte besser nicht gespart werden?

Ich denke, das kann man nicht allgemein beantworten. Natürlich gibt es auch in Niedriglohnländern Talente in allen möglichen Bereichen. Wesentlich ist aus meiner Sicht, welche Qualität ich benötige und ob ich längerfristig mit jemandem zusammenarbeiten will oder nach einmaliger punktueller Unterstützung suche.

Plane ich eine längerfristige Zusammenarbeit, kann man Freelancern ja auch die Zeit geben, um gewisse Fähigkeiten zu erlernen, oder man schult sie selbst. Das kann natürlich zeitintensiv sein.

Recherchetätigkeiten, Social-Media-Arbeiten, Blog-Administration, Erzeugung von Blogposts und anderen Inhalten, einfache Grafikarbeiten, Reiseplanung und vieles mehr können sehr einfach ausgelagert werden.

Es gibt Aufgaben, die ein gewisses kulturelles Verständnis oder auch sprachliche Kenntnis brauchen. Das sind meist Aufgaben, die direkt mit dem Kunden zu tun haben (Akquise, Support und so weiter). Hier muss man abwägen, wo das Auslagern Sinn macht und ob man nicht doch lieber Freiberufler aus dem eigenen Land engagiert.

Welche Tätigkeiten eignen sich nicht zum Auslagern?

Grundsätzlich kann man fast alles auslagern, solange man den Überblick behält. Bei meinen Unternehmungen achte ich immer sehr darauf, dass die Gründer Inhaber der Vision bleiben, wir das eigentliche Kerngeschäft schützen und wir die helfenden Hände der Vision entsprechend koordinieren.

Welche Tipps hast du für das Finden und die Auswahl guter Freelancer? Gibt es Kriterien, nach denen geschaut werden kann?

Genauso wie beim Durchstöbern von Hotel-Reviews, um das perfekte Hotel zu finden, ist es auch beim Herausfiltern der richtigen Person. Oft muss man zwischen den Zeilen lesen. Sollte es zu einem Interview mit dem Freelancer kommen, muss man die richtigen Fragen stellen, um herauszufinden, ob es mit einer Zusammenarbeit klappen kann. Man kann auch kleine (meist bezahlte) Testaufgaben machen lassen, um ein Gefühl für die Arbeitsweise zu bekommen. Kurz gesagt, Outsourcing ist eine Kompetenz, die man erlernen kann.

Bei der Benutzung von TaskTillDone kann man sich das Outsourcing aneignen, muss das aber nicht. Wir machen es sehr einfach, indem Leute aus dem eigenen Netzwerk die Recruiter-Rolle übernehmen und einen mit der richtigen Person zusammenbringen. Das Verbinden von »offener Aufgabe« mit dem richtigen Freelancer oder auch von einer »angebotenen Fähigkeit« mit jemandem, der Arbeit zu vergeben hat, geht in Sekundenschnelle. Vertrauen entsteht über die vermittelnde Person.

Automatisierte Prozesse einrichten

Um dich als Unternehmer selbst immer mehr aus dem Prozess der Leistungserstellung herauszunehmen, solltest du Abläufe für wiederkehrende Aufgaben standardisieren. Als Grundlage dafür dienen »Standard Operating Procedures« (SOPs), in denen einzelne Arbeitsabläufe definiert werden.[73]

Mithilfe eines Projektmanagement-Tools oder ganz einfach in einem Google Doc beschreibst du eine Aufgabe (zum Beipiel Formatierung eines Blogposts, Facebook-Posts, Versand eines Produkts und so weiter) so detailliert, dass sie problemlos delegiert werden können.

Versuche, möglichst viele Arbeitsabläufe aus deinem Business in SOPs herunterzubrechen und an deine Teammitglieder abzugeben. Für die Delegation und auch zur Überprüfung der abgeschlossenen

Aufgaben eignen sich Projektmanagement-Tools oder webbasierte To-do-Listen. Was du für dein Projektmanagement sonst noch brauchst, sind ein Chat-Tool zur schnellen Kommunikation und ein cloudbasierter Speicherplatz für das Teilen von Dateien.

Die folgenden Tools eignen sich bestens zum Einrichten von SOPs, zur Kommunikation und zum Monitoring von Projekten. Sie sind alle (zumindest in der Basisversion) kostenlos[74]:

- **Trello:** ein auf der Kanban-Methode[75] basierendes Projektmanagement-Tool für kleine Teams
- **Todoist:** gemeinsame To-do-Listen anlegen, Verantwortlichkeiten festlegen und Fristen setzen
- **Asana:** Projektmanagement und Kommunikation für Teams
- **Dropbox und Google Drive:** zum Teilen von Dokumenten in der Cloud
- **Skype und Google Hangouts:** für regelmäßige Videokonferenzen mit deinem Team
- **Google Docs:** zur gemeinsamen Bearbeitung von Dokumenten oder zum Teilen von SOPs
- **Slack:** perfektes Chat-Tool für Teams mit guter Suchfunktion, verschiedenen Kanälen pro Team und vielen Integrationsmöglichkeiten

Die letzten Seiten haben dir Anregungen und einen Rahmen für den Aufbau deines Lifestyle-Business gegeben. Die konkrete Umsetzung können wir hier natürlich nicht im Detail besprechen, was aber auch nicht zielführend ist.

Du musst dich nun einfach trauen: Teste eine Idee mit möglichst wenig Aufwand, optimiere diese, verwerfe sie, wenn nötig, und genieße den Prozess des Ausprobierens. Nicht immer wird alles gelingen. Was jedoch bleibt, sind wertvolle Erfahrungen, die dich auf lange Sicht zu einem erfolgreichen Unternehmer machen werden.

4 Rechtliche Selbstständigkeit

> *»Doch – es könnten viel mehr Menschen Entrepreneur sein. Sie sind es im Grunde längst. Wir unternehmen vieles, wir benennen es nur nicht so. Weil es wie selbstverständlich passiert, weil wir es Freizeit nennen, weil wir eine massive Grenze zwischen ›etwas unternehmen‹ und ›Unternehmen‹ ziehen. Aber, werden Sie sagen, ein Unternehmen hat doch einen völlig anderen Charakter, rechtlich, organisatorisch, in seiner Schriftlichkeit, in seinem Verwaltungsaufwand. Diese Grenzziehung steckt tief in unserem Bewusstsein. Real ist sie sehr viel geringer.«*
>
> *Günter Faltin,* Wir sind das Kapital *(2015)*

Durch zahlreiche Gespräche mit Lesern weiß ich, dass die bürokratischen Hürden viele Menschen vor dem Schritt in die Selbstständigkeit abschrecken. Es ist nachvollziehbar, da an vieles gedacht werden muss. Wie gründe ich ein Unternehmen? Was passiert mit meiner persönlichen Absicherung? Und wie verhält es sich mit den Steuern?

Das sind nur einige der vielen Fragen, die wir in diesem Kapitel schrittweise besprechen. Denn unter keinen Umständen sollte die Gründung deines Unternehmens an den bürokratischen Hürden scheitern.

Hinweis: Alle Informationen in diesem Kapitel beziehen sich auf das Jahr 2015. Wir gehen davon aus, dass du in Deutschland gemeldet bist und dort auch dein Gewerbe beziehungsweise deine freiberuflichen Tätigkeiten anmeldest. Für den Anfang sicher keine schlechte Idee. Welche Optionen es für die Gründung im Ausland gibt und was du bei der Abmeldung aus Deutschland beachten musst, erfährst du in Kapitel 7.

Gewerbetreibender oder Freiberufler

Vor allem für digitale Nomaden und kreative Unternehmer ist diese Frage wichtig, denn sie führen oft freiberufliche Tätigkeiten aus. Als Freiberufler musst du keine Gewerbesteuer abführen, keine doppelte Buchführung machen, kein Gewerbe anmelden und bist kein Pflichtmitglied in der IHK. Deshalb solltest du immer versuchen, vom Finanzamt als Freiberufler anerkannt zu werden.

Wenn du als Freelancer tätig bist (Achtung: Freelancer ist nicht automatisch Freiberufler), dann sollte das in vielen Fällen auch gelingen. Als Unternehmer handelst du in der Regel gewerblich, du verkaufst also Produkte und Leistungen mit wiederholter Gewinnerzielungsabsicht, wodurch du um die Gewerbeanmeldung nicht herumkommst.

Wann bist du also ein Freiberufler? Es ist schwer, diese Frage pauschal zu beantworten. Sollten die folgenden Punkte auf dich zutreffen, dann gehört deine Tätigkeit jedoch mit großer Wahrscheinlichkeit zu den freien Berufen:

- Katalogberufe in kreativen, wissenschaftlichen oder künstlerischen Bereichen (zum Beipiel Autor, Fotograf, Designer, Übersetzer oder Journalist)[76]
- Katalogähnliche Berufe, die ebenfalls eine höhere Ausbildung voraussetzen und den Katalogberufen ähnlich sind; Prüfung durch das Finanzamt im Einzelfall (zum Beipiel Fotodesigner, Programmierer, Modedesigner oder Werbetexter)

- Erzieherische und beratende Tätigkeiten in Verbindung mit der unterrichtenden Tätigkeit (zum Beipiel EDV-Berater, Fitnesstrainer, Coach)
- Kein festes Büro, Lager oder Verkaufsstätte
- Keine Angestellten und keine inhaltliche Zuordnung zu einem Unternehmen

Wenn du einen Beruf wie Webdesigner oder Programmierer ausübst, dann musst du dem Finanzamt gegenüber nachweisen, dass es sich um einen der freien Berufe handelt. Sobald du nebenbei auch einen Blog mit Affiliate-Links oder Werbung betreibst, giltst du nicht mehr als reiner Freiberufler.

Du benötigst auch dann ein Gewerbe, wenn du zwar hauptsächlich als freiberuflicher Journalist arbeitest, jedoch nebenbei E-Books über deinen Blog vertreibst. Im Zweifel solltest du die verschiedenen Tätigkeiten trennen, da sonst freiberufliche Einkünfte durch gewerbliche Einkünfte »infiziert« werden und damit insgesamt als gewerblich gelten.

Wird die Anzeige des Gewerbes außer Acht gelassen, kann es nach der steuerlichen Anmeldung und einer eventuellen Kontrollmitteilung vonseiten des Finanzamtes allenfalls zu einer Aufforderung der Anmeldung des Gewerbes kommen.

Die Gewerbeanzeige bei Freiberuflern wird von den Finanzämtern weder geprüft noch gefordert. Aufgrund der fehlenden rechtlichen Folgen bei Nichtanmeldung des Gewerbes gibt es Gründer, die darauf verzichten. Damit ändert sich natürlich nichts an deinen steuerlichen Pflichten, denen du mit Aufnahme deiner unternehmerischen Tätigkeiten ohnehin nachkommen musst.

Dr. Ronald Kandelhard: Gewerbeanmeldung

Dr. Ronald Kandelhard ist Fachanwalt für Handels- und Gesellschaftsrecht. Nach 15 Jahren als Partner einer mittelgroßen Sozietät startet er demnächst ortsunabhängig durch und wird als DrNomad auch digitale Nomaden juristisch begleiten. Ronald ist zudem der Verfasser des Booklets »Digitale Selbstständigkeit richtig starten« (www.wirelesslife.de/info/booklet).

Warum sollten digital Selbstständige im Zweifel die Einstufung als Freiberufler der Gewerbeanmeldung vorziehen?

Es gibt fünf Vorteile für Freiberufler:

1. Sie müssen kein Gewerbe anzeigen.
2. Sie müssen nicht bilanzieren, zur Gewinnermittlung reicht eine Einnahmen-Überschuss-Rechnung.
3. Sie werden (auf Antrag) nach tatsächlichen Einnahmen und nicht nach vereinbarten Einnahmen versteuert.
4. Sie sind nicht Zwangsmitglied in der IHK (mit den damit verbundenen Kosten).
5. Sie zahlen keine Gewerbesteuer.

Welche Grundvoraussetzungen müssen gegeben sein, um dem Finanzamt freiberufliche Einkünfte begründen zu können?

Es müssen höhere Dienste persönlich sowie fachlich unabhängig erbracht werden, ähnlich wie bei einem Arzt, Rechtsanwalt, Architekt oder Ingenieur. Typische digitale Freiberufler sind Programmierer, Fotografen, Schriftsteller und Journalisten.

Welche Konsequenzen hätte es, wenn das Finanzamt meine Einkünfte bei der Steuererklärung nachträglich als gewerblich einstuft?

Man würde die oben genannten Vorteile verlieren und müsste unter Umständen nachträglich eine Bilanz anfertigen und erheblich Steuern nachzahlen. Wenn man sich nicht allzu leichtfertig als Freiberufler eingeordnet hat, sollten weitergehende Vorwürfe wie Steuerhinterziehung aber nicht aufkommen.

Nebenberufliche Selbstständigkeit

Als Arbeitnehmer oder Student kannst du auch nebenberuflich gründen. Darunter fällt eine selbstständige Tätigkeit mit einer Wochenarbeitszeit von maximal 18 Stunden, die in Einkommen und Arbeitszeit die Hauptbeschäftigung nicht überschreitet. Besonders relevant ist dies für die Sozialversicherungspflicht.

Beachten musst du bei der nebenberuflichen Selbstständigkeit deine Pflichten als Arbeitnehmer aus dem bestehenden Arbeitsvertrag. Im Zweifel solltest du deinen Arbeitgeber über deine nebenberufliche Selbstständigkeit informieren. Außerdem musst du dein Einkommen aus der Selbstständigkeit nicht nur bei der Steuererklärung, sondern auch zur Beitragsberechnung bei der Krankenkasse angeben.

Gründen aus der Arbeitslosigkeit

Auch wenn du arbeitslos gemeldet bist, kannst du dich bei einer Tätigkeit von bis zu 15 Stunden in der Woche nebenberuflich selbstständig machen. Beachte jedoch, dass es bei einem Zuverdienst von über 165 Euro pro Monat Abzüge beim Arbeitslosengeld gibt. Melden musst du das Nebengewerbe bei der Arbeitsagentur in jedem Fall.

4.1 Passende Rechtsform finden

Als Gewerbetreibender musst du dich vor der Anmeldung beim Gewerbeamt für eine Rechtsform deines Unternehmens entscheiden. Für Freelancer, Blogger und Infopreneure wird das in der Regel das Einzelunternehmen sein. Alle anderen Rechtsformen sind mit mehr Aufwand und Kosten verbunden. Ob diese für dich Sinn machen, solltest du dir also genau überlegen.

Auch Freiberufler können ein Unternehmen gründen, wenn sie im Team arbeiten möchten; zwingend ist das aber nicht. Die relevantesten Rechtsformen für ortsunabhängige Selbstständige stelle ich euch in aller Kürze vor.

Einzelunternehmer

Wenn du anfangs ohne Partner arbeitest, reicht diese Rechtsform vollkommen aus. Die Anmeldung beim Gewerbeamt ist problemlos und ein Handelsregistereintrag ist, bis auf wenige Ausnahmen, nicht erforderlich. Im Geschäftsverkehr trittst du mit deinem eigenen Namen auf, kannst dich also nicht hinter einem Unternehmen »verstecken«. Bis zu einem Jahresgewinn von 50.000 Euro beziehungsweise einem Jahresumsatz von 500.000 Euro bist du nicht bilanzierungspflichtig. Es reicht die einfache Einnahmen-Überschuss-Rechnung (EÜR).

Wie beim Freiberufler besteht hier der Nachteil in der Haftung mit dem Privatvermögen. Dem gegenüber steht der wohl größte Vorteil dieser Rechtsform, der besonders die ersten Jahre nach der Gründung einfacher macht: die Kleinunternehmerregelung nach §19 UStG.

Kleinunternehmer(regelung)

Als Freiberufler und Einzelunternehmer kannst du beim Finanzamt von dieser Regelung Gebrauch machen. Damit bist du bis zu einem geschätzten Jahresumsatz von weniger als 17.500 Euro im ersten Jahr umsatzsteuerbefreit.[77] Das heißt, du musst keine Umsatzsteuer auf Rechnungen angeben und daher auch nicht abführen. Das heißt natürlich auch, dass du keine bezahlte Vorsteuer für Eingangsrechnungen geltend machen kannst. Sobald du den Jahresumsatz von

17.500 Euro im laufenden Geschäftsjahr und geschätzte Umsätze von 50.000 Euro im Folgejahr überschreitest, bist du zum Ausweis der Umsatzsteuer verpflichtet.

Sofern du dich nicht daran störst, nach außen hin auf Rechnungen als »kleiner Unternehmer« aufzutreten, solltest du dich aus Gründen der Einfachheit am Anfang für die Kleinunternehmerregelung entscheiden.

Personengesellschaften

Im Team zu gründen macht dann Sinn, wenn Verantwortung, Investition und Haftung auf mehrere Schultern verteilt werden sollen. Personengesellschaften sind keine eigenständigen Rechtsobjekte, sondern Zusammenschlüsse von Gesellschaftern. Anders als Kapitalgesellschaften sind sie nur eingeschränkt rechtsfähig und Gesellschafter auch mit ihrem Privatvermögen haftbar (außer der Kommanditist bei der KG, der nur mit seiner Einlage haftet).

GbR – Gesellschaft bürgerlichen Rechts

Eine GbR kann mit mindestens zwei Personen formlos gegründet werden. Es wird kein Gesellschaftervertrag benötigt. Der Akt der Gründung kann durch den Kauf einer gemeinsamen Domain oder ein schriftlich festgelegtes Konzept vollzogen werden. Auch für Freiberufler ist die GbR eine Option. Nachteile sind die persönliche Haftung bei Abmahnungen oder Schadensersatzansprüchen und die oft unklaren Gesellschafterverhältnisse.

Offene Handelsgesellschaft und Kommanditgesellschaft

Weitere Personengesellschaften sind die OHG (Offene Handelsgesellschaft) und die KG (Kommanditgesellschaft). Für diese ist ein Eintrag ins Handelsregister und eine doppelte Buchführung zwingend. Gehaftet wird hier wie bei dem Einzelunternehmen mit dem Privatvermögen (außer Kommanditist bei der KG als Teilhafter). Jedoch wird die Gründung einer OHG oder KG für Onlineunternehmer in den wenigsten Fällen sinnvoll sein.

Kapitalgesellschaften

Kapitalgesellschaften sind eigenständige Rechtsobjekte (juristische Personen), die selbst Geschäfte durchführen können (zum Beipiel Kredite aufnehmen, Immobilien kaufen). Der große Vorteil ist die Haftungsbeschränkung auf das Gesellschaftsvermögen. Eine Gründung mit mehreren Partnern ist möglich. Generell ist bei der Kapitalgesellschaft ein Eintrag ins Handelsregister und die doppelte Buchführung nötig.

GmbH – Gesellschaft mit beschränkter Haftung

Für die Gründung einer GmbH wird ein notariell beurkundeter Gesellschaftervertrag, ein Handelsregistereintrag und eine Mindesteinlage von 25.000 Euro Stammkapital benötigt. Das Stammkapital ist dabei als eine Art Kaution zu sehen. Natürlich ist es nicht verloren, sondern dient als Startguthaben für Investitionen. Das Führen einer GmbH ist aufgrund von Bilanzierungspflicht und klar geregelten Gesellschafterverhältnissen sehr formell. Spätestens bei dieser Rechtsform geht es nicht mehr ohne Steuerberater und Buchhalter.

UG – Unternehmergesellschaft

Die UG wird auch als Mini-GmbH bezeichnet. Sie kann mit einem Stammkapital von einem Euro gegründet werden. Die »GmbH light« ist quasi die deutsche Variante der britischen Limited. Der einzig nennenswerte Unterschied zur GmbH ist die geringe Einlage, die im Außenauftritt auch als Haftungsbeschränkung sichtbar ist. Gedacht ist die UG vom Gesetzgeber als Übergangslösung zur GmbH, da nicht die kompletten Jahresgewinne ausgeschüttet werden dürfen, sondern mindestens 25 Prozent als Rücklage einbehalten werden, bis das Stammkapital von 25.000 Euro erreicht wird.

Ltd. – ausländische Limited

Eine weitere Option ist die britische Limited. Die Gründung ist günstig und unkompliziert. In vielen Ländern muss der Director auch keinen Wohnsitz haben, sondern es reicht eine Sekretärin vor Ort, die über eine Agentur arrangiert werden kann. In einigen Städten wie Hongkong und Singapur oder auf den Seychellen spricht man von Offshore-Unternehmen, die für Einkünfte außerhalb des Landes keine Steuern bezahlen müssen. Weitere Vorteile sind die Haftungsbeschränkung und die Gründung ohne Mindeststammkapital. Große Probleme können die unbekannten Gesetze und Steuersysteme mit sich bringen. Wenn du direkt mit deutschen Kunden zusammenarbeitest, solltest du dir auch über die Reputation des Landes, in dem die Limited angemeldet ist, Gedanken machen. Weitere Informationen zur Gründung im Ausland bekommst du in Kapitel 7.3.

4.2 Gründungszuschuss: Fördermittel beantragen

Ein staatlich geförderter Zuschuss für die ersten Monate der Selbstständigkeit verschafft Sicherheit, zumindest über die finanzielle Situation. Aber so hilfreich Förderungen zum Start der Selbstständigkeit auch sein können, so viel Aufwand kann die Beantragung mit sich bringen. Das sollte dich nicht davon abschrecken, deine Chancen für Förderprogramme zu evaluieren. Ob sich der Aufwand für die Beantragung einer öffentlichen Förderung lohnt, hängt davon ab, wie groß deine Aussicht auf Erfolg ist.

Gründungszuschuss von der Arbeitsagentur

Bis zu 18.000 Euro[78], die nicht zurückgezahlt werden müssen, zahlt die Agentur für Arbeit für Menschen, die aus der Arbeitslosigkeit heraus gründen. Dafür reicht es aus, nach der Beendigung deines Arbeitsverhältnisses für mindestens einen Tag arbeitslos gemeldet zu sein. Die formale Voraussetzung für den Zuschuss ist, dass du einen Restanspruch auf mindestens 150 Tage Arbeitslosengeld I hast. Außerdem musst du nach Erachten des Sachbearbeiters bei der Arbeitsagentur in deinem erlernten Beruf schwer vermittelbar sein.

Die Beantragung der Förderung[79] muss unbedingt *vor* der Gewerbeanmeldung beziehungsweise der Anmeldung einer freiberuflichen Tätigkeit geschehen und braucht einen wasserdichten Businessplan. Um deine Chancen auf Erfolg zu erhöhen, solltest du dir Hilfe von Gründungsberatern[80] und der IHK holen.

Einstiegsgeld

Wer Arbeitslosengeld II (Hartz IV) bekommt, kann als Existenzgründer ebenfalls gefördert werden – und zwar mit dem Einstiegsgeld. Zweck des Einstiegsgeldes ist es allerdings nicht, die Selbstständigkeit an sich zu fördern. Es soll vielmehr Empfängern von ALG II helfen, den Schritt aus der Langzeitarbeitslosigkeit heraus in die Selbstständigkeit zu wagen. Das Einstiegsgeld wird zusätzlich zum ALG II gezahlt.

Vergünstigte Kredite von Förderbanken

Die Aufnahme eines vergünstigten Kredits kann dir den Einstieg erleichtern, wenn du nicht über Ersparnisse verfügst. Bei dieser Art von Förderung bekommst du keinen Zuschuss, sondern einen Kredit mit günstigen Zinskonditionen. Beantragen kannst du einen solchen Gründerkredit bis zu drei Jahre nach der Gründung bei der KfW und bei den Förderbanken in deinem Bundesland. Bevor du darüber nachdenkst, sei dir über die langfristigen Verpflichtungen bewusst, die du mit der Aufnahme eines Kredits eingehst.

Weitere Förderprogramme

Neben dem Gründungszuschuss und den Förderkrediten von staatlichen Institutionen gibt es eine Vielzahl von Fördermitteln der KfW, Gründerfonds und EU-weite Programme.[81] Dazu gehören Stipendien, Beteiligungen, Bürgschaften und Zuschüsse. Auch eine Beratung für Selbstständige kann durch das KfW-Gründercoaching gefördert werden. Beantragt wird der Zuschuss für 50 bis 75 Prozent des Beratungshonorars bei der zuständigen IHK.

Auf Landesebene kannst du in manchen Bundesländern innerhalb der ersten fünf Jahre deiner Selbstständigkeit einen Bildungsscheck beantragen, der 50 Prozent (bis zu 500 Euro) der Kosten für Weiterbildungen bezuschusst. Speziell für Studenten gibt es Programme wie das EXIST-Gründerstipendium.[82]

4.3 Gewerbe anmelden

Ein Gewerbe musst du theoretisch anmelden, sobald du deine selbstständigen Tätigkeiten aufnimmst und keinen der freien Berufe ausübst. Aus steuerlicher Sicht[83] ist von einem Gewerbe die Rede, wenn du

- **selbstständig** (auf eigene Rechnung und Gefahr),
- **nachhaltig** (wiederholende Tätigkeit)
- und **mit Gewinnerzielungsabsicht** (gezieltes Einkommen, das Aufwendungen übersteigt)
- am **allgemeinen wirtschaftlichen Verkehr** (Angebot an die Allgemeinheit gegen Entgelt) teilnimmst.

Sobald alle vier dieser Merkmale auf dich zutreffen, bist du verpflichtet, ein Gewerbe anzumelden und Einkünfte aus einem Gewerbebetrieb zu versteuern. Das kann bei Onlinetätigkeiten unterstellt werden, wenn du regelmäßige Schritte unternimmst, um wiederkehrende Einnahmen zu erzielen. Dazu gehört bereits die Akquise von Kunden oder Lesern (zum Beispiel SEO, Google AdWords).

Als Freiberufler musst du natürlich kein Gewerbe anmelden, sondern teilst dem Finanzamt über den »Fragebogen zur steuerlichen Erfassung« die Aufnahme deiner Tätigkeiten mit.

In der Praxis macht es allerdings wenig Sinn, dass du bereits nach dem Start deines Blogs oder kleinerer Onlineprojekte ein Gewerbe anmeldest. Sobald du erste Einkünfte hast, kannst du dein Gewerbe auch noch bis zu drei Monate nach der Aufnahme der Tätigkeit rückwirkend anmelden.[84] Deinen steuerlichen Pflichten musst du natürlich auch unabhängig von der Gewerbeanmeldung nachkommen.

Formular zur Gewerbeanmeldung

Die Gewerbeanmeldung könnte kaum einfacher sein und kostet je nach Bundesland zwischen 15 und 60 Euro. Zur Anmeldung gehst du zu deinem zuständigen Ordnungsamt/Gewerbeamt, nimmst deinen Personalausweis mit und füllst dort das Formular zur Gewerbeanmeldung aus.

Beim Ausfüllen des Bogens sind ganz besonders zwei Dinge wichtig: die Art des ausgeübten Gewerbes/der Tätigkeit und die voraussichtlichen Einkünfte. Den Gewerbezweck solltest du nicht zu eng fassen, um dir die Türen für eine Erweiterung deiner Leistungen offenzulassen. Schreibe dort also nicht »Englisch-Deutsch-Übersetzer für digitale Produkte«, sondern besser »Digitale Dienstleistungen«. Es hängt dann von dem Sachbearbeiter beim Gewerbeamt ab, ob du deine Tätigkeit noch spezifizieren musst.

Sowohl die angemeldete Tätigkeit als auch die Rechtsform deines Gewerbes kannst du übrigens jederzeit ändern (Kosten wie bei der Gewerbeanmeldung).

Fragebogen zur steuerlichen Erfassung

Ungefähr eine Woche nach der Gewerbeanmeldung bekommst du dann vom Finanzamt den Fragebogen zur steuerlichen Erfassung. Anhand deiner angegebenen Rechtsform und Tätigkeit überprüft das Finanzamt, ob du in die Kategorie der Freiberufler oder Gewerbetreibenden fällst.

Unabhängig davon kannst und solltest du zu Beginn deiner Selbstständigkeit von der Kleinunternehmerregelung Gebrauch machen. Dafür müssen deine geschätzten Einkünfte unter einem Jahresumsatz von 17.500 Euro liegen. Ist dies nicht der Fall, dann beantragst du eine Umsatzsteuer-Identifikationsnummer.

Deine voraussichtlichen Einkünfte und Steuerabzugsbeträge solltest du so realistisch wie möglich schätzen, da diese als Basis für Einkommensteuervorauszahlungen dienen. Sind deine geschätzten Einkünfte zu niedrig, dann musst du am Jahresende Steuern nachzahlen. Setzt du diese zu hoch an, dann bekommst du zwar eine Steuerrückzahlung, hast jedoch während des Steuerjahres weniger Geld zur Verfügung.

Nachdem der Fragebogen vom Finanzamt geprüft wurde, erhältst du deine Steuernummer, die du zukünftig auf allen gestellten Rechnungen angeben musst.

IHK und Standeskammer

Grundsätzlich müssen sich alle Gewerbetreibenden, die nicht Freiberufler oder Handwerker sind, als Mitglied bei der zuständigen IHK anmelden. Nach der Gewerbeanmeldung bekommst du automatisch Post von der IHK. Für Handelsunternehmen, die im Handelsregister eingetragen sind, fällt eine Gebühr von mindestens 150 Euro an. Ausgenommen davon sind Existenzgründer in den ersten beiden Jahren, wenn sie nicht im Handelsregister eingetragen sind und einen jährlichen Gewinn von 25.000 Euro nicht überschreiten.

Bei geringen Umsätzen kannst du auch nach dieser Zeit eine Beitragsbefreiung bei der IHK beantragen. Einige freie Berufe (zum Beipiel Notare, Rechtsanwälte, Patentanwälte, Steuerberater, Wirtschaftsprüfer) müssen sich bei ihrer zuständigen Standeskammer anmelden.

Berufsgenossenschaft

Die Berufsgenossenschaften sind im Grunde die Unfallversicherung für Unternehmen und deren Angestellte. Jedes Unternehmen, eingeschlossen Einzelunternehmer und Freiberufler, muss sich innerhalb von einer Woche nach der Gewerbeanmeldung bei der zuständigen Berufsgenossenschaft informieren, ob eine Anmeldung verpflichtend ist. Eine generelle Versicherungspflicht besteht, wenn du Angestellte hast. Wenn nicht, dann prüft die Berufsgenossenschaft anhand eines von dir ausgefüllten Fragebogens. Eine freiwillige Versicherung ist immer möglich und kann als Alternative zur privaten Unfallversicherung zumindest für Familien in Betracht gezogen werden.

Handelsregister

Wenn du ein Kleingewerbetreibender oder Freiberufler bist, dann besteht keine Pflicht zum Eintrag in das Handelsregister. Jedoch müssen sich alle Handelsunternehmen dort eintragen lassen, was in der Regel von einem Notar übernommen wird. Alle Handels-, Genossenschafts- und Partnerschaftsregister sind vollständig elektronisch, weshalb auch die für die Anmeldung erforderlichen Dokumente elektronisch eingereicht werden. Nach der Prüfung und Beglaubigung der Dokumente werden sie an das zuständige Registergericht übermittelt, welches das Unternehmen dann in das elektronische Handelsregister einträgt. Kapitalgesellschaften sind außerdem dazu verpflichtet, ihre Jahresabschlüsse dort offenzulegen.

4.4 Versicherungen und Vorsorge

Das Rad der Bürokratie kommt natürlich mit der Gewerbeanmeldung erst so richtig ins Rollen. Die gute Nachricht ist jedoch, dass du als Selbstständiger nur noch beschränkt sozialversicherungspflichtig bist. Das gibt dir viele Entscheidungsfreiheiten hinsichtlich deiner Absicherung und Vorsorge. Du unterliegst weiterhin der Pflicht zur Krankenversicherung, kannst jedoch zwischen privater und gesetzlicher Versicherung wählen.

Krankenversicherung

Solange du in Deutschland gemeldet bist oder dort deinen gewöhnlichen Aufenthalt[85] hast, kommst du um die Krankenversicherungspflicht nicht herum. Du kannst dich in einer gesetzlichen Krankenkasse freiwillig versichern lassen oder dir eine private Krankenversicherung suchen.

Die Entscheidung sollte gut überlegt sein, denn sobald du dich für die private Absicherung entscheidest, kommst du in der Regel nur über ein Angestelltenverhältnis (und nur bis zu einem Alter von 55 Jahren) wieder zurück in die gesetzliche Krankenversicherung. Abhängig machen solltest du die Wahl von deinem Einkommen, deinem Gesundheitszustand und deiner familiären Situation. Nur so viel sei gesagt: Für die Mehrheit der Selbstständigen ist die freiwillige gesetzliche Krankenversicherung sinnvoll.[86]

Gesetzliche Krankenversicherung	Private Krankenversicherung
Beitrag ist abhängig vom Einkommen (jeweils zur Hälfte durch Arbeitnehmer und Arbeitgeber).	Beitrag ist unabhängig vom Einkommen (Beitrag im Basistarif ist durch Höchstbeitrag der gesetzlichen Krankenversicherung begrenzt).
Leistungen sind gesetzlich vorgeschrieben.	Leistungen im Basistarif orientieren sich an der gesetzlichen Krankenversicherung.

Familienmitglieder (Ehepartner und Kinder) sind unter Berücksichtigung von Einkommensgrenzen beitragsfrei mitversichert.	Familienmitglieder müssen beitragspflichtig mitversichert werden.
Beiträge sind unabhängig von Alter und Gesundheitszustand.	Beiträge steigen mit Alter und Vorerkrankungen an.
Die Mitgliedschaft in der Pflegeversicherung erfolgt automatisch.	Zusätzliche Pflegeversicherung ist optional und kostenpflichtig.

Als Gewerbetreibender kannst du die freiwillige Mitgliedschaft in der gesetzlichen Krankenkasse deiner Wahl beantragen. Als freiberuflicher Künstler (Musiker, darstellende oder bildende Kunst) oder Publizist (Schriftsteller, Journalist) wirst du ebenfalls auf Antrag über die Künstlersozialkasse in die gesetzliche Sozialversicherung integriert.

Pflegeversicherung

Als Mitglied einer gesetzlichen Krankenversicherung bist du automatisch pflegeversichert. Als privat Versicherter oder als Zusatz zur gesetzlichen Krankenversicherung kannst du eine private Pflegeversicherung abschließen. Die Pflegeversicherung bietet eine Grundversorgung, die im Alter, nach schwerer Krankheit oder nach einem Unfall für die materiellen Folgen der Pflegebedürftigkeit aufkommt. Ob und in welchem Umfang du diese Risiken absichern willst, hängt von deinem momentanen und zu erwartenden Gesundheitszustand ab.

Krankentagegeld

Wichtiger als die Pflegeversicherung ist für dich als Selbstständiger das Krankentagegeld, welches Einkommenseinbußen wegen vorübergehender Arbeitsunfähigkeit absichert. Als pflichtversichertes Mitglied der Künstlersozialkasse hast du automatisch Anspruch auf Krankentagegeld. Ansonsten kannst du mit deiner gesetzlichen oder privaten Krankenkasse eine Zusatzversicherung über Krankentagegeld abschließen. Hier solltest du Kosten und Risiko abwägen. Auf lange Sicht sollte dein Business durch passive Einkommensströme sowieso nicht direkt von deiner Arbeitskraft abhängen und damit kurzfristige Ausfälle kompensieren können.

Sozialversicherungen

Aufgrund der beschränkten Sozialversicherungspflicht bist du als Selbstständiger zunächst einmal aus den restlichen Sozialversicherungen raus. Es gibt die Möglichkeit, sich auch weiterhin freiwillig gegen Arbeitslosigkeit, Unfälle und für die Rente abzusichern. Ob eine Weiterzahlung der Beiträge für dich sinnvoll ist, ist jedoch mehr als fraglich. Wenn du dich gegen diese Fälle absichern möchtest, dann solltest du auch private Alternativen miteinbeziehen.

Arbeitslosenversicherung

Eine freiwillige Einzahlung ist möglich, wenn du in den letzten 24 Monaten mindestens zwölf Monate versicherungspflichtig beschäftigt warst. Der Antrag auf Weiterversicherung muss in den ersten drei Monaten der Selbstständigkeit gestellt werden.

Unfallversicherung

Für die meisten Selbstständigen besteht keine Versicherungspflicht in der Berufsgenossenschaft.[87] Jedes Unternehmen, eingeschlossen Einzelunternehmer und Freiberufler, muss sich innerhalb von einer Woche nach der Gewerbeanmeldung bei der zuständigen Berufsgenossenschaft informieren, ob eine Anmeldung verpflichtend ist. Eine freiwillige Versicherung ist immer möglich. Als Alternative kommt eine private Unfallversicherung infrage.

Rentenversicherung

Die bisherigen Ansprüche aus der gesetzlichen Rentenversicherung bleiben erhalten, solange du mindestens fünf Jahre lang Beiträge eingezahlt hast. Eine freiwillige Beitragszahlung ist auch als Selbstständiger nach Antrag möglich. Höhe und Dauer der Einzahlungen kannst du innerhalb von Mindest- und Höchstbeiträgen selbst bestimmen und jederzeit ändern. Über die Rendite der gesetzlichen Rente im Vergleich zu privaten Altersvorsorgen muss ich dir hier sicher nichts erzählen.

Weitere Versicherungen für Selbstständige

Hast du eine Vorstellung davon, wie viele Versicherungen es für uns Selbstständige gibt? Es ist unglaublich, gegen was du dich im sicherheitsliebenden Deutschland alles absichern kannst. Es gibt Betriebshaftpflicht-, Betriebsunterbrechungs-, Elektronik-, Gebäude- und Inhaltsversicherungen und noch vieles mehr.

Die meisten dieser Versicherungen sind für dich als digitaler Selbstständiger ohne Lagerhalle, Büro und Mitarbeiter vollkommen überflüssig. Für 99 Prozent von uns reicht es aus, sich über die folgenden drei Absicherungen Gedanken zu machen.

Firmenrechtsschutzversicherung

Versichert werden Kosten für juristische Auseinandersetzungen. Im Onlinebereich kann dies bei Streitigkeiten zu Urheberrecht und Markenrecht nützlich werden.

Betriebshaftpflichtversicherung

Abgedeckt werden können Sachschäden, die du (oder einer deiner Mitarbeiter) während der Arbeit verursachst. Beratende Berufe wie Anwälte oder Coachs können sich mit einer Zusatzversicherung auch gegen eine fehlerhafte Erbringung von Dienstleistungen beziehungsweise den Folgen daraus absichern.[88]

Berufsunfähigkeitsversicherung

Zumindest eine Grundabsicherung aus der gesetzlichen Rentenversicherung erhältst du, wenn du innerhalb der letzten fünf Jahre vor Eintritt der Erwerbsminderung für mindestens 36 Monate Pflichtbeiträge gezahlt hast. Sobald diese Zeit verstrichen ist, steht eine private Berufsunfähigkeitsversicherung zur Diskussion. Auch hier solltest du die recht hohen Beiträge und dein persönliches Risiko zur Berufsunfähigkeit abwägen.

Vorsorge

Als Selbstständiger solltest du dir eine kurzfristige Notfallreserve anlegen, die deine Lebenshaltungskosten für mindestens drei oder besser sechs Monate decken kann. Diese Rücklage solltest du auf einem Tagesgeldkonto immer zur Verfügung haben, um Steuernachzahlungen, Zahlungsausfälle von Klienten, Krankheit und andere Notfälle abzusichern.

Für deine langfristige Vorsorge bist du, wie eigentlich auch als Angestellter, selbst verantwortlich. Der große Unterschied als Selbstständiger ist, dass du kein konkretes Renteneintrittsalter hast. Lebensversicherungen, Rentenfonds und andere Anlagen sind immer darauf fixiert, dass du im Alter von 67 Jahren monatliche Rentenzahlungen für die nächsten 20 Jahre bekommst. Wann und ob du in Rente gehst, bestimmst du als Selbstständiger selbst, weshalb sich auch deine Anlagestrategie ändern sollte.

Neben allen externen Anlageprodukten hast du schließlich nun auch die Möglichkeit, in dich selbst und den Aufbau deines Unternehmens zu investieren. Letztendlich musst du ganz einfach kalkulieren, ob sich der Wert (und damit die jährliche Rendite) deines Unternehmens stärker erhöht, als das bei einer externen Anlage der Fall wäre.

Zu den langfristigen externen Anlagemöglichkeiten gehört alles, was über deine Notfallreserve und deinen Cashflow hinausgeht. Also all das Geld, auf das du nicht regelmäßig zugreifen musst. Dazu gehören der Aktienmarkt, Immobilien, Tagesgeldkonten oder Risiko- und Kapitallebensversicherungen. Zum Weiterlesen zur passiven Vermögensbildung kann ich dir den Blog zendepot[89] wärmstens empfehlen.

Holger Grethe: Passiv investieren

Holger Grethe bloggt und podcastet als Quereinsteiger über private Finanzen und unterstützt Menschen dabei, erfolgreich Vermögen in Eigenregie zu bilden. Wenn du auf einfache und gelassene Weise mehr aus deinem Geld machen willst, schaue doch mal auf zendepot.de vorbei.

Was sollte ich mitbringen, um Vermögensbildung in Eigenverantwortung zu betreiben?

Grundsätzlich kann jeder erfolgreich Vermögen in Eigenregie bilden, wenn er das möchte. Dazu muss man sicher nicht alles im Detail verstehen. Man braucht allerdings schon ein Grundverständnis von Anlagestrategien und der Funktionsweise von Kapitalanlagen. Die nötige Motivation vorausgesetzt, kann man sich dieses Wissen ohne Probleme selbst aneignen.

Welche langfristige Kapitalanlage empfiehlst du Menschen, die sich nicht intensiv mit Anlageprodukten beschäftigen wollen?

Meine Empfehlung: passiv investieren mit Indexfonds (ETFs). Wer langfristig Vermögen bilden und dabei von der attraktiven Rendite des Aktienmarkts profitieren will, findet mit dieser Anlagestrategie eine einfache und vor allem zeitsparende Lösung. Ist das Portfolio einmal vernünftig aufgesetzt, reichen wenige Stunden pro Jahr (!) für die Depotführung aus.

Welche drei Ressourcen haben dir als Anleger besonders geholfen?

Ich empfehle drei Bücher:

1. *Rich Dad Poor Dad: Was die Reichen ihren Kindern über Geld beibringen* (2014) von Robert T. Kiyosaki
2. *Der Schwarze Schwan: Die Macht höchst unwahrscheinlicher Ereignisse* (2007) von Nassim Nicholas Taleb
3. *Die Tretmühlen des Glücks: Wir haben immer mehr und werden nicht glücklicher. Was können wir tun?* (2006) von Mathias Binswanger

4.5 Steuern für dein Gewerbe

Als unbeschränkt Steuerpflichtiger mit Wohnsitz in Deutschland musst du jeden verdienten Euro beim Finanzamt versteuern. Als Angestellter waren es Einkünfte aus nicht selbstständiger Arbeit, als Selbstständiger sind es nun Einkünfte aus einem Gewerbebetrieb beziehungsweise als Freiberufler aus selbstständiger Arbeit. Je nach deiner gewählten Unternehmensform können weitere Steuern anfallen.

Am einfachsten hast du es als Kleinunternehmer, da du von der Umsatzsteuer befreit bist. Alles, was du aus steuerlicher Sicht machen musst, ist die Einreichung der Steuererklärung mit Angaben deiner Jahreseinkünfte bis zum 31. Mai des Folgejahres. Wenn du einen Steuerberater beauftragst, verlängert sich diese Frist sogar bis zum 31. Dezember des Folgejahres.

Einzelunternehmer und Gesellschaften, die zum Ausweis der Umsatzsteuer verpflichtet sind, müssen beim Finanzamt monatliche Umsatzsteuervoranmeldungen einreichen. Sobald dein Unternehmen einen Jahresgewinn von 24.500 Euro überschreitet, wird außerdem die Gewerbesteuer fällig.

Für Kapitalgesellschaften kommen noch Körperschaftsteuer und bei Angestellten die Lohnsteuer hinzu. Über eventuelle Vorauszahlungen für Gewerbe-, Einkommen- und Körperschaftsteuer (nicht Umsatzsteuer) informiert dich jedoch das Finanzamt nach der Gewerbeanmeldung beziehungsweise deiner letzten Steuererklärung.

Einkommensteuer

Bei der jährlichen Steuererklärung gibst du deine kompletten Einkünfte beim Finanzamt an. Diese werden zusammengerechnet und nach Abzug von Werbungskosten, Sonderausgaben und Freibeträgen erhältst du das zu versteuernde Einkommen. Die Bemessung deines Steuersatzes richtet sich nach Einkommenshöhe und Steuerklasse.

Ob deine Einnahmen als selbstständige, nicht selbstständige oder als Einkünfte aus einem Gewerbebetrieb versteuert werden müssen, hängt davon ab, ob du freiberufliche Tätigkeiten ausübst und um welche Unternehmensform und Art der Bezüge es sich handelt. Weitere Einkünfte können aus vermieteten Immobilien oder Kapitalanlagen stammen. In der Regel hast du je nach deinem Status folgende Einkünfte:

- **Einzelunternehmer:** Du hast Einkünfte aus einem Gewerbebetrieb. Als Einzelunternehmer sind alle Gewinne über dich als Inhaber einkommensteuerpflichtig, werden also nicht über das Unternehmen versteuert.
- **Freiberufler:** Die Einnahmen aus einer freiberuflichen Tätigkeit gibst du in der Steuererklärung als Einkünfte aus selbstständiger Arbeit an.
- **Personengesellschaften:** Allen Gesellschaftern werden die Gewinne anteilig zugerechnet, auf die dann Einkommensteuer bezahlt werden muss. Ist ein Gesellschafter ein anderes Unternehmen, dann muss dieses Körperschaftsteuer und einen Solidaritätszuschlag abführen. Um welche Einkunftsart es sich handelt, ist abhängig von der ausgeübten Tätigkeit. Hauptsächlich werden es jedoch Einkünfte aus einem Gewerbebetrieb oder selbstständiger Arbeit (freiberufliche Tätigkeit) sein.
- **Kapitalgesellschaften:** Als Privatperson musst du auf alle Gehälter oder Ausschüttungen Einkommensteuer und einen Solidaritätszuschlag bezahlen. Das können Einkünfte aus Gewerbebetrieb, Kapitalvermögen (Dividenden) oder nicht selbstständiger Arbeit (Gehalt als Geschäftsführer) sein. Die Gesellschaft an sich unterliegt weiteren Steuerarten.

Umsatzsteuer

Insofern du nicht als Kleinunternehmer oder für deine freiberufliche Tätigkeit umsatzsteuerbefreit bist, musst du für gewöhnlich bis zum 10. des Folgemonats die Umsatzsteuer auf elektronischem Wege beim Finanzamt voranmelden. Gleichzeitig kannst du die bezahlte Vorsteuer geltend machen. Je nach Höhe deiner Umsätze reichst du die Umsatzsteuervoranmeldungen monatlich oder vierteljährlich ein und machst jeweils am Jahresende eine Umsatzsteuerjahreserklärung.

Unterschieden wird bei Unternehmern zwischen der Soll- und Ist-Versteuerung. Generell gilt die Soll-Versteuerung, was bedeutet, dass die Steuer sofort abgeführt wird, nachdem ein Umsatz auf dem Papier entstanden ist.

Wenn dein Jahresumsatz weniger als 500.000 Euro beträgt, kannst du beim Finanzamt die Ist-Versteuerung beantragen und führst damit die Umsatzsteuer erst dann ab, wenn eine Rechnung tatsächlich bezahlt wurde. Als Freiberufler kannst du immer die Ist-Versteuerung nutzen. Generell gilt in Deutschland die volle Umsatzsteuer von 19 Prozent. Die ermäßigte Umsatzsteuer von sieben Prozent ist in der Regel für dein Onlinebusiness nicht relevant.[90]

Umsatzsteuerbefreiung für Kleinunternehmer

Freiberufler und Einzelunternehmer, die von der Kleinunternehmerregelung Gebrauch machen und einen geschätzten Jahresumsatz von 17.500 Euro im ersten Jahr und 50.000 Euro Umsatz im Folgejahr nicht überschreiten, müssen keine Umsatzsteuer ausweisen und anmelden. Auf deinen Ausgangsrechnungen musst du unbedingt darauf hinweisen, dass du von der Kleinunternehmerregelung Gebrauch machst. Dazu reicht ein Zusatz auf der Rechnung, der in etwa so lauten könnte: »Es erfolgt kein Ausweis der Umsatzsteuer aufgrund der Anwendung der Kleinunternehmerregelung gemäß § 19 UStG.«

Gewerbesteuer

Grundsätzlich musst du als Unternehmer mit gewerblichen Einkünften eine Ertragsteuer auf den erzielten Gewinn abführen.[91] Ausgenommen sind also Freiberufler mit selbstständigen Einkünften. Für natürliche Personen und Personengesellschaften gilt ein Freibetrag bis zu einem Jahresgewinn von 24.500 Euro. Überschreitest du diese Grenze, musst du jeweils am Jahresende eine Gewerbesteuererklärung beim Finanzamt einreichen. Daraufhin wird der Bescheid zur Gemeinde weitergeleitet, die dann den Hebesatz anwendet, bevor du den Gewerbesteuerbescheid bekommst.

Körperschaftsteuer

Wie die Gewerbesteuer fällt die Körperschaftsteuer nur für Unternehmensgewinne an, nicht aber für deine Einkünfte, die du als natürliche Person erzielst. Generell abgeführt werden muss die Körperschaftsteuer für Kapitalgesellschaften. Als Einzelunternehmer oder Freiberufler musst du dir darüber also keine Gedanken machen. Für den Fall, dass ein Gesellschafter einer Personengesellschaft ein anderes Unternehmen ist, muss dieses als Kapitalgesellschaft Körperschaftsteuer und Solidaritätszuschlag abführen.

4.6 Buchhaltung für Nicht-Buchhalter

Auch wenn die Buchführung eher als notwendiges Übel gesehen wird, hat sie für dich als Unternehmer viele sinnvolle Funktionen. Sie gibt dir einen Überblick zu Gewinn und Verlust sowie Vermögen und Schulden aus deinen unternehmerischen Tätigkeiten. Eine gut geführte Buchhaltung ist quasi das Haushaltsbuch deines Onlinebusiness.

Darüber hinaus gelten die Ergebnisse der Buchhaltung gegenüber dem Finanzamt als Nachweis für die Richtigkeit der in der Steuererklärung angegebenen Besteuerungsgrundlage. Bei Kapitalgesellschaften erfüllt die Buchhaltung weiterhin die Funktion, gegenüber Gläubigern oder Gesellschaftern Rechenschaft abzulegen.

Buchführungspflichten

Für dein Unternehmen bist du gesetzlich dazu verpflichtet[92], alle laufenden Geschäftsvorfälle in einer Finanzbuchhaltung zu erfassen. Ob du die einfache oder doppelte Buchführung anwenden kannst, hängt von deiner Rechtsform und der Höhe deiner Umsätze ab.

Einfache Buchführung

Als Freiberufler und Kleingewerbetreibender (Nicht-Kaufleute) mit einem Umsatz/Gewinn unter 500.000/50.000 Euro im Jahr kannst du die einfache Buchführung anwenden. Du musst nicht bilanzieren, sondern nur eine einfache Einnahmen-Überschuss-Rechnung erstellen.[93]

Dafür hältst du deine betrieblichen Einnahmen und Ausgaben in einem Journal (Excel-Tabelle oder Software) chronologisch fest und ermittelst daraus am Jahresende den Gewinn oder Verlust. Korrigiert wird dieser Einnahmen-Überschuss noch durch Abschreibungen, Einlagen und Entnahmen sowie Steuerfreibeträge.

Der letztendliche Saldo gilt als Einkunft aus einem Gewerbebetrieb oder aus selbstständiger Arbeit und stellt die Bemessungsgrundlage für die Besteuerung dar. Bei der Steuererklärung legst du die Anlage EÜR[94] mit deinen Zahlen bei. Als Kleinunternehmer kannst du sogar ein eigenes Muster für die EÜR verwenden.

Doppelte Buchführung

Alle Kapitalgesellschaften, Kaufleute und Unternehmen, die in zwei aufeinanderfolgenden Jahren einen Umsatz/Gewinn von über 500.000/50.000 Euro im Jahr haben, müssen die doppelte Buchführung anwenden. Außerdem musst du als buchführungspflichtiger

Unternehmer einen Jahresabschluss mit Bilanz und Gewinn- und Verlustrechnung (GuV) erstellen.

Wie der Name es schon sagt, müssen alle Geschäftsvorfälle doppelt, also auf mindestens zwei Konten, gebucht werden. Bei Zahlungsvorgängen wird grundsätzlich zwischen Ausgaben (Auszahlungen und Aufwendungen) und Einnahmen (Einzahlungen und Erträge) unterschieden. Gebucht werden muss bei einer Auszahlung beziehungsweise Einzahlung immer auf einem Zahlungsmittelkonto (Kasse, Bankkonto) und dem entsprechenden Aufwands- oder Ertragskonto. Diese doppelte Erfassung von Vorgängen bildet die Grundlage für die doppelte Buchhaltung.

Buchführungspflichtige müssen beim Start des Gewerbes außerdem eine Gründungsbilanz und zum Ende jedes Geschäftsjahres eine Schlussbilanz aufstellen. Zur Rechnungslegung gehören weiterhin die Bilanz, die Gewinn- und Verlustrechnung (GuV) und der Anhang.[95] Kapitalgesellschaften müssen zudem noch einen Lagebericht erstellen und alle Dokumente bis spätestens sechs Monate nach Abschluss des Geschäftsjahres einreichen.[96]

Der Vorteil der doppelten Buchführung besteht darin, dass nicht nur realisierte Gewinne oder Verluste, sondern auch Forderungen und Verbindlichkeiten ersichtlich werden. Der Nachteil ist, dass es aufwendig ist und Wissen über die Grundsätze der ordnungsgemäßen Buchführung voraussetzt. Wenn du dieses Know-how selbst nicht mitbringst, dann suche dir ein Buchführungsbüro und/oder einen Steuerberater.[97]

Absetzbare Betriebsausgaben

Grundsätzlich müssen Betriebsausgaben[98] immer betrieblich bedingt sein. Gemischte Ausgaben (betrieblich und privat) dürfen nur bis zu maximal zehn Prozent privat veranlasst sein. Das könnte beispielsweise dein Arbeitsplatz im Homeoffice oder eine BahnCard sein. Weitere typische Beispiele für absetzbare Betriebsausgaben sind Kosten für Coworking Spaces, Telefon, Internet, Geschäftsessen, Geschäftsreisen, Hardware, Software, Werbe- und Akquisekosten, Buchführung oder Weiterbildung.

Als freiberuflicher Journalist oder Reiseblogger kannst du auch Flüge, Unterkünfte und sogar Tagessätze für »Rechercherereisen« abrechnen. Die Kosten müssen lediglich einen Bezug zu der Tätigkeit haben, mit der du dein Geld verdienst. Als Freiberufler kannst du anstelle von einzelnen Betriebsausgaben auch Pauschalabzüge von 25 bis 30 Prozent deiner Gesamteinkünfte geltend machen.

Neben den Betriebsausgaben gibt es die Sonderausgaben.[99] Dabei handelt es sich um Aufwendungen für die private Lebensführung, die ebenfalls deinen Unternehmensgewinn schmälern, sobald sie den Sonderausgaben-Pauschbetrag von 36 Euro überschreiten. Zu den wichtigsten Sonderausgaben gehören Vorsorgeaufwendungen, Beiträge zur Sozialversicherung, Unterhaltsleistungen sowie Kosten für die Kinderbetreuung und -ausbildung.

Arno Böttcher: Absetzbare Betriebsausgaben

Arno Böttcher ist Inhaber der Steuerkanzlei Böttcher (www.kanzleiboettcher.de) in Hamburg, selbst beruflich viel gereist und betreut mittlerweile viele digitale Nomaden, die ihren Arbeitsplatz in die Sonne verlegt haben. Für eine Erstberatung zu deinen Steuerfragen erreichst du Arno unter info@kanzleiboettcher.de.

Was sind typische Aufwendungen, die digitale Nomaden bei der Steuererklärung geltend machen können und sollten?

Grundsätzlich sind alle Aufwendungen absetzbar, die notwendigerweise angefallen sind, um die berufliche Tätigkeit zu ermöglichen. Es muss jedoch nachvollziehbar und plausibel erklärt sowie dokumentiert werden.

Klassische Aufwände sind:

- Kosten für Unterbringung und Verpflegung (Verpflegungspauschale/Übernachtungskosten nach Einzelbeleg)
- Bewirtungskosten (Bewirtungsbelege sammeln)
- Kosten für Laptop und Telefon
- Kosten für Fachseminare und Vorträge (Bezug zur beruflichen Tätigkeit muss nachgewiesen werden)
- Kosten für Reisekoffer (bei Freelancern: absetzbar als Betriebsausgabe)

Entscheidend beim Ansetzen von Kosten: Es muss immer der Bezug zur beruflichen Tätigkeit hergestellt werden.

Wie weise ich dem Finanzamt nach, dass die Reisekosten tatsächlich einen Bezug zu meiner selbstständigen Tätigkeit haben?

Zunächst sollten alle Belege gesammelt sowie der Bezug zwischen Anlass der Reise und der beruflichen Tätigkeit vor Ort erläutert werden. Im Detail helfen angefertigte Protokolle, die Treffen mit lokalen Gesprächspartnern festhalten, sowie Belege über vor Ort in Anspruch genommene Dienstleistungen (welche einen klaren eindeutigen Bezug zur beruflichen Tätigkeit vorweisen sollten).

Bei Reisekosten schaut der Fiskus sehr genau hin: Daher hilft auch eine Aufteilung der Kosten entsprechend der Relation von Urlaub und beruflicher Tätigkeit vor Ort. Somit werden die Kosten nur anteilsmäßig angesetzt und der Fiskus wird proaktiv von der »gemischten Reise« in Kenntnis gesetzt. Dies erhöht die eigene Glaubwürdigkeit und verhindert unter Umständen den Vorwurf von übermäßig angesetzten Kosten.

Wie sieht es eigentlich mit dem Homeoffice aus? Welche Voraussetzungen müssen gegeben sein, um die Kosten für das heimische Büro abzusetzen?

Die steuerliche Abzugsfähigkeit besteht, wenn überhaupt, nur für ein »häusliches Arbeitszimmer«, nicht aber für die gesamte private Wohnung. Es wird entsprechend der anteiligen Fläche in

Bezug auf die gesamte Wohnung geschlüsselt und daraus werden die abzugsfähigen Betriebsausgaben ermittelt.

Damit die Kosten für das private Arbeitszimmer komplett als Betriebsausgaben gelten, muss der Berufstätige jedoch seine gesamte Arbeitszeit in besagtem Zimmer verbringen (zum Beipiel Journalist, Buchhalter ...). Sobald der Unternehmer angibt, noch weitere gewerblich genutzte Räumlichkeiten als Büro zu besitzen, scheidet der Betriebskostenabzug aus.

Wird ein Unternehmer nur in seinen privaten Räumlichkeiten sowie in den Räumlichkeiten seiner Kunden tätig, so kann er maximal 1250 Euro in Zusammenhang mit den durch diese Räumlichkeiten anfallenden Kosten als Werbungskosten ansetzen.

Rechnungslegung

Als steuerpflichtiger Unternehmer bist du an die Vorgaben für eine ordnungsgemäße Rechnung gebunden.[100] Demnach muss deine Ausgangsrechnung mindestens die folgenden Angaben beinhalten (für Kleinstbeträge bis 150 Euro werden etwas weniger Angaben benötigt):

- Vollständiger Name und Anschrift des leistenden Unternehmers und des Kunden
- Steuernummer oder Umsatzsteuer-Identifikationsnummer des Unternehmers
- Ausstellungsdatum und eindeutige Rechnungsnummer
- Menge, Art, Zeitpunkt und Preis der gelieferten Artikel beziehungsweise Dienstleistungen
- Gesamtbetrag aufgeschlüsselt nach Steuersätzen (beziehungsweise mit Hinweis auf Steuerbefreiung)

Auch wenn du dich bei Ausgangsrechnungen daran hältst, bedeutet das noch lange nicht, dass dies auch andere Unternehmen tun.

Ob du dann eine ordnungsgemäße Rechnung nachfordern solltest, hängt davon ab, ob du umsatzsteuerpflichtig bist. Eine Verpflichtung zur Ausstellung einer gesonderten ordnungsgemäßen Rechnung gibt es aus Sicht des Finanzamtes nicht. Jedoch wird eine solche benötigt, um die berechnete Vorsteuer auf einer Eingangsrechnung als Umsatzsteuer abziehen zu können. Wenn du umsatzsteuerpflichtig bist, macht es also sehr viel Sinn, auf deinen Anspruch einer ordentlichen Rechnung zu bestehen.[101]

Viele Rechnungen wirst du sicher in digitaler Form empfangen und versenden. Diese musst du nicht unbedingt ausdrucken und abheften, sondern nur als digitale Version sicher aufbewahren. Die Aufbewahrungsfristen betragen sowohl für digitale als auch analoge Originale zwischen sechs und zehn Jahren.[102] Automatisch generierte Belege von eBay, PayPal und ähnlichen Plattformen reichen dem Finanzamt in der Regel aus. Um für Einkäufe die Vorsteuer geltend zu machen, benötigst du jedoch wieder eine ordnungsgemäße Rechnung zu dem Geschäftsvorfall.

Cloud Accounting

Es wird wohl nur wenige digitale Nomaden geben, die ihre Belege und Rechnungen im Schuhkarton aufbewahren. Mit dem Scanner direkt im Smartphone und der Onlineablage in einem Cloud-Accounting-Tool ist das auch total überflüssig. Mit diesen Onlinelösungen[103] kannst du Belege erfassen, Arbeitszeiten aufzeichnen, Rechnungen direkt an Kunden versenden und Monatsabschlüsse sowie Bilanzen erstellen. Mit einem Mausklick schickst du dann alle Daten an deinen Steuerberater beziehungsweise legst einen zweiten Zugang an.

Die meisten Cloud-Accounting-Tools kannst du kostenlos ausprobieren und dich dann entscheiden, ob diese für dich Sinn machen. Danach betragen die Kosten um die 20 Euro im Monat.

4.7 Grundsätzliches zum Internetrecht

Grundsätzlich bist du als Unternehmer für dein Handeln und dessen Folgen selbst verantwortlich. Im Klartext heißt das, dass du für eventuelle Schäden haftbar gemacht werden kannst. Als Einzelunternehmer und Personengesellschaft haftest du nicht nur mit deinem Betriebsvermögen, sondern auch mit deinem Privatvermögen. Das soll dich nicht abschrecken, sondern dir lediglich ins Bewusstsein rufen, dass du verantwortungsbewusst handeln solltest.

Als Selbstständiger unterliegst du einer allgemeinen Haftung, was bedeutet, dass du nur bei grober Fahrlässigkeit oder Vorsatz Probleme bekommen kannst.[104] Um Rechtsstreitigkeiten und Abmahnungen vorzubeugen, gilt es, die folgenden Punkte zu beachten:

Impressum mit Pflichtangaben

Sobald du eine deutsche Domain (mit der Endung .de) betreibst oder sich dein Angebot an eine deutsche Zielgruppe richtet, bist du laut Rundfunkstaatsvertrag und Telemediengesetz zur Angabe von einigen Angaben verpflichtet.[105] Dazu gehören Kontaktangaben, Rechtsform und Vertretungsbefugnis, Verantwortlicher für den Inhalt und die Umsatzsteuer-Identifikationsnummer.

Wenn du deine private Adresse nicht im Impressum angeben möchtest oder keinen Wohnsitz mehr im Inland hast, dann kannst du eine ladungsfähige Geschäftsadresse (mit Briefkasten) über einen virtuellen Büroservice[106] mieten und einen in Deutschland wohnhaften Admin-C (Administrative Contact)[107] angeben.

Urheberrecht für Text, Bild und Video

Du solltest davon ausgehen, dass alle Inhalte, die im Internet veröffentlicht werden, urheberrechtlich geschützt sind. Das Kopieren und Verwenden von Bildern, Texten oder Videos ist also grundsätzlich nicht gestattet.

Wenn du auf der Suche nach Bildern, Videos oder Audios bist, dann kannst du diese Dateien auf Börsen für Stockfotos und andere Medien einkaufen. Mittlerweile gibt es auch eine Reihe von Plattformen mit kostenlosen Medien, die von Nutzern hochgeladen und unter Creative-Common-Lizenzen[108] zur Verwendung bereitgestellt werden. Aber auch hier gilt, dass du dir die jeweilige Lizenz genau anschauen musst. Einige Bilder dürfen nur für nicht kommerzielle Seiten verwendet und nicht bearbeitet werden.

Suche im Zweifel nach Medien zur kommerziellen Verwendung. Auch einen Link zum Urheber solltest du bei der Verwendung von fremden Medien mit einbauen. Übrigens haftest du immer nur für eigene Inhalte auf deinen Webseiten, nicht aber für Blogkommentare oder Forenbeiträge.[109]

Double Opt-in für Newsletter

Beim E-Mail-Marketing gilt nach dem Gesetz gegen unlauteren Wettbewerb das Double-Opt-in-Verfahren.[110] Danach muss ein Abonnent die Eintragung seiner Daten in deine E-Mail-Liste durch einen Klick auf einen Link in einer extra gesendeten E-Mail bestätigen. Bei allen bekannten Anbietern für E-Mail-Software wird das Double-Opt-in-Verfahren als Option angeboten, welches du unbedingt nutzen solltest.

AGBs für Onlineshops

Neben einem allgemeinen Haftungsausschluss und einer Datenschutzerklärung benötigen Onlineshops zusätzlich AGBs und eine Widerrufsbelehrung. Auch hier gibt es Vorlagen[111], die du im Zweifel aber durch einen Anwalt für deine spezifischen Einsatzzwecke überprüfen lassen solltest.

Wenn du nach weiterführenden Informationen zum Thema Internetrecht suchst, dann kann ich dir den sehr detaillierten Ratgeber von eRecht24 empfehlen.[112]

Daniel Lagerpusch: Rechtsanwalt für Internetrecht

Daniel Lagerpusch, Jahrgang 1980, ist selbstständiger Rechtsanwalt (www.lagerpusch-law.com) in Essen. Der Fokus seiner anwaltlichen Tätigkeit liegt auf dem Urheber- und Markenrecht, dem Internet- und Social-Media-Recht, dem Wettbewerbsrecht sowie dem Künstler-, Musik- und Medienrecht. Daniel betreut insbesondere Blogger, Künstler, Start-ups und mittelständische Unternehmen.

Was sind die häufigsten Abmahngründe für Webseitenbetreiber und wie kann man sich dagegen schützen?

Der häufigste Grund für eine Abmahnung ist wohl der der unerlaubten Nutzung von Fotos. Oft werden passende Bilder schlicht im Internet gesucht und dann schnell per copy & paste in den eigenen Artikel oder auf die eigene Webseite eingefügt. Da Fotos aber urheberrechtlichen Schutz genießen, muss im Vorfeld immer die Erlaubnis des Urhebers zur Nutzung eingeholt werden; bei Bildarchiven muss geprüft werden, wie weit die Lizenz geht und welche Bedingungen (zum Beipiel wo platziere ich den Urhebervermerk?) daran geknüpft sind.

Ein weiterer Abmahngrund ist der, dass das erforderliche Impressum nicht vollständig oder gar nicht auf der Webseite platziert ist.

Was muss ich beim Urheber- und Markenrecht grundsätzlich beachten?

Bei Urheberrechtsverletzungen gilt ganz klar: Bin ich nicht Urheber der Inhalte, die ich nutzen will (Fotos, Texte et cetera), dann muss ich den Urheber kontaktieren und ihn um Erlaubnis zur Nutzung bitten!

Natürlich gibt es hier Ausnahmen wie das Zitatrecht. Grundsätzlich gilt aber, dass eine Erlaubnis in Form einer Nutzungslizenz Voraussetzung ist, um rechtssicher fremde Werke auf der eigenen Seite zu veröffentlichen.

Das gilt auch für Marken. Auch Markenbegriffe und Markenlogos sind geschützt. So können zum Beispiel auch Webseitentitel mit bereits bestehenden Marken kollidieren. Hier sollte man vorher – gegebenenfalls zusammen mit einem Anwalt – die Lage prüfen, um Verstöße auszuschließen.

Kannst du Ressourcen empfehlen, die bei der Gestaltung einer rechtssicheren Webseite helfen?

Im Internet gibt es viele Informationen zu rechtssicheren Websites, wie zum Beipiel Impressumsgeneratoren (vielfach zu finden, wenn man diesen Begriff in die Suchmaschine eingibt). Diese bieten erste Hilfen und Infos, wenn das Budget für eine anwaltliche Beratung nicht allzu locker sitzt.

Gute Literatur ist in diesem Bereich überschaubar. Der Vorteil der Onlineportale ist die stetige Aktualisierung. Da im Onlinebereich regelmäßig aktuelle Urteile gesprochen werden, die sich auf die Rechtslage auswirken, ist es sinnvoll (und manchmal auch zwingend erforderlich), sich über diese Entwicklungen auf dem Laufenden zu halten.

Tiefer gehendes Wissen oder Hilfe bei konkreten Verstößen und Abmahnungen sollte man aber nicht über die Onlinesuche lösen. Hier vertraut man sich besser einem Anwalt an, der auf dem Gebiet tätig ist. Das kostet meist gar nicht so viel, wie man befürchtet.

5 Digitale Selbstständigkeit

»Wenn Menschen ihre innere Einstellung ändern, können sie auch die äußeren Umstände ihres Lebens ändern.«

William James

Als ich vor über drei Jahren meine letzte Festanstellung verlassen habe, war es vor allem der monotone Alltag, der mir auf die Nerven ging. Immer um die gleiche Zeit ins Büro, Routinen, Mittagspause, Meetings, Feierabend. Als ich dann endlich frei von diesem »Leben im Hamsterrad« war, habe ich ziemlich schnell festgestellt, dass ich nicht einfach in den Tag hineinleben konnte und wollte.

Zu Beginn meiner Selbstständigkeit habe ich es mit langen To-do-Listen, Zeitplänen in Excel und anderen Techniken probiert, aber eine klare Struktur wollte in meinen »Arbeitsalltag« einfach nicht einkehren. Darunter hat auch meine Produktivität gelitten, da es vor allem im Rahmen einer Selbstständigkeit wichtig ist, Routinen zu entwickeln.

In diesem Kapitel geht es darum, wie du dich als Selbstständiger organisierst. Themen werden Produktivitätstechniken, flexible Arbeitsplätze und die Ausstattung sein, die in deinem digitalen Büro nicht fehlen darf. Bevor wir uns diesen praktischen Dingen zuwenden, möchte ich dir noch einige Gedanken zur Umstellung deines Mindsets vom Angestellten zum Unternehmer mitgeben.

Ein Arbeitnehmer unterliegt Weisungen und muss selten Verantwortung für das eigene Handeln übernehmen. Diese Mentalität musst du als Unternehmer ablegen. Es ist essenziell, dass du für dein

Leben und alle Konsequenzen, die aus deinen Entscheidungen resultieren, die volle Verantwortung übernimmst. Das ist der Preis eines selbstbestimmten und unternehmerischen Lebens.

Jonathan Fields spricht in seinem Buch »Uncertainty«[113] von dem Unterschied zwischen »fixed« und »growth mindset«. Spätestens mit Beginn der Selbstständigkeit musst du eine Denkweise annehmen, die auf Wachstum ausgerichtet ist. Menschen mit einem »fixed mindset« gehen davon aus, dass Erfolg von Talenten abhängig und vorbestimmt ist. Als Unternehmer weißt du, dass es auf harte Arbeit und ständige Weiterentwicklung ankommt.

Immer dann, wenn du vor einem Problem stehst oder eine Fähigkeit vermisst, eignest du dir das fehlende Wissen an. Mache also Google zu deinem besten Freund, lies viel in deiner Freizeit und richte deine Denkweise auf Wachstum aus.

Als Unternehmer solltest du ganz besonders auf die Nachhaltigkeit deiner Entscheidungen achten. Du denkst langfristig, selbst wenn der merkliche Erfolg deiner Arbeit eine Weile auf sich warten lässt. Nur wenn du bereit bist, diese Denkweisen und das damit verbundene Risiko für Fehlentscheidungen anzunehmen, handelst du wirklich unternehmerisch.

5.1 Routinen: Deinen Arbeitsrhythmus finden

»Motivation is what gets you started. Habit is what keeps you going.«

Jim Rohn

Leidenschaft ist die Basis zur Umsetzung deiner Ziele. Routinen und Gewohnheiten sind dabei das Mittel zum Zweck. Vielleicht bist du 365 Tage im Jahr an deinem Schreibtisch im Homeoffice. Vielleicht ziehst du aber auch den Großteil des Jahres um die Welt. Egal für welchen Lifestyle du dich entschieden hast, du brauchst als Selbstständiger gewisse Routinen, um produktiv arbeiten zu können.

Der Großteil deines Tages wird durch Gewohnheiten bestimmt – gut oder schlecht, bewusst oder unbewusst. Wann stehe ich auf? Wie lange putze ich mir die Zähne? Was trinke ich nach dem Aufstehen? Diese Fragen musst du nicht jeden Morgen neu beantworten. Das ist auch gut so, da dein Gehirn aufgrund der vielen Entscheidungen sonst wohl überhitzen würde. Deshalb führt dein Körper eine Routine automatisch aus, nachdem diese ausgelöst wurde.

Die große Herausforderung ist es nun, diese unbewussten Handlungen zu kontrollieren, um die guten Gewohnheiten beizubehalten und die schlechten über Bord zu werfen. Auch dafür trägst du die volle Verantwortung. Du kannst auch hier selbst bestimmen, ob du dich von deinen Gewohnheiten kontrollieren lässt oder diese ändern willst.

Diese vorprogrammierten Handlungen lassen dich Aufgaben schneller erledigen, Abläufe perfektionieren und letztendlich produktiver arbeiten. Auf der anderen Seite kann die Abhängigkeit des Gehirns von Automatismen genauso gefährlich sein wie vorteilhaft.

Routinen für Arbeitsabläufe

Ich bin am produktivsten, wenn ich meinen Vorstellungen von einem idealen Arbeitsalltag zumindest teilweise folgen kann. Sobald ich auf Reisen bin und den Ort oft wechsle, verfalle ich in eine Art »Wartungsmodus«. Unter diesen Umständen sorge ich primär dafür, dass mein Business läuft, und versuche erst gar nicht, neue oder bestehende Projekte aktiv voranzutreiben. Vielen Entrepreneuren, mit denen ich mich unterhalte, geht es ähnlich. Routinen helfen uns dann dabei, schneller in den Arbeitsmodus zu kommen.

Für andere Menschen sind besonders Morgenrituale oder Abendroutinen wichtig. Solche Routinen sorgen auch in stressigen Zeiten für produktives Arbeiten. Besonders auf Reisen geben sie dir ein vertrautes Gefühl. Eine solche Routine am Morgen kann wie folgt aussehen:

- ein großes Glas Wasser trinken
- 15 Minuten Morgensport machen
- 15 Minuten Meditation oder Lesen
- 60 Minuten kreative Arbeit (Schreiben, Konzeptionierung)

Einen solchen eineinhalbstündigen Block kannst du ganz zeit- und ortsunabhängig problemlos einhalten. Wenn dein Organismus sich auf eine solche Routine eingestellt hat, geschieht die Ausführung fast schon automatisch.

Gewohnheiten antrainieren

Ein Standardwerk zum Formen von Gewohnheiten stammt von Charles Duhigg.[114] Darin erklärt er recht wissenschaftlich, wie sich Gewohnheiten ausbilden. Es gibt immer einen Auslöser, der dein Gehirn in den Autopilot versetzt, eine auszuführende Routine und am Ende eine Belohnung, an die sich dein Gehirn erinnert. Angetrieben wird diese Schleife aus Auslöser-Routine-Belohnung (Cue-Routine-Reward-Loop) durch ein Verlangen.

Um Gewohnheiten zu verändern, musst du es also schaffen, das Verlangen nach der Routine auszuschalten oder zu verändern. Der beste Ansatz dafür ist die Veränderung des Auslösers und der Belohnung oder der Einsatz einer neuen Routine in die bestehende Schleife.

Ein Auslöser kann der Wecker am Morgen, ein Post-it am Schreibtisch oder eine Erinnerung durch eine App sein. Durch diese Auslöser weiß unser Gehirn automatisch, welche Routine beziehungsweise Handlung folgen soll. Die Belohnung kann ein Mittagsschlaf, ein Stück Schokolade oder einfach ein befriedigendes Gefühl sein, das dir dein körpereigenes Dopaminsystem verschafft.

Um eine Gewohnheit langfristig erfolgreich zu ändern, fehlt noch eine Zutat: der Glaube daran und die feste Absicht, es zu schaffen.

Wie lange dauert es, um eine neue Gewohnheit zu formen? Hal Elrod schreibt in seinem Buch »The Miracle Morning«[115], dass sich Gewohnheiten bei manchen Leuten schon nach einer einzigen Hypnosesitzung einstellen, bei manchen nach 21 Tagen und bei anderen erst nach drei Monaten. Es kommt darauf an, wie diszipliniert du bist und um welche Gewohnheit es sich handelt.

In den meisten Fällen fühlen sich neue Gewohnheiten während der ersten zehn Tage unerträglich an. Das sind die entscheidenden Tage, in denen du deinem Gehirn klarmachen musst, dass dieses Gefühl nur vorübergehend ist. In den darauffolgenden zehn Tagen fällt es bereits sehr viel leichter, die neuen Gewohnheiten umzusetzen. Es gilt also durchzuhalten und sich bewusst zu sein, dass es mit jedem Tag einfacher wird.

Versuche nicht, über Nacht dein gesamtes Leben umzukrempeln. Schaffe dir selbst kleine Anreize und verändere jeden Tag eine Kleinigkeit. Wache etwas früher auf, trinke am Morgen einen Tee anstelle von Kaffee oder lies deine E-Mails erst nach zehn Uhr. Es sind genau diese kleinen Dinge, mit denen du eine alte Gewohnheit brichst, um damit Platz für eine neue zu schaffen.

Jetzt kommt eine kleine Aufgabe für dich: Sobald du morgen aufgestanden bist, nimm jede deiner Handlungen ganz bewusst wahr. Denke darüber nach, welche Automatismen du wann, wie und warum ausführst. Halte diese Dinge auf einer Liste fest und ordne sie nach den Gewohnheiten, die du am schnellsten ablegen oder ändern möchtest. Konzentriere dich dann am nächsten Tag auf eine Gewohnheit, die ganz oben auf deiner Liste steht.

Eine Gewohnheit, die ich kürzlich erfolgreich geändert habe, war das Lesen meiner E-Mails noch vor dem Aufstehen im Bett. Diese furchtbare Angewohnheit besteht aus den folgenden Komponenten:

- **Auslöser:** der Wecker am Morgen, der von meinem Smartphone kommt, das neben meinem Bett liegt
- **Routine:** Wecker ausschalten und meinen Posteingang öffnen
- **Belohnung:** das Gefühl, schon vor dem Aufstehen die E-Mail-Fluten zu beherrschen

Kannst du dir vorstellen, wie ich diese Gewohnheit hätte ändern können? Ich hätte beispielsweise einen separaten Wecker verwenden und mein Smartphone aus dem Schlafzimmer verbannen können. Oder ich hätte die Routine ersetzen können, indem ich ein Glas Wasser auf den Nachttisch stelle, zu dem ich anstelle des Smartphones gegriffen hätte. Ich habe mich letztendlich dafür entschieden, vor dem Schlafengehen ganz einfach meinen Router auszuschalten. Nun stehe ich auf und gehe zuerst in die Küche, um ein Glas Wasser zu trinken, dann ins Bad zum Zähneputzen, bevor ich im Wohnzimmer bin, um den Router wieder einzustecken. Ich hoffe, du siehst, wie viele Stellschrauben es gibt, um eine Gewohnheit zu ändern.

Wenn es dir ähnlich geht wie mir, dann brauchst du eventuell etwas Unterstützung, um an die Ausführung deiner neuen Routinen erinnert und kontrolliert zu werden. Es kann wahnsinnig motivierend sein, am Ende eines Tages oder einer Woche nachverfolgen zu können, wie oft du um sechs Uhr aufgestanden bist, wie viele Kilometer du gerannt bist und auf welche Wortanzahl du es im Durchschnitt pro Tag gebracht hast. Zu diesem Zweck eignen sich Habit-Building-Apps [116] oder die App RescueTime[117] zur Zeiterfassung. Mehr zu diesen und anderen Apps erfährst du im nächsten Kapitel.

Patrick Hundt: Healthy Habits

Bei www.healthyhabits.de schreiben Patrick Hundt und Jasmin Schindler über einen gesunden Lifestyle im modernen Alltag. Im gemeinsamen Blog teilen sie jede Woche eigene Erfahrungswerte mit ihren Lesern.

Ihr sprecht auf Healthy Habits von den vier Säulen für einen gesunden Lifestyle. Worin bestehen diese Säulen und was versteht ihr unter gesunden Gewohnheiten?

Gesundheit wird häufig als die Abwesenheit von Krankheiten verstanden. Für uns ist es aber auch eine Lebensweise, mit der wir möglichst lange fit bleiben wollen – und zwar in jeder Hinsicht. Unsere vier Säulen beziehen sich auf Ernährung, Bewegung, emotionales Wohlbefinden und Persönlichkeitsentwicklung. Wir wollen folglich körperlich, seelisch und geistig gesund sein.

Jede Lebensweise basiert auf Gewohnheiten. Wer ungesund lebt, hat häufig schlechte Gewohnheiten (Rauchen, Alkohol, Süßigkeiten, wenig Bewegung, Meckern, Lästern, Fernsehen et cetera). Diese sind nie beabsichtigt, sondern plötzlich da, weil sie leicht umzusetzen sind. Ein gesunder Lifestyle hingegen basiert auf guten Gewohnheiten (frische Lebensmittel zubereiten, Rad fahren, Sport, lesen, lernen, Dankbarkeit et cetera). Wenn wir in unseren Lastern festhängen, ist es schwer, zu einer gesunden Gewohnheit zu wechseln. Aber es ist möglich, und damit beschäftigen wir uns bei Healthy Habits.

Welche Strategie nutzt ihr, um schlechte Gewohnheiten abzulegen und euch nützliche Gewohnheiten anzueignen?

Das wichtigste Stichwort lautet »Widerstände«. Es gibt nichts, das uns von schlechten Gewohnheiten abhält. Angenommen, ich vertrödele zu viel Zeit im Internet: Was soll mich davon abhalten? Facebook, Spiegel Online, YouTube & Co. sind jeweils nur einen Mausklick entfernt und dort gibt es immer neue Inhalte. Ich könnte mich folglich endlos im Internet verlieren, ohne dass mich etwas zurückhält. Dabei möchte ich eigentlich an einem neuen Artikel schreiben oder eine andere Aufgabe erledigen, die mir langfristig viel mehr bringt. Doch das ist ungleich schwerer.

Um dieses Dilemma zu lösen, muss ich die jeweiligen Widerstände verändern. Ich kann es mir schwerer machen, Zeit zu vertrödeln, indem ich das Browser-Plug-in Mindful Browsing installiere. Dieses warnt mich jedes Mal, wenn ich eine Website besuche, die ich eigentlich meiden möchte. Andere Plug-ins sperren solche Websites für einen gewissen Zeitraum gleich komplett. Darüber hinaus könnte ich mich aus dem Internet ausloggen (ohne gespeichertes WLAN-Passwort) oder in einem Café ohne WiFi arbeiten. Auch sozialer Druck hilft: Ich erstelle mir Surfregeln, die ich anderen Menschen mitteile. Im Idealfall machen die anderen sogar mit. All diese Maßnahmen erhöhen die Widerstände fürs Zeitvertrödeln.

Für die guten Gewohnheiten hingegen muss ich die Widerstände senken. Das heißt, es muss einfacher werden, eine bestimmte Aufgabe zu erledigen. Wenn ich einen Artikel schreiben will, könnte ich das Schreibprogramm schon geöffnet haben, bevor ich überhaupt den Laptop aufklappe. Vielleicht habe ich mir am Abend zuvor auch schon Notizen gemacht, die mich nun leichter in den Schreibfluss bringen. Ich könnte auch alle unliebsamen Aufgaben am Schreiben auslagern: Lektorat, Formatierung, Bildersuche. Dann ist die Überwindung geringer.

Welche Ressourcen haben dir besonders dabei geholfen, deine Gewohnheiten zu ändern?

Erstmals darüber nachgedacht habe ich durch den amerikanischen Blogger James Altucher. Er schreibt häufig über Daily Practices – tägliche Übungen, mit denen er seine körperliche, emotionale und mentale Gesundheit fördert. Seine Texte haben uns zu Healthy Habits inspiriert.

Tim Schlenzigs »12 Gewohnheiten, die dein Leben verändern« finde ich sehr nützlich und der Klassiker unter den Gewohnheitsbüchern ist »Die Macht der Gewohnheit« von Charles Duhigg[118].

Darüber hinaus lese ich phasenweise Bücher über gesunde Ernährung, Bewegung und Persönlichkeitsentwicklung und versuche, sie auf meinen Alltag zu übertragen.

Apps wie Strides nutze ich selbst nicht. Aber anfangs brauchte ich auch etwas zum Abhaken und habe mir dafür selbst Checklisten erstellt, auf denen ich jeden erfolgreichen Tag abgehakt habe. Nach einer Weile wird aus einer Veränderung eine echte Gewohnheit – dann werden Checklisten überflüssig.

5.2 Produktivität: Techniken und Tools

Für einige ist die freie Zeiteinteilung als Selbstständiger ein echter Segen, wobei sich andere erst noch an das neue Leben ohne Stechuhr gewöhnen müssen. Sobald kein Arbeitgeber mehr für den Ablauf deines Arbeitstages zuständig ist, musst du dir deine Zeit selbst einteilen. Das Geheimnis zu mehr Freizeit bei gleichem Output heißt Produktivität.

Ich möchte dir im Folgenden ein paar allgemein bekannte Techniken und Tools vorstellen, mit denen du deine Produktivität steigern kannst. Sicherlich werden nicht alle Techniken für dich persönlich praktikabel sein, sodass ich dir vorschlagen würde, die unterschiedlichen Techniken auszuprobieren und dann zu entscheiden, welche Techniken für dich Sinn machen und welche nicht.

Parkinson'sches Gesetz

Der vom britischen Soziologen C. Northcote Parkinson beschriebene Lehrsatz lautet: »Arbeit dehnt sich in genau dem Maß aus, wie Zeit für ihre Erledigung zur Verfügung steht.«[119] Je mehr Zeit du für eine Aufgabe einplanst, desto detaillierter wirst du diese auch erledigen.

Anstatt eine Aufgabe ohne einen festen Zeitrahmen zu beginnen, solltest du dir unbedingt selbst ein Limit setzen. Begrenze deine Zeit für Social Media und/oder E-Mails auf 30 Minuten pro Tag und du wirst sehen, wie viel zusätzliche Zeit dir zur Verfügung steht.

Diese Gesetzmäßigkeit lässt sich selbstverständlich auch auf andere Bereiche wie zum Beipiel dein finanzielles Budget anwenden. Begrenzen wir etwa unsere Ausgaben für Freizeitaktivitäten auf einen bestimmten Betrag X, werden uns mehr Geldmittel für andere Dinge zur Verfügung stehen.

Pareto-Prinzip (80/20-Regel)

Wenn du die verfügbare Zeit für deine Projekte begrenzt, dann konzentrierst du dich nur auf die wirklich wichtigen Aufgaben. Genau hier setzt Vilfredo Pareto, der Entdecker der 80/20-Regel, an. Diese besagt, dass du 80 Prozent der Ergebnisse in 20 Prozent der Gesamtzeit eines Projekts erreichst. Die verbleibenden 80 Prozent der Zeit werden mit relativ wenig Output vertrödelt.[120]

Es kommt nicht auf die absolute Verteilung der Zahlen an, sondern auf die Relationen. Besonders Perfektionisten verlieren sich in Details, die in keinem Verhältnis zum Arbeitsaufwand stehen. Du solltest dich trauen (lernen), Projekte auch mit einem Erfüllungsgrad von 80 oder 90 Prozent für die Öffentlichkeit zugänglich zu machen.

Fokus festlegen

Als Alternative zur Vergabe von Prioritäten in deiner To-do-Liste kannst du es auch mit einem täglichen oder wöchentlichen Fokus probieren. Mein derzeitiger Hauptfokus liegt seit einigen Monaten beim Schreiben dieses Buches. Alle anderen Aufgaben wie zum Beipiel E-Mails, Bloggen, Klienten et cetera stehen derzeit im Hintergrund. Ein vorübergehender Fokus gibt deinem Tag eine Priorität und hilft dir dabei, deine wichtigsten Ziele zu erreichen.

Es ist vor allem wichtig, dass du dich morgens nicht einfach an den Laptop setzt und planlos in die Tasten haust, sondern versuchst, dir jeweils wöchentlich oder täglich neue Prioritäten festzulegen. Diese Prioritäten müssen nicht bis ins kleinste Detail definiert sein, jedoch solltest du zu Beginn deines Arbeitstages wissen, welche Schwerpunkte du gesetzt hast und welche Ziele du erreichen möchtest.

Ortswechsel

Eine Technik, die für mich wunderbar funktioniert, ist die Verknüpfung von Arbeitsumfeld und Tätigkeit. Mein Gehirn weiß bereits ganz genau, dass es in den Schreibmodus übergehen muss, wenn ich mich am Vormittag in ein Café setze. Das ist mein kreativer Raum, in dem ich das Internet oft komplett deaktiviere. Sobald ich zurück im Homeoffice bin, geht es in die nächste Routine über. In meinem Fall sind dies E-Mails, Social Media und das Community-Management für My Wireless Life.

Auf den kurzen Wegen zwischen den unterschiedlichen Orten bereite ich mich mental auf die bevorstehende Aufgabe vor oder reflektiere, was ich gerade gemacht habe. Wenn du keine Lust hast rauszugehen, dann schaffe dir deinen kreativen Raum auf dem Balkon oder im Wohnzimmer und kümmere dich in der Übergangsphase um den Abwasch, sodass du dich mental auf einen neuen Aufgabenblock vorbereiten kannst.

Batch Processing

Neben der Verknüpfung von Arbeitsumfeld und Tätigkeit ist der Schlüssel zu einem produktiven Arbeitsalltag die Bündelung und schubweise Abarbeitung von Aufgaben. Es macht wenig Sinn, jeden Blogkommentar und jede E-Mail sofort zu beantworten. Versuche, dir Zeitblöcke einzurichten, in denen du ganz gezielt an einer Aufgabe arbeitest. Also eine Stunde schreiben (ohne Ablenkung) und danach 20 Minuten E-Mails beantworten. Oder jeden Morgen in einem Schwung auf Blogkommentare reagieren, anstatt dich zwischendurch ständig ablenken zu lassen. Genauso kannst du Social Media Posts für einen Monat vorausplanen und dir einmal in der Woche eine Stunde Zeit nehmen, um deinen Blogfeed zu lesen.

Pomodoro-Technik

Die von Francesco Cirillo entwickelte Technik ähnelt dem Batch Processing. Mithilfe eines Kurzzeitweckers teilst du dir deine Zeit in Arbeitsblöcke von 25 Minuten (oder länger) ein und machst danach eine fünfminütige Pause, bevor der nächste Arbeitsblock beginnt. Für die einzelnen Zeitblöcke (Pomodori) legst du vorher schriftlich fest, was deine Aufgabe ist. Nach vier Blöcken machst du dann eine längere Pause. Die Idee dahinter ist, dass die regelmäßigen kurzen Pausen deine geistige Frische bewahren.

Produktivitätstools

Was wären wir bloß ohne die kleinen Helfer, die unsere Arbeit am Laptop um so vieles einfacher machen? Sicher gibt es eine ganze Menge Apps und Programme, die eher ablenken, als dass sie tatsächlich helfen. Wenn du aber die passenden Tools richtig einsetzt, dann können sie dir extrem viel Zeit sparen.

- **Zeiterfassung:** In einem webbasierten Dashboard kannst du dir mit RescueTime ausführliche Zusammenfassungen deiner täglichen, wöchentlichen oder monatlichen Aktivitäten ansehen. Dabei werden alle Programme auf deinem Computer sowie auch Besuche auf einzelnen Internetseiten aufgezeichnet.
- **TextExpander:** Mit sogenannten TextExpandern kannst du auf deinem Laptop systemweite Textvorlagen anlegen und diese über einen Shortcut in ein beliebiges Programm einfügen. Für den Mac gibt es den kostenpflichtigen TextExpander von Smile und für Windows ist PhraseExpress eine gute Alternative.[121]
- **Shortcuts verwenden:** Jedes Umgreifen kostet dich zwar nur Bruchteile einer Sekunde, aber rechne das mal auf den Tag, die Woche oder das Jahr hoch. Selbst der Wechsel zwischen Touchpad und Tastatur kostet wertvolle Zeit. Um Shortcuts für neue Programme zu lernen oder zu erweitern, eignen sich die Tools KeyCue für den Mac und KeyRocket für Windows.[122]
- **Schreibwerkzeug:** Wenn du viel Content erstellst und an mehreren Artikeln gleichzeitig arbeitest, dann solltest du ein vernünftiges Schreibprogramm (nicht Word) verwenden. Sehr gute Alternativen sind Ulysses oder Scrivener.[123]
- **Social Media:** Zum Batch Processing von Facebook-Posts, Tweets und anderen Updates kannst du zeitlose Posts einmal im Monat vorausplanen. Für Twitter gibt es dafür ein WordPress Plug-in, das sich Revive Old Post nennt. Für andere Kanäle sind Buffer und Hootsuite gute Tools.[124]

- **To-do-Liste:** Als Alternative zu Zettel und Stift gibt es digitale To-do-Listen, die zwischen allen Geräten synchronisiert werden können und damit immer dabei sind. Meine Favoriten sind Todoist, Wunderlist, Trello und Evernote als virtuelles Gedächtnis.[125]
- **Blogfeed:** Eine virtuelle Leseliste deiner Lieblingsblogs und anderer Feeds kannst du mit feedly[126] anlegen. Die Beiträge kannst du dann einmal täglich oder wöchentlich lesen, teilen und speichern.

Thomas Mangold: Selbstmanagement

Thomas Mangold ist Blogger, Podcaster und mehrfacher Autor im Bereich Selbstmanagement und Produktivität. Auf www.selbst-management.biz hilft er anderen Menschen dabei, selbst effizienter zu arbeiten, zu leben und zu lernen.

Wie schaffe ich es als (Neu-)Selbstständiger, mehr Struktur in meinen Tag zu bekommen?

Ich empfehle, den Tag in vier Blöcke zu unterteilen. Block eins ist die »Eat the frog«-Aufgabe, also die wichtigste und/oder unangenehmste Aufgabe des Tages. Im zweiten Block kommen die wichtigen und dringenden Aufgaben dran. Ich persönlich versuche es zwar zu vermeiden, Aufgaben dringend werden zu lassen, aber das liegt nicht immer im eigenen Einflussbereich.

Im dritten Block werden die wichtigen, aber nicht dringenden (oder besser gesagt die terminierten) Aufgaben abgearbeitet. Block vier sind dann administrative Aufgaben, die immer wieder anfallen.

Welche Produktivitätstechniken kannst du empfehlen, um in weniger Zeit mehr zu schaffen?

Ich empfehle das Pareto-Prinzip, um sich auf die wirklich wichtigen Aufgaben zu konzentrieren, die Eisenhower-Matrix[127], um die Aufgaben nach Priorität abzuarbeiten, und – ganz wichtig – regelmäßig Pausen zu machen, damit man lange produktiv und effizient bleibt.

Welche Tools oder andere Ressourcen haben dir besonders dabei geholfen, produktiver und effizienter zu arbeiten?

Evernote ist mein Life-Management-Tool, mit dem ich fast mein ganzes Leben organisiere. Ich verwende Todoist als Aufgaben-Management-Tool, den Google Kalender, um meine Termine zu organisieren, und das Tool Offtime, um unnötige Störungen zu vermeiden.

5.3 Arbeitsplätze: Wo es sich gut arbeiten lässt

In meinem Kopf verbinde ich Orte mit ganz bestimmten Tätigkeiten. Mein Unterbewusstsein weiß bereits, welche Aufgaben ich frühmorgens an meinem eigenen Schreibtisch, welche ich am Vormittag im Coworking Space und welche ich in einem Café erledige. Durch diese Assoziationen ist es leicht, in den richtigen Modus zu kommen. Je nachdem, ob ich kreative Arbeiten ausführe, E-Mails beantworte oder eher lästige Aufgaben erledigen muss, kann mich das Arbeitsumfeld wahnsinnig produktiv werden lassen oder eben auch nicht.

Vielleicht geht es dir ähnlich. Vielleicht bist du aber auch gerne den ganzen Tag am selben Ort. Je nachdem, ob du in einem gewohnten Umfeld oder auf Reisen bist, eignen sich die folgenden Orte, um produktiv zu arbeiten.

Homeoffice

Ein vernünftiges Arbeitsumfeld im eigenen Zuhause zu schaffen ist wichtig, um dich selbst in einen Arbeitsmodus zu versetzen. Versuche nicht, aus dem Bett oder dem Wohnzimmer heraus zu arbeiten, sondern trenne deinen Arbeitsplatz von deinen privaten Räumen ab (Bonus: steuerlich absetzbar).

Dafür musst du nicht unbedingt ein extra Zimmer haben. Es reicht schon, wenn du einen Tisch in der Ecke deines Wohnzimmers hast, den du dir als Arbeitsplatz einrichtest. Die großen Herausforderungen im Homeoffice sind die Ablenkung durch Familienmitglieder oder Mitbewohner und die Vermischung von geschäftlichen und privaten Aufgaben.

Coworking Space

Die Energie in einem Coworking Space kann für die richtige Arbeitsstimmung sorgen. Außerdem eignet er sich bestens zum Austausch mit Gleichgesinnten. Für gewöhnlich kannst du einen Platz tage-, wochen- oder monatsweise mieten.[128] In manchen Coworking Spaces bekommst du auch einfach einen zeitlich begrenzten WiFi-Zugang, nachdem du ein Getränk bestellt hast.

Gemietetes Büro

Wenn du länger an einem Ort bist und gerne alleine arbeitest, kannst du dir auch gleich ein eigenes Büro mieten oder es mit anderen teilen. Auch wenn du Klienten empfangen oder ein Meeting abhalten willst, kommt diese Option infrage. Der weltweit größte Anbieter für Shared Offices ist Regus[129] mit weltweit über 3000 Standorten und unterschiedlichen Buchungsoptionen.

Öffentliche Orte

Als meinen kreativen Raum wähle ich oft ein Café, in dem ich für ein paar Stunden schreibe, lese oder an Konzepten arbeite. Das »Arbeiten unter Beobachtung« motiviert mich und regt meine Kreativität an. Wenn es zu laut wird, dann arbeite ich mit Headset und isochronischen Tönen beziehungsweise Brainwave-Musik[130] in meinen Ohren.

Neben großen Ketten wie Starbucks gibt es in auch noch so entfernten Orten kleine Cafés mit guter Internetverbindung und gemütlicher Atmosphäre. Ansonsten findest du in der Regel auch in Bibliotheken und Hotels eine gute und meist kostenlose WiFi-Verbindung.

WLAN-freie Orte

Wenn du dich gerne von aufpoppenden E-Mail-Benachrichtigungen und Social-Media-Updates ablenken lässt, dann solltest du ganz bewusst für ein paar Stunden am Tag in einen Park oder ein Café gehen, in dem es keine Internetverbindung gibt. Vor allem bei der Erstellung von Content oder beim Brainstorming hindert das Internet oft mehr, als es hilft. Lasse am besten auch das Handy zu Hause und du wirst überrascht sein, wie viel Arbeit du an einem Stück schaffst.

5.4 Technik: Dein digitales Büro

Wer viel reist und möglichst flexibel sein will, muss sich von Aktenordnern, Drucker und Telefon verabschieden. Viele Sachen aus einem herkömmlichen Büro passen als digitale Version in deinen Laptop. Damit bist du leicht unterwegs, hast immer alles dabei und sparst außerdem noch Geld. Zudem tust du der Umwelt etwas Gutes, indem du unnötigen Papiermüll vermeidest.

Dokumente digitalisieren

Kannst du dich daran erinnern, wann du das letzte Mal ein Originaldokument benötigt hast? Flugtickets, Kontoauszüge, Rechnungen? Es passiert heutzutage äußerst selten, dass du etwas ausdrucken und in Papierform vorzeigen musst.

Alte Unterlagen und Briefe kannst du mit Scanner-Apps[131] als digitale Version auf dem Smartphone ablegen. Die direkte Weiterleitung und Speicherung auf deinem Laptop ist mit Apps wie Evernote oder Dropbox[132] kein Problem. Auch das sinnlose Ausdrucken, Unterschreiben und erneute Einscannen von Dokumenten ist nicht mehr nötig. Über den Adobe Reader kannst du mittlerweile Verträge direkt in der PDF-Datei unterschreiben.

Eine Ausnahme besteht lediglich für steuerlich und handelsrechtlich relevante Geschäftsunterlagen, die Gewerbetreibende mit Pflicht zur Buchführung zusätzlich zur digitalen Datei immer noch als Original archivieren müssen.[133] Elektronisch eingegangene und versendete Rechnungen müssen hierbei nicht zwingend ausgedruckt werden.

Digitales Rechnungswesen

Als bessere Alternative zum Schuhkarton kannst du mit Cloud-Accounting-Tools deine komplette Buchhaltung digitalisieren. Der große Vorteil dabei ist, dass deine Daten jederzeit verfügbar sind und selbst dein Steuerberater darauf zugreifen kann. Die Tools von FastBill, FreshBooks oder wave[134] sind selbsterklärend.

Du kannst mit ihnen Angebote erstellen, Rechnungen verschicken und Zahlungseingänge überwachen. Alle Belege kannst du als digitale Version an die einzelne Buchung anhängen. Achtung: Originalbelege in Papierform musst du trotzdem aufbewahren.

Digitaler Postverkehr

Auch wenn die Briefpost tendenziell weniger wird, brauchen wir sie manchmal doch noch. Generell kannst du deine Dienstleister darum bitten, dir nach Möglichkeit nur noch E-Mails zu schicken. Bei mir hat das zu deutlich weniger Briefen geführt. Es besteht auch die Option, deine Briefpost über einen Service wie Dropscan[135] komplett auszulagern und zu digitalisieren, um deinen Briefkasten komplett aufzulösen (mehr dazu in Kapitel 6.2).

Für den seltenen Fall, dass du selbst noch Briefe verschicken musst, kannst du einen Service wie PixelLetter[136] nutzen, anstatt zum Postamt zu gehen. Dort lädst du einfach ein PDF- oder Word-Dokument hoch, woraufhin PixelLetter dieses druckt, kuvertiert und innerhalb von 24 Stunden verschickt.

Einen ähnlichen Service gibt es für Faxdokumente (ja, die werden immer noch verwendet). Mit dem kostenlosen Dienst von PamFax[137] kannst du bis zu drei eingescannte Dokumente sofort kostenlos faxen. Gegen eine geringe Gebühr kannst du Faxdokumente sogar digital empfangen.

Digitale Festnetznummer

Wenn du mit deutschen Klienten zusammenarbeitest oder Akquise betreibst, dann schafft eine Festnetznummer immer noch Vertrauen. Dank VoIP-Lösungen und virtuellen Büroservices brauchst du dafür aber kein Festnetztelefon mehr. Du kannst dir über sipgate[138] kostenlos eine deutsche Festnetznummer einrichten. Über eine App gehen die Anrufe dann auf deinem Smartphone ein, solange du online bist.

Als Offline-Lösung ist eine Skype-Nummer[139] mit Rufumleitung auf dein Handy für circa fünf US-Dollar im Monat eine gute Option. Bei beiden Lösungen bezahlt der Anrufer nur den Ortstarif und merkt nicht, ob du gerade im Büro oder am Strand bist. Alternativ kannst du eingehende Anrufe auch von einem virtuellen Sekretariat wie ebuero[140] in deinem Namen beantworten lassen. Über SMS wirst du dann über den Anruf informiert und kannst dort zurückrufen. Im nächsten Kapitel erfährst du, wie du auch im Ausland ständig erreichbar bleibst.

Digitale Zusammenarbeit

Sobald du mit Freelancern zusammenarbeitest oder dir ein kleines Team aufgebaut hast, erleichtern dir Projektmanagement-Tools und Filesharing die Zusammenarbeit. Zur gemeinsamen Bearbeitung von Dokumenten sind Google Docs der Standard. Zum Teilen von Dateien kannst du Dropbox kostenlos nutzen. Um To-do-Listen anzulegen, Verantwortlichkeiten festzulegen und Fristen zu setzen, sind Kollaborationstools wie Trello, Slack oder Todoist bestens geeignet.[141]

Digitale Sicherheit

Ein herkömmliches Büro ist den verschiedensten Gefahren ausgesetzt. Dazu gehören Wasserschäden, Feuer, Einbruch und technische Störungen. Diese Risikoquellen sind für digitale Nomaden glücklicherweise deutlich geringer. Dein digitales Büro ist nur zwei Gefahrenquellen ausgesetzt: Dein Laptop wird gestohlen beziehungsweise beschädigt oder jemand verschafft sich Zugang zu deinen Daten.

Ein Laptop kann ersetzt werden, die Daten darauf sind meist unbezahlbar. Deshalb solltest du unbedingt ein gutes Back-up-System einrichten. Das kann über eine externe Festplatte oder eine Sicherung in der Cloud geschehen. Mein Favorit für ein Back-up in der Cloud ist Backblaze.[142] Backblaze durchsucht täglich zuvor festgelegte Ordner auf deinem Laptop automatisch nach Änderungen und lädt neue Dateien sofort hoch. Somit muss ich mir keine Sorgen mehr um die Gefahr eines Datenverlusts machen und kann jederzeit von einem beliebigen Gerät auf alle meine Daten zugreifen. Bei der Auswahl eines solchen Anbieters solltest du darauf achten, dass sichere Verbindungen verwendet werden und die Daten ausreichend verschlüsselt sind.

Um bei Diebstahl deines Laptops zu verhindern, dass jemand auf deine im Browser gespeicherten Passwörter zugreifen kann, kannst du einen Passwort-Manager wie LastPass[143] verwenden. Dieser erlaubt den Zugriff auf Passwörter erst nach Eingabe eines von dir zuvor festgelegten Master-Passworts. Besonders vorsichtig solltest du bei der Nutzung von öffentlichen und/oder ungesicherten Netzwerken sein, da hier das Risiko für Datendiebstahl hoch ist. Überprüfe vorher deine Freigaben für öffentliche Ordner und stelle sicher, dass niemand auf deine Daten zugreifen kann.

Generell ist die Verwendung eines Proxys in Form eines VPN-Netzwerks empfehlenswert.[144] Darüber werden deine Daten verschlüsselt über einen Server in einem Land deiner Wahl gesendet. Neben dem Sicherheitsaspekt sorgt eine VPN-Verbindung auch dafür, dass du auf gesperrte Seiten zugreifen kannst (zum Beipiel einige YouTube-Videos, SoundCloud, Facebook in China).

5.5 Austausch mit Gleichgesinnten

»You are the average of the five people you spend the most time with.«

Jim Rohn

Ursprünglich sollte der Titel für diesen Abschnitt »Networking« lauten. Der Begriff löst vielleicht auch bei dir negative Assoziationen aus und passt wohl eher in die Welt ehrgeiziger Verkäufer und Schlipsträger. Natürlich ist das Netzwerken auch für dich extrem wichtig, allerdings in Form eines respektvollen Austauschs auf Augenhöhe.

Dieser Austausch (oder das Netzwerken) verschafft dir Zugang zu Personen, die deinen Horizont erweitern, dir neue Perspektiven verschaffen und dich als Person wachsen lassen. Online wie auch in der realen Welt kannst du dich nicht als Einzelkämpfer mit dem gleichen Tempo weiterentwickeln, wie dies mithilfe von anderen Menschen möglich ist. »Caring und Sharing« (Wir und ich) gewinnt die Oberhand über das Konkurrenzdenken, schreibt David Bosshart sehr treffend in seinem Buch »The Age of Less«.[145]

Ganz praktische Vorteile von gutem Networking sind das direkte Feedback für deine Projekte, die Gewinnung von Kunden, Partnern oder Lesern, die Verbesserung deiner Social Skills und das Wissen, welches du aus den Gesprächen davonträgst. Darüber hinaus kann der Austausch einfach viel Spaß machen und dir neue Freundschaften bescheren.

Je nachdem, ob du eher introvertiert oder extrovertiert bist, kannst du dich in persönlichen Gesprächen mit einer anderen Person, in privaten Gruppen oder in öffentlichen Netzwerken austauschen. Auf konkrete Orte zum Austausch für jedes der einzelnen Formate gehen wir gleich ein. Vorab aber noch ein paar essenzielle Regeln für gutes Netzwerken, die beim Aufbau von langfristigen, auf Gegenseitigkeit und Respekt beruhenden Beziehungen helfen sollen.

Führe einen Dialog, keinen Monolog

Du solltest keine oberflächlichen Gespräche mit egoistischen Motiven führen, bei denen du oder dein Gegenüber nur von sich selbst erzählen. Das gilt für Treffen auf Meetups und Konferenzen ebenso wie für das Verhalten in Foren und sozialen Netzwerken. Selbstmarketing heißt, dich interessant zu machen, aber auch zuzuhören und Interesse zu zeigen. Wenn alle Seiten von einem Gespräch profitieren, dann ist der Austausch gelungen.

Gib zuerst, bevor du nimmst

Die beste Strategie, um ganz gezielt Beziehungen zu deinen Vorbildern, Kunden oder einfach interessanten Menschen aufzubauen, führt über Hilfsbereitschaft. Tue etwas Gutes für andere, und sie werden sich an deinen Namen erinnern. Im besten Fall kannst du im Gespräch einen Tipp aus deiner persönlichen Erfahrung geben. Denke immer zuerst darüber nach, wie du anderen Menschen helfen kannst. Erst dann solltest du dir die Frage stellen, was andere Menschen für dich tun können.

Sei authentisch und zugänglich

Networking geschieht immer zwischen Menschen, selbst im oft anonymen Internet. Verstecke dich nicht hinter Benutzernamen und ausgedachten Geschichten. Du bist interessant, wenn du dein wahres Gesicht zeigst und etwas von deiner Person preisgibst. Wenn du im Internet deine Privatsphäre behalten willst, denke dir einen Künstlernamen aus, mit dem du auftrittst.

Stelle Kontakt online her, vertiefe Beziehungen offline

Soziale Netzwerke, E-Mails, Kommentare auf Blogs und Gastbeiträge sind gute Medien, um den Erstkontakt zu einer für dich interessanten Person herzustellen. Sei nicht aufdringlich, aber rufe dich immer wieder in das Gedächtnis dieser Menschen. Sobald sie sich an deinen Namen erinnern, ist es auf Veranstaltungen vor Ort viel einfacher, die bereits bestehende Beziehung weiter zu vertiefen.

Habe keine Angst davor, dich bloßzustellen

Als Anfänger auf einem Gebiet hast du automatisch viele Fragen, von denen einige in deinem Kopf dumm klingen mögen. Genauso wird der Respekt davor groß sein, auf deine Idole zuzugehen und sie anzusprechen. An dieser Stelle musst du aus deiner Komfortzone heraustreten. Vielleicht schmunzeln Menschen über deine Anfängerfragen. Lernen wirst du dabei auf jeden Fall. Und denke immer daran, dass auch deine Vorbilder einmal in deiner Situation waren und Fehler gemacht haben.

Wie findest du nun die richtigen Menschen und Netzwerke, mit denen du dich gewinnbringend austauschen kannst? Es gibt genügend Plattformen, sowohl im Internet als auch vor Ort, über die du mit interessanten Menschen in Kontakt kommen kannst.

In der Regel wirst du dich zunächst in öffentlichen Netzwerken austauschen und einige der gewonnenen Kontakte in privaten Gruppen und letztendlich in persönlichen Gesprächen vertiefen. Je privater die Gruppe wird, desto höher ist natürlich die Intensität des Austauschs.

Größere öffentliche Netzwerke

Suche dir Menschen oder Gruppen von Menschen, die du gerne in deinem Netzwerk hättest. Überlege dir, wo du diese Menschen, sowohl online als auch offline, finden kannst, und trete dann mit ihnen in Kontakt. Bringe dich in das Gedächtnis dieser Leute, indem du deine Anerkennung für ihre Arbeit ausdrückst und hilfreiches Feedback gibst. Gute Plattformen (geordnet nach der Intensität des Austauschs) sind die folgenden:[146]

- **Twitter/Facebook:** Folge den Menschen, mit denen du gerne Kontakt herstellen willst. Teile interessante Inhalte, erwähne die Autoren, sei hilfsbereit und sei natürlich. Beide Kanäle eignen sich wunderbar, um neue Beziehungen anzustoßen, die dann in anderen Kanälen vertieft werden können.
- **Foren/Communitys:** Traditionelle Foren im Bulletin-Stil und anmeldepflichtige Communitys sind etwas persönlicher als soziale Netzwerke. Im Slack-Nomadenchat, dem Weltreiseforum, auf My Wireless Life oder im Dynamite Circle findest du schnell Gleichgesinnte mit ähnlichen Interessen.[147]
- **Kommentare auf Blogs:** Persönlicher als öffentliche Diskussionen in sozialen Netzwerken sind Kommentare auf Blogs – innerhalb und außerhalb deiner Nische. Du wirst oft Beiträge finden, die du durch einen hilfreichen Kommentar aufwerten kannst. Das ist eine perfekte Möglichkeit, um sich in das Gedächtnis des Bloggers zu rufen.
- **Konferenzen:** Veranstaltungen wie die DNX und die DCBKK für digitale Nomaden oder die ITB für die Reisebranche sind großartig, um aus den eher oberflächlichen Onlinebekanntschaften echte Beziehungen oder gar Freundschaften werden zu lassen.[148] Besonders wichtig hier: weniger Visitenkarten und Shakehands, mehr tiefer gehende und authentische Gespräche.
- **Coworking Space:** Nirgendwo sonst ist die Dichte an ortsunabhängigen Arbeitern so hoch wie in Coworking Spaces. Nutze

Lounges, Vorträge und Cafeterien, um dich in Gespräche einzubringen und interessante Menschen zu treffen.

Kleine private Gruppen

Diese kleineren Gruppen sind auf eine bestimmte Anzahl von Mitgliedern begrenzt und bieten damit einen intensiveren Austausch. Hier hast du die Chance, deine losen Beziehungen zu vertiefen:

- **Facebook-Gruppen:** Der Austausch auf Facebook per se ist wohl eher oberflächlich, doch eignen sich spezielle Gruppen wie die Digitale-Nomaden-Gruppe oder die 4HWW (4-Hour Workweek) Berlin, um zu lernen, sich auszutauschen und Kontakte zu knüpfen.[149]
- **Lokale Veranstaltungen:** Lockere Treffen vor Ort geben dir die Möglichkeit, sofort persönlichen Kontakt mit interessanten Menschen herzustellen. Gehe auf Vorträge, Workshops und Meetups[150], die für dich interessant sind.
- **Mastermind-Gruppen:** In kleinen Gruppen von drei bis sechs Personen tauschst du dich zu einem vorher festgelegten Thema aus. Das kann vor Ort und via Skype oder Hangout passieren (mehr dazu im nächsten Kapitel).
- **Workations:** Während eines mehrwöchigen Coworking und Coliving hast du die Chance, alle anderen Teilnehmer auf einer sehr persönlichen Ebene kennenzulernen. Angebote dafür findest du mit den DNX-Camps, dem Sunny Office, Surf Office oder auch der Wireless Workation.[151]

Persönlicher Austausch mit anderen

Für den Aufbau von intensiven Beziehungen führt kein Weg an persönlichen Gesprächen vorbei. Dafür eignen sich folgende Kanäle und Methoden:

- **E-Mail:** Wenn du bereits Kontakt zu einer interessanten Person hergestellt hast, dann schreibe sie oder ihn direkt an. Überlege dir vorher, welchen Mehrwert du bieten kannst. Das könnte Feedback zu einem Projekt sein, die Anerkennung für dessen Arbeit oder eine Frage, die in den richtigen Kontext verpackt wird.
- **Skype/Hangout:** Die nächste Stufe ist ein Videotelefonat, bei dem der Mehrwert für beide Seiten vorher klar sein muss. Schreibe Leute nicht aus dem Nichts heraus an, sondern nur dann, wenn du vorher bereits guten Kontakt hattest und eine klare Agenda für ein persönliches Gespräch hast. Das könnte ein Interview sein (wer sagt schon Nein zu einem Interview?), die Diskussion eines gemeinsamen Problems oder das Angebot deines Feedbacks oder deiner Expertise.
- **Accountability Buddy:** Regelmäßige Gespräche mit einem Accountability oder Goal Buddy, in denen du deine Fortschritte besprichst, üben einen gesunden Druck aus und motivieren dich (mehr dazu im nächsten Kapitel).
- **Einladung zum Essen:** Wenn du gerade in der Nähe bist, dann lade deine »Zielperson« doch einfach mal auf einen Kaffee oder ein Mittagessen ein. Das ist die ideale Möglichkeit, um eine Beziehung aufzubauen und sich ungezwungen auszutauschen.

Einen kleinen Exkurs möchte ich zu zwei Techniken machen, die ich für ganz besonders wertvoll halte und seit Langem nutze. Für mich gibt es keine besseren Methoden, um sich Feedback einzuholen und sich auf Augenhöhe auszutauschen, als Accountability Buddys und Mastermind-Gruppen.

Accountability Buddy

Der Sinn eines Accountability oder Goal Buddys ist es, sich gegenseitig regelmäßig Rechenschaft abzulegen. Das klingt zunächst etwas hart und verschult, ist aber ein großartiges Tool zur Motivation und Überprüfung von Fortschritten. Gute Beispiele sind Laufpartner oder Studienpartner, die dich motivieren, selbst wenn dein Eigenantrieb weniger stark ist.

Mithilfe eines Partners, mit dem du dich wöchentlich oder monatlich über Skype oder persönlich vor Ort austauschst, verschaffst du dir einen gesunden Druck. Bei jedem Gespräch setzt ihr euch Etappenziele, die dann beim nächsten Treffen besprochen werden. Ganz sicher willst du dir nicht die Blöße geben, deinen Zielen nicht nähergekommen zu sein.

Wichtig bei der Auswahl deines Partners ist, dass ihr über einen ähnlichen Wissensstand verfügt und eure Ziele in die gleiche Richtung gehen. Finden wirst du deinen Buddy auf Konferenzen, lokalen Meetups, in sozialen Netzwerken oder Foren.

Mastermind-Gruppen

Die Idee hinter einer Mastermind-Gruppe ist, dass sich drei bis sechs Personen mit ähnlichen Interessen und Motivationen regelmäßig zu einem Thema austauschen, um sich beim Erreichen ihrer persönlichen Ziele zu unterstützen. Der Fokus dabei liegt im Wissensaustausch, der persönlichen Weiterentwicklung und der Überprüfung von Fortschritten. Durch die verschiedenen Perspektiven und Hintergründe der Teilnehmer bekommst du neue Sichtweisen, was dich sowohl persönlich als auch professionell wachsen lässt.

Die Treffen in der Mastermind-Gruppe sollten zu einem festen Termin alle zwei bis vier Wochen online über Skype, einen Google Hangout oder auch vor Ort stattfinden. Jede Session muss eine klare Agenda haben und sollte die Dauer von einer Stunde nicht überschreiten. Alle anderen Rahmenbedingungen werden von den Teilnehmern abgesteckt. Wichtig ist, dass am Ende eine Win-win-Situation für alle Mitglieder der Mastermind-Gruppe entsteht.

Was sich in meinen Mastermind-Gruppen als sehr praktisch erwiesen hat, ist ein wechselnder Moderator. Bei jedem Treffen führt der Reihe nach ein anderer Teilnehmer durch das Gespräch und sorgt dafür, dass die Agenda eingehalten wird und jeder zu Wort kommt. Die Strukturierung der einzelnen Sessions könnte wie folgt aussehen:

- **Eröffnung durch Moderator:** Begrüßung und Vorstellung der Agenda
- **Wins und Problems:** kurze Feedbackrunde zu Problemen, Erfolgen und erreichten Zielen seit dem letzten Treffen (jeder Teilnehmer maximal drei Minuten)
- **Hot Seat oder Schwerpunktthema:** Feedback für einen Teilnehmer im »Hot Seat« zu einem vorher genannten Projekt oder Besprechung eines speziellen Themas, zu dem sich alle Teilnehmer äußern
- **Neue Ziele stecken:** Festlegen der Ziele, die die einzelnen Teilnehmer bis zum nächsten Treffen erreichen wollen
- **Vorbereitung der nächsten Session:** kurze Zusammenfassung durch den Moderator und Vereinbarung von Termin und Thema für das nächste Treffen

Damit eine Mastermind-Gruppe wirklich eine Win-win-Situation für alle Teilnehmer schafft, muss eine gewisse Verbindlichkeit hergestellt werden. Zuverlässigkeit, Verschwiegenheit und ein klarer Fokus bei jeder Sitzung sind notwendig, um Frustrationen bei einzelnen Teilnehmern zu vermeiden.

Um dich einer bestehenden Mastermind-Gruppe anzuschließen, kannst du in Foren, Communitys[152], sozialen Netzwerken oder Coworking Spaces fragen, ob jemand nach neuen Teilnehmern in einer Gruppe sucht. Besser ist aber, eine komplett neue Mastermind-Gruppe ins Leben zu rufen, bei der alle Teilnehmer bei null beginnen. Starte einfach mal einen Aufruf in einer Plattform deiner Wahl und finde in Gesprächen heraus, ob die Kombination an Leuten einen guten Austausch ermöglichen würde.

5.6 Lebenslanges Lernen

> *»Lernen ist wie Rudern gegen den Strom. Hört man damit auf, treibt man zurück.«*
>
> *Laotse*

Bildung im herkömmlichen Sinne bedeutet, Menschen konform zu machen und zielgerichtet auf das Erwerbsleben vorzubereiten. Das Bildungssystem hat die zentrale Aufgabe der Ausbildung und das Beschäftigungssystem übernimmt junge Menschen dann je nach Qualifizierung in eine Berufskategorie. Diese Arbeitsteilung hat lange funktioniert, sollte dir aber nicht als Grundlage dienen.

Dieser »Erziehung« gegenüber steht das Lernen aus freien Stücken, das zu Freiheit und Emanzipation des Einzelnen führt. Anstatt Wissen mit dem Ziel aufzunehmen, dich danach prüfen und zertifizieren zu lassen, solltest du dich aus freien Stücken bilden, um deinen Interessen und deinem Potenzial gerecht zu werden. Deine Ausbildung ist nicht mit der Schule oder der Universität abgeschlossen, genauso wenig, wie du für den Rest deines Lebens die gleiche berufliche Aufgabe haben wirst.

Warum ist das Thema lebenslanges Lernen vor allem für dich als Onlineunternehmer so wichtig? Weil das zielgerichtete Erlernen von neuen Fähigkeiten und Sachverhalten deinen persönlichen »Marktwert« als Coach, Freelancer oder Unternehmer steigert und für deine ständige Weiterentwicklung sorgt. Der Ausbau deiner Qualifikationen ist für dich als Selbstständiger deutlich wichtiger als für Arbeitnehmer, da sie die Basis für dein Einkommen und deine Absicherung für das Alter sind.

In diesem Kapitel schauen wir uns alternative Bildungswege an. Du erfährst etwas über konkrete Plattformen und Techniken, die du für die Erstellung deines ganz eigenen Curriculums nutzen kannst. Dabei geht es nicht um die passive Informationsaufnahme durch das Lesen von Tageszeitungen oder des Newsfeeds von Facebook, sondern um aktive, zielgerichtete Maßnahmen wie

- die Teilnahme an Mastermind-Gruppen,
- den Besuch von Konferenzen und Meetups,
- das selbstgerichtete Lernen mit Onlinekursen und MOOCs (Lernplattformen),
- das Hören von Podcasts und Lesen von Fachblogs,
- das »Social Learning« in Onlinecommunitys und mit Lerngruppen.

Individuelle Lehrpläne erstellen

Genauso wie du dir Ziele für andere Bereiche deines Lebens setzt, solltest du auch deine Lernziele festlegen. Besonders wichtig ist das fokussierte Lernen für vielseitig interessierte Multipotentials, die sich gern in der Fülle an Informationen verlieren.

Für deine klar definierten Lernziele suchst du dir themenspezifische Ressourcen, um deine Kompetenzen in diesem Bereich gezielt zu erweitern. Der wichtigste Punkt – und der größte Unterschied zum traditionellen Bildungssystem – ist die sofortige Anwendung des Gelernten. »Learning by doing« heißt, dir eine theoretische Grundlage zu schaffen und dann das Gelernte sofort auszuprobieren.

Meinen eigenen Lehrplan habe ich nach dem folgenden Muster erstellt, das ich dir auch empfehlen möchte:

- Realistische und konkrete Lernziele aufstellen
- Tägliche Zeiten für Bildung einplanen
- Benötigte Informationsquellen sammeln
- Lehrplan konsequent ausführen
- Anwendung des Gelernten
- Lernfortschritte überprüfen

1. Realistische und konkrete Lernziele aufstellen

Für alle Bereiche, in denen du dein Wissen erweitern und dir neue Fähigkeiten aneignen möchtest, solltest du ein ganz klares Lernziel haben. Das kann ein kurzfristiges Ziel bis zum Monatsende sein, aber auch ein Ziel, das du über die nächsten drei Jahre erreichen willst. Eine große Hilfe dabei ist die Benennung deiner Motivation. Hier ein paar Beispiele für konkrete Lernziele:

- Bis zum Monatsende WordPress Basics beherrschen, um selbst einen Blog aufsetzen zu können
- Bis zum Jahresende Spanisch auf einem Level sprechen können, dass es für eine zehnminütige Konversation reicht
- In den nächsten zwei Monaten Photoshop lernen, um selbst ein komplettes Screendesign für eine Website zu erstellen
- Thailändische Gerichte kochen lernen, um ein Drei-Gänge-Menü für den Partner zubereiten zu können

2. Tägliche Zeiten für Bildung einplanen

Stelle dir am besten einen Stundenplan auf, in denen du deine Lernschwerpunkte und Zeiten einträgst, oder blocke dir Zeiten in deinem Kalender. Vielleicht löst diese Idee erst mal Kopfschütteln bei dir aus, aber ich glaube, wir wissen beide ganz genau, dass du ohne diese Verbindlichkeit immer andere Dinge zu tun hast, als dich zu bilden.

Die Aneignung von neuen Fähigkeiten sollte immer eine hohe Priorität haben, auch wenn du im Moment tausend andere Dinge im Kopf hast. Deshalb nimm dir die eine oder zwei Stunden am Tag, um zu lesen, Videos zu schauen oder dir auf andere Art und Weise eine neue Fähigkeit anzueignen.

3. Benötigte Informationsquellen sammeln

Wie in der Schule oder der Universität brauchst du natürlich Lernmaterialien oder andere Ressourcen, die dir das benötigte Grundwissen liefern. Das kann neben Onlinematerialien auch ein Kurs an der Volkshochschule, eine Lerngruppe oder ein Buch sein.

Auf den nächsten Seiten zeige ich dir viele Möglichkeiten für kostenlose Informationsquellen, sodass du dann Ressourcen für dein jeweiliges Lernziel suchen kannst. Trage diese einzelnen Ressourcen am besten gemeinsam mit deinen Lernzielen und deinen festgelegten Zeiten in eine Liste ein.

4. Lehrplan konsequent ausführen

Jetzt kommt der schwierigste Teil: das eigentliche Lernen. Versuche, dich zu deinen festgelegten Zeiten an einen ruhigen Ort zu setzen, minimiere alle Ablenkungen (Handy, E-Mail, Lärm) und nimm die Informationen auf, die du im vorherigen Schritt bereits gesammelt hast. Wie bei einem Trainingsplan kommt es vor allem darauf an, dass du deinen Lehrplan konsequent umsetzt. Mache keine Ausnahmen, egal wie beschäftigt du mit anderen Aufgaben bist.

5. Anwendung des Gelernten

An wie viel Wissen aus der Schule oder aus Unizeiten kannst du dich noch erinnern? An wahrscheinlich nicht viel. Das liegt ganz einfach daran, dass du es nie in der Praxis anwenden musstest. Die Theorie bleibt für eine Weile im Kurzzeitgedächtnis hängen und verschwindet dann wieder, wenn du diese Fähigkeit nicht beanspruchst und trainierst. Deshalb solltest du immer sofort an die Umsetzung gehen, nachdem (oder während) du dir neues Wissen angeeignet hast.

6. Lernfortschritte überprüfen

Gemeinsam erreichst du ein Ziel immer schneller, so auch beim Lernen. Ähnlich einer Mastermind-Gruppe kannst du dich mit anderen Menschen, die sich mit dem gleichen Thema beschäftigen, austauschen. Das ist besonders wertvoll, um Verständnisfragen zu klären und die gegenseitigen Lernziele zu überprüfen. Wenn du es etwas privater magst, dann suche dir einen Accountability Buddy[153], mit dem du deine Lernfortschritte überprüfst.

Übrigens meinte ich das mit dem Aufstellen eines Lehrplans vollkommen ernst. Ich habe selbst feste Zeiten in meinem Kalender eingetragen, in denen ich mich weiterbilde und keine Ablenkungen zulasse. Einen Auszug aus meinem Lehrplan siehst du hier:

Beispiel für einen individuellen Lehrplan

Was (Lernziel)	Warum (Motivation)	Wie (Medium)	Wie oft	Bis wann
Spanisch Level C1	längerer Aufenthalt in Lateinamerika 2016	Tandem-Partner, App Duolingo, Arbeitshefte	3 x 30 Minuten + 2 Stunden Tandem pro Woche	Ende 2015
App-Programmierung Basics	Erstellung einer App für My Wireless Life	Onlinekurs von Udemy (Complete iOS Developer Course)	jeweils eine Stunde jeden Dienstag und Donnerstag	Oktober 2015
FBA-Projekt (Fulfillment by Amazon)	Erschließung neuer Einkommensquellen	gemeinsame Arbeit an einem Projekt mit Mastermind-Gruppe	Treffen alle 2 Wochen für eine Stunde + 5 Stunden pro Woche für Umsetzung	15.09. 2015
Facebook-Werbeanzeigen	Traffic-Gewinnung für verschiedene Informationsprodukte	Fachblogs, MOCCs, Experimente	2 Stunden lesen + 2 Stunden verschiedene Anzeigenformate testen	30.08. 2015

Kostenlose Informationsquellen

> *»Once you learn to read, you will be free forever.«*
>
> *Frederick Douglass*

In vielen Ländern der Welt haben Menschen keinen Zugang zu guter Bildung. Entweder die Infrastruktur ist nicht gegeben oder die Kosten sind für den Großteil der Bevölkerung viel zu hoch. Das Recht auf Bildung ist ein Privileg für uns als Europäer, das Dank des Internets nun auch immer mehr Menschen in Entwicklungsländern erreicht.

Sei dir über diesen immensen Wert der kostenlosen digitalen Bildung bewusst und versuche, sie bestmöglich für dich zu nutzen. Suche dir dein Medium aus – Audio, Video oder Schrift – und sammele die Inhalte, die du für das Erreichen deiner Lernziele benötigst.

Blogs

Abonniere die RSS-Feeds von für dich interessanten Blogs in einem Newsreader.[154] Je nach deiner verfügbaren Zeit kannst du dann einmal täglich oder wöchentlich durch die Liste mit neuen Artikeln gehen und deine Favoriten lesen, teilen und abspeichern.[155] Das ist eine super Möglichkeit, um dir eine Leseliste mit Lernstoff anzulegen.

Podcasts

Ein Podcast ist eine regelmäßige erscheinende Radioshow, die du on demand – also immer dann, wenn es dir zeitlich passt – hören kannst. Besonders wenn du viel unterwegs bist oder oft Sport treibst, sind Podcasts eine perfekte Möglichkeit, um nebenbei Informationen zu einem bestimmten Thema aufzusaugen. Mit einer App[156] kannst du Podcasts abonnieren, über die die neuen Episoden dann automatisch heruntergeladen werden und dir auch offline zur Verfügung stehen.

YouTube

Auf YouTube stehen Millionen von Tutorials zu allen denkbaren Themen zur Verfügung. Das Problem im Gegensatz zu kostenpflichtigen Online-Kursen ist natürlich, dass du dir die Videos selbst zusammensuchen und filtern musst. Um ein ganz spezielles Problem zu lösen oder einen Einblick in ein neues Themengebiet zu bekommen, ist die Plattform jedoch super.

MOOCs

»Massive Open Online Courses«[157], kurz MOOCs, sind Onlinekurse, die dich komplett digital und weitgehend kostenlos studieren lassen. Die Kurse zu den unterschiedlichsten Fachbereichen laufen über mehrere Wochen, wobei du das Tempo selbst bestimmen kannst. Gehalten werden die Vorlesungen von Professoren und hoch qualifizierten Fachkräften. Hier ist eine Auswahl an MOOCs mit deutschen und englischen Vorlesungen:[158]

- **Khan Academy** (englisch): nicht kommerzielle Plattform von Salman Khan mit kurzen Videos zur Auffrischung eingestaubter Kenntnisse aus Natur- und Sozialwissenschaften
- **iversity** (deutsch und englisch): Plattform mit Ursprung in Berlin, bietet Vorlesungen aus Geistes-, Sozial- und Wirtschaftswissenschaften
- **Knewton** (englisch): bietet personalisiertes Lernen, bei dem sich die Kurse an die Kenntnisse und Fortschritte des Lernen-

den anpassen; mit Empfehlungen für Vertiefungen und Überspringen nicht benötigter Inhalte
- **Udacity** (englisch): Vorlesungskatalog mit Schwerpunkt Webentwicklung und Programmierung
- **edX** (englisch): breit gefächerte Onlinevorlesungen vom MIT, Harvard und weiteren namhaften Unis
- **Coursera** (verschiedene Sprachen): mehrwöchige Kurse in allen Studienrichtungen von unterschiedlichen Unis
- **OpenCourseWorld** (deutsch und englisch): kleine Auswahl aus dem Bereich Business und Management
- **Tele-TASK** (deutsch und englisch): komplette Vorlesungen zu verschiedenen Fachgebieten vom Hasso-Plattner-Institut der Universität Potsdam

Fachspezifische Lernplattformen

Neben den sehr breit aufgestellten MOOCs gibt es auch sehr spezielle Plattformen für bestimmte Themengebiete, auf denen du eine Fähigkeit interaktiv erlernen kannst:[159]

- **Codeacademy** (englisch): kostenlos lernen, wie HTML, PHP, JavaScript und andere Sprachen programmiert werden
- **Duolingo** (alle Sprachen): kostenlose Kurse, Tests und Flipcards zum Erlernen von Sprachen; empfehlenswert auch die App für mobile Geräte
- **Excel lernen** (deutsch): Anleitungen, Übungen und Tipps für Einsteiger und Fortgeschrittene mit Microsoft Excel
- **Photoshop Tutorials** (deutsch): komplette Videoanleitungen und Übungen für die Arbeit mit Adobe Photoshop

Weitere kostenlose Plattformen für deinen speziellen Wissensdurst findest du für wirklich alle Bereiche mithilfe einer einfachen Google-Suche.

Sonstige Lehrmaterialien

Über die oben genannten Plattformen solltest du genügend Onlinekurse als Basis für dein »Wunschstudium« gefunden haben. Wenn du noch begleitende Zusatzmaterialien in Form von Text oder Audio haben willst, dann schau dich mal auf den folgenden Seiten um:[160]

- **OpenStax CNX** (englisch): kostenlose Lehrbücher als PDF oder EPUB
- **OER Commons** (englisch): Kurse, PDF-Dokumente und Audios zum kostenlosen Download
- **Podcampus** (deutsch und englisch): Download von Podcasts mit Lehrinhalten für Computer und Smartphone
- **WikiEducator** (englisch): ähnlich wie Wikipedia, allerdings ist das Wissen zum E-Learning aufbereitet
- **SlideShare** (alle Sprachen): ein großartiger Ort, um nach Vorlesungsunterlagen zu suchen

Social Learning

Beim gemeinsamen Lernen in der Gruppe oder durch die Teilnahme an Veranstaltungen bleibt das Wissen in der Regel nicht nur länger im Kopf, sondern das Lernen macht auch deutlich mehr Spaß. Hier ein paar Vorschläge für das Lernen im und abseits des Internets mit sozialem Umfeld:

- **Mastermind-Gruppen:** Wie bereits angesprochen, sind Mastermind-Gruppen eine großartige Möglichkeit, um sich im Austausch mit anderen Menschen neues Wissen anzueignen.
- **Tandem-Partner:** Perfekt zum Erlernen einer neuen Sprache ist ein Tandem-Partner. Suche dir über Onlineportale oder Schwarze Bretter einen Muttersprachler deiner Zielsprache und treffe dich regelmäßig mit ihm oder ihr, um deine Sprachkennt-

nisse zu verbessern. Diesen Tausch von Lehrzeit kannst du natürlich auch auf andere Bereiche – wie Instrumente, Sportarten oder Programmiersprachen – anwenden.

- **Meetups** und **Vorträge:** In allen größeren Städten finden regelmäßig Veranstaltungen wie Präsentationen, Diskussionspanel oder Networking-Events statt. Über Meetup[161] findest du beispielsweise auch Gruppen, die sich zum Kochen, Sprachenlernen, Programmieren, Zeichnen oder zum Sport treffen. Bei solchen lokalen Treffen bekommst du nicht nur jede Menge frischen Input, sondern triffst auch auf viele Menschen mit ähnlichen Interessen.
- **Mentoring:** Suche dir Menschen, die du bewunderst. Baue dann schrittweise eine Beziehung zu dieser Person auf oder suche dir jemanden, der euch einander vorstellen kann. Sei in der Community deiner Zielperson aktiv, gib hilfreiches Feedback und vertiefe die Beziehungen. Auf lange Sicht kann sich daraus ein unverbindliches Mentoring entwickeln, ohne dass es als solches benannt werden muss.

Als Weiterführung des Mentoring könntest du deine Arbeitskraft anbieten, um im Gegenzug von einem erfahrenen Onlineentrepreneur zu lernen. Ähnlich einem Praktikum tauschst du deine Zeit gegen wertvolle Erfahrungen. Anders als bei einem Praktikum solltest du das natürlich nicht machen, um deinen Lebenslauf aufzubessern, sondern es als Investition in dein eigenes Business sehen. Welcher Unternehmer würde schon Nein sagen, wenn du ihm deine Expertise in einem für ihn passenden Bereich kostenlos zur Verfügung stellst?

Kostenpflichtige Informationsquellen

> *»An investment in knowledge always pays the best interest.«*
>
> *Benjamin Franklin*

Ich hoffe, ich konnte dich davon überzeugen, dass der Zugang zu Bildung komplett kostenfrei sein kann. Der große Vorteil von kostenpflichtigen Ressourcen ist, dass diese in der Regel hochwertiger sind. Du musst also nicht erst eine Fülle an Informationen suchen, filtern und aufbereiten, sondern erhältst komprimiertes Wissen für einen Preis.

Bücher und Audiobooks

Lege dir am besten eine Bücherliste mit zu lesenden Titeln an.[162] Sobald sich dein Lesestoff dem Ende neigt, füllst du deine digitale Bibliothek wieder auf. Solltest du das Gefühl von echtem Papier nicht missen wollen, dann ist (vor allem außerhalb von Deutschland) Book Depository[163] eine gute Alternative zu Amazon. Um vor dem Kauf eines Buches schon eine Zusammenfassung des Inhalts zu bekommen, kann ich dir getAbstract und Blinkist empfehlen.[164]

Wenn du viel unterwegs und eher ein auditiver Lerntyp bist, dann solltest du Audiobooks ausprobieren. Der weltweit größte Anbieter für vertonte Bücher ist Audible[165], bei dem du das erste Buch gratis herunterladen kannst. Du solltest allerdings auch wirklich darauf achten, dass diese Methode für dich infrage kommt. Denn wenn du ein visueller Lerntyp bist, dann bleibt das Gehörte nicht so sehr im Kopf wie das Gelesene.

Onlinekurse und MOOCs

Neben großen Plattformen, die eine große Fülle an Onlinekursen anbieten, gibt es Seiten, die sich auf ganz spezielle Fähigkeiten konzentrieren. Viele dieser Plattformen haben regelmäßige Rabattaktionen, bei denen du viel Geld sparen kannst:[166]

- **Udemy** (englisch): weltweit größte Plattform für Onlinekurse aus allen Themengebieten
- **Lecturio** (deutsch): sehr gute Alternative zu Udemy mit deutschsprachigen Videokursen von anerkannten Experten aus verschiedenen Bereichen
- **Fizzle** (englisch): Videokurse aus dem Bereich Onlinemarketing mit angebundener Community
- **Treehouse** (englisch): Umgang mit CMS-Systemen wie WordPress oder Webdesign und Programmieren
- **Blog Camp und Blogging University** (deutsch): zwei ausgezeichnete Kurse für Blogging-Einsteiger

Konferenzen

Die perfekte Möglichkeit, sich nicht nur neues Wissen einzuverleiben, sondern sich mit Gleichgesinnten auszutauschen und zu vernetzen. Mittlerweile gibt es eine größer werdende Anzahl an Veranstaltungen für digitale Nomaden und Onlineunternehmer. Hier eine kleine Auswahl:[167]

- **DNX** (deutsch und englisch): erste Digitale-Nomaden-Konferenz, findet halbjährlich in Berlin statt
- **ITB** (deutsch): Deutschlands größte Tourismusmesse, auf der du viele Reiseblogger triffst
- **TBEX** (englisch): größte internationale Veranstaltung für Reiseblogger; findet in Europa, Asien und den USA statt

- **re:publica** (deutsch): größte deutsche Konferenz zu allen digitalen Themen von Onlinemarketing bis zur digitalen Bildung
- **DC-Events** (englisch): regelmäßige Meetups und Konferenzen für Mitglieder des Dynamite Circle[168] mit dem jährlichen Hauptevent in Bangkok
- **World Domination Summit** (englisch): jährliches Treffen von unkonventionellen Persönlichkeiten, das von Chris Guillebeau in Portland, USA, veranstaltet wird
- **New Media Expo** (englisch): Konferenz zu allen Themen rund um digitale Medien, früher als BlogWorld bekannt

Neben diesen öffentlich zugänglichen Ressourcen gibt es natürlich auch die Möglichkeit, sich ganz persönlich von einem Life oder Business Coach beraten zu lassen. Einen Coach, den du auf Stundenbasis bezahlst, findest du am besten über Empfehlungen oder eine Plattform wie Coach.me[169]. Das ist der wohl kostenintensivste, aber auch schnellste Weg für dein persönliches und berufliches Wachstum oder ganz spezielle Hilfe auf einem Gebiet, in dem du dich verbessern möchtest.

5.7 Nachhaltig denken und handeln

> *»Wenn man in die falsche Richtung läuft, hat es keinen Zweck, das Tempo zu erhöhen.«*
>
> *Birgit Breuel*

Ein Erlebnis der besonderen Art hatte ich Anfang 2014 in Myanmar, einem der ärmsten Länder der Welt, das in den letzten Jahrzehnten durch die Militärjunta mit harter Hand regiert wurde. Ein scheinbar bettelarmer Künstler zeigte mir auf eindrucksvolle Art und Weise, dass er mehr von nachhaltigen Geschäftsbeziehungen versteht als viele Unternehmer in Industrieländern. Wie in anderen asiatischen Entwicklungsländern fehlt es vielen Menschen zwar an Bildung, nicht aber an Geschick und Ideenreichtum. Es ist großartig anzusehen, mit welchen Methoden die »Kleinunternehmer« Geld am Tourismus verdienen.

Als wir an einem Nachmittag über einen Markt in Bagan spazierten und gerade dabei waren, Bilder von einem angrenzenden Tempel zu schießen, trafen wir in einer kleinen Nebenstraße auf den Straßenverkäufer Myo Zaw. In typischer Manier fragte er uns nach Name, Herkunft und Plänen für die nächsten Tage. Etwas genervt gaben wir Auskunft. Der Typ ließ einfach nicht locker und bestand darauf, uns die besten Spots für Fotos vom Tempel zu zeigen.

Nachdem er uns geheime Ecken gezeigt und massenweise Fotos von uns gemacht hatte, kamen wir weiter ins Gespräch. Er zeigte uns seine auf Stofftüchern selbst gemalten Bilder und Schnappschüsse von traumhaften Sonnenuntergängen und Panoramaansichten der Täler rund um Bagan, die er mit seinem alten Handy aufgenommen hatte. Seine Augen leuchteten, als er uns ganz stolz versicherte, dass er bis zum nächsten Jahr genügend Geld für eine professionelle Nikon-Kamera gespart haben wird und sich dann ganz der Fotografie widmen will. Es war eine echte Freude, sich mit ihm zu unterhalten und von seinen ambitionierten Plänen zu hören. Als wir uns dann verabschiedeten, wollte ich ihm etwas »Trinkgeld« für die geschossenen Fotos geben. Es war mir ein Bedürfnis, wurde von unserem Freund jedoch nicht angenommen.

Am nächsten Tag hörten wir von anderen Reisenden, dass Mount Popa in der Nähe von Bagan ein toller Ort sei, den wir unbedingt sehen sollten. Wir erinnerten uns daran, dass Myo Zaw uns von einem befreundeten professionellen Tourguide erzählt hatte, der uns dorthin fahren könnte. Wir mussten nicht zweimal überlegen, sondern haben uns sofort aufgemacht, um unseren neuen Freund zu suchen.

Seine Freude über das Wiedersehen war groß und er ließ es sich nicht nehmen, uns eine weitere kleine Tour durch einen weniger besuchten Tempel in Bagan zu geben. Als wir ihm von unseren Ausflugsplänen erzählten, rief er sofort seinen Kumpel an. Es dauerte keine zwei Minuten, und wir hatten für den nächsten Tag einen Fahrer plus Führer und das Ganze für den halben Preis, den wir im Hotel für die gleiche Tour bezahlt hätten.

Du kannst dir sicher vorstellen, dass wir Myo Zaw nicht nur sehr dankbar waren, sondern nun nach der Tour auch das große Bedürfnis hatten, uns seine Kunstwerke zeigen zu lassen. Myo Zaw klärte uns in den nächsten 30 Minuten ausführlich über die Bedeutung seiner Arbeiten auf und beschrieb, was ihn zu diesen inspiriert hatte. Seine Aufregung über unser Interesse war groß und wurde noch stärker, als wir dann letztendlich auch ein Bild gekauft haben. Wer weiß, ob wir das Bild jemals irgendwo aufhängen werden. Wichtig war für uns, dass wir Myo Zaw etwas zurückgeben und uns auf diese Weise für seine Hilfe bedanken konnten.

Durch Begegnungen wie diese wird mir immer wieder bewusst, wie wichtig der Aufbau von Beziehungen für ein nachhaltiges Business ist. Ob unser Freund diese Strategie bewusst verfolgt hat oder nicht, das sei dahingestellt. Er hatte jedoch erkannt, dass sich Hilfsbereitschaft immer auszahlt. Vielleicht nicht sofort, aber langfristig wird dein »Karma-Konto« dafür sorgen, dass du genau so viel bekommst, wie du gibst.

Um als Unternehmer erfolgreich zu sein, musst du in Vorleistung gehen. Anstatt sofort Gegenleistungen einzufordern, erbringst du zunächst selbst eine Leistung, um das Vertrauen von potenziellen Kunden zu gewinnen. Genau das hat Myo Zaw geschafft. Durch seine authentische Art und die kostenfreie Führung am ersten Tag hat er sich in unsere Köpfe eingebrannt. Als wir dann einen seiner »Services« gebrauchen konnten, fiel die Entscheidung leicht. Das nötige Vertrauen war bereits geschaffen.

Nachhaltigkeit erstreckt sich natürlich über den Aufbau eines Onlinebusiness hinaus auf alle Bereiche deines Lebens. Dabei ist nachhaltiges Handeln weit mehr, als umweltbewusst zu reisen und sich für einen Ökostrom-Anbieter zu entscheiden. Du agierst immer dann nachhaltig, wenn du nicht nur dein eigenes Handeln betrachtest, sondern auch dessen direkte und zukünftige Auswirkungen auf Menschen und Umwelt. Ganz besonders wichtig wird das, wenn du als Unternehmer langfristig Werte schaffen willst.

> *»Wir können nicht säen, um zu ernten, und haben wir gesät, sind wir zu ungeduldig, auf die Ernte zu warten. Wir halten nicht die Spur, wenn wir uns einmal entschieden haben. Wir nehmen Abkürzungen, nur um dann an der falschen Stelle aus dem Wald zu kommen. Wir borgen von anderen, schieben auf und lassen liegen. Wir bringen die Waage nicht zum Ausgleich. Deswegen laufen wir unserem Leben hinterher.«*
>
> *Ehrenfried Conta Gromberg,* Solopreneur *(2015)*

Diese Aussage von Ehrenfried Conta Gromberg aus dem Buch »Solopreneur«[170] bringt es auf den Punkt: Wir müssen säen, bevor wir ernten, und geduldig darauf warten, uns an den Früchten unserer Arbeit zu erfreuen, ohne immer wieder nach Abkürzungen zu suchen.

Es gibt genügend E-Books, Onlinekurse und Webseiten, die keinen Mehrwert bieten, sondern nur auf das schnelle Geld aus sind. In der Regel sind diese Angebote einfach zu enttarnen. Sie glänzen mit farbigen Buttons, seitenlangen Referenzen von ach so glücklichen Nutzern und inhaltsleeren Verkaufsphrasen.

Bei diesen Angeboten geht es einzig und allein darum, den Besucher schnellstmöglich zu einem Käufer zu machen. Es geht nicht darum, eine Beziehung zu dem Kunden aufzubauen und einen Mehrwert zu schaffen. Es geht einzig und allein darum, schnellstmöglich abzukassieren. Nach dem Kauf gibt es anstelle von Support und weiteren Infos nur nervige Newsletter, die zum Kauf weiterer Produkte motivieren sollen. Selbstverständlich ist das keine Basis für ein langfristig erfolgreiches Geschäftsmodell.

Nachhaltig ist dein Onlinebusiness dann, wenn dein Ziel im Aufbau von langfristigen Beziehungen zu deinen Besuchern, Interessenten oder Kunden besteht. Wenn du es schaffst, einen Mehrwert zu bieten, der die Erwartungen des Käufers übersteigt, dann gewinnst du echte Fans, die auch in Zukunft bei dir kaufen werden. Das können wertvolle Zusatzinfos über einen Newsletter, ein kostenloser Ratgeber, eine exklusive Facebook-Gruppe, Treffen vor Ort oder Webinare sein.

Schaffst du es, deinen Kunden glücklich zu machen, dann musst du dir auch weniger Sorgen um das Marketing machen, da die Käufer ihren Bekannten ganz automatisch von dem tollen Angebot erzählen. Es werden auch keine ellenlangen Verkaufsargumente auf Landing Pages benötigt, da die Marke und das Produkt selbst als Vertrauensbeweis gesehen werden.

Befolge ganz einfach diese Grundsätze, und du musst dir um den nachhaltigen Erfolg deines Onlinebusiness wenig Sorgen machen:

- Verkaufe und empfehle nur, was du auch wirklich vertreten kannst.
- Tausche deinen langfristigen Erfolg nicht gegen kurzfristige Einnahmen.
- Mache dich nicht von wenigen Klienten oder Partnern abhängig.

- Genauso wenig solltest du von Google, Facebook oder YouTube als Quelle für Traffic abhängig sein.
- Nutze vorrangig deine eigenen Plattformen (Blog, E-Mail-Liste) anstelle von Social Media.
- Baue eine Marke auf (anstelle eines einzelnen Produkts), die ein Qualitätsversprechen abgibt.

6 Reisen und Arbeiten von unterwegs

»Heute in zwanzig Jahren wirst Du mehr enttäuscht sein über die Dinge, die Du versäumt hast, als über die, die Du getan hast. Also mache die Leinen los, verlass den sicheren Hafen, fang den Fahrtwind in deinen Segeln. Forsche, träume, entdecke!«

Mark Twain

Wohl eines der größten Missverständnisse besteht darin, dass digitale Nomaden von unterwegs aus arbeiten. Hast du schon einmal versucht, ein Projekt aktiv voranzubringen, während du alle drei Tage den Ort wechselst? Diese romantische Vorstellung funktioniert in der Regel nicht. Richte dich darauf ein, dass du beim Reisen nur im Wartungsmodus arbeitest, also E-Mails beantwortest und dein Business am Laufen hältst.

Bevor du dich auf den Weg machst, gilt es, gut zu planen. Dazu gehören offensichtliche Dinge wie eine Reiseversicherung und das Visum, aber auch deine telefonische und postalische Erreichbarkeit, die du bei einem zweiwöchigen Pauschalurlaub normalerweise vernachlässigst. Von nun an bist du aber nicht mehr nur als Tourist unterwegs, sondern nimmst deine Arbeit und damit auch dein digitales Büro mit. Je besser du auf das Arbeiten von unterwegs vorbereitest bist, umso entspannter wird deine Reise. Außerdem kannst du mit guter Vorbereitung viele Kosten sowohl in der Heimat als auch im Ausland sparen.

Wenn du produktiv arbeiten möchtest, dann solltest du dir eine mehrwöchige Homebase im Ausland suchen. Bei der Auswahl deiner Location solltest du verschiedene Faktoren berücksichtigen, auf die wir in diesem Kapitel eingehen. Dazu gehören die Lebenshaltungskosten, die Internetverbindung, die Verfügbarkeit von Apartments und die Möglichkeiten zum Netzwerken vor Ort.

6.1 Kosten sparen: Geo-Arbitrage und Travel Hacking

»Ich habe nicht genügend Geld« ist die Nummer-eins-Ausrede, wenn es darum geht, nicht zu reisen. Diese Ausrede zählt ganz und gar nicht, denn in vielen Teilen der Welt ist das Leben und Reisen deutlich günstiger als im heimischen Deutschland. Abhängig sind die Kosten von deinen Ansprüchen, deiner Flexibilität bei den Reisedaten und der Destination. Da dein Einkommen als Webworker unabhängig vom Aufenthaltsort ist, spielt die Ausgabenseite eine umso größere Rolle.

Geo-Arbitrage

Ein riesengroßer Vorteil des ortsunabhängigen Arbeitens ist unter dem Begriff »Geo-Arbitrage« bekannt. Dabei handelt es sich um die effiziente Ausnutzung von weltweit unterschiedlichen Lohnniveaus und Lebenshaltungskosten. Die grundlegende Idee dahinter ist genauso einfach wie genial: in einem Land mit niedrigen Kosten leben und sein Geld in einkommensstarken Ländern verdienen. Genau andersherum kannst du von diesem Prinzip Gebrauch machen, indem du Arbeit an Freelancer in Ländern mit niedrigen Kosten auslagerst.

Durch diese Ausnutzung von Preisunterschieden in zwei Ländern musst du dein Einkommen nicht unbedingt erhöhen oder Ersparnisse nutzen, um auf Reisen zu gehen. Mit den Einkünften aus einer untervermieteten Wohnung oder einer Nebentätigkeit als Freelancer kannst du in vielen Ländern wie Lateinamerika oder Asien gut leben.

Günstig im Ausland leben

Generell sparst du beim Reisen immer dann viel Geld, wenn du »lebst wie die Locals«. Das bedeutet, in lokale Restaurants zu gehen, eine Wohnung außerhalb vom Zentrum zu beziehen und die öffentlichen Verkehrsmittel zu nutzen. Je länger du dich an einem Ort aufhältst, desto einfacher wird es, dort günstig zu leben. Bedenke die folgenden Tipps, und du kannst bei längeren Auslandsaufenthalten deutlich Kosten sparen:

- Wohnung vor Ort für mindestens einen Monat buchen
- Couchsurfing oder Housesitting für kurze Aufenthalte nutzen
- Öffentliche Verkehrsmittel nutzen oder Motorroller ausleihen
- Lokale Lebensmittel einkaufen
- Flexibel bei Reisedaten sein
- In der Nebensaison reisen

Ausgaben in Deutschland minimieren

Sobald du für mehr als einen Monat im Ausland bist, solltest du darüber nachdenken, Verträge stillzulegen und deine Wohnung (mit Erlaubnis des Vermieters) unterzuvermieten. Jeder eingesparte Euro im Heimatland erhöht dein Budget im Ausland. Hier ein paar Ansätze zur Kosteneinsparung:

- Wohnung untervermieten
- Krankenversicherung kündigen oder auf Anwartschaft setzen (mehr dazu in Kapitel 6.3)

- Auto abmelden (und/oder verkaufen)
- Telefonvertrag kündigen
- Mitgliedschaften und Abos kündigen (ADAC, Fitnessstudio, Kabelfernsehen, Zeitschriften)

Travel Hacking – günstig Reisen

Dieser Begriff wird vor allem von Amerikanern verwendet, die das bestehende System von Fluglinien, Rabatten und Bonusmeilen (Frequent Flyer Miles) so geschickt ausnutzen, dass sie für unglaublich niedrige Beträge um die Welt reisen. Dafür müssen Flugmeilen über Kreditkarten, Hotelübernachtungen, Mietautos oder Flüge gesammelt werden, die dann innerhalb von Flugallianzen eingetauscht werden können.

Viele dieser Programme zum Sammeln von Flugmeilen sind jedoch nur für US-Amerikaner oder dort lebende Menschen wirklich sinnvoll. Um über Aktionen für Flugmeilen auf dem Laufenden zu bleiben und mehr über Travel Hacking zu erfahren, kann ich dir die englischsprachige Membership Site »Travel Hacking Cartel«[171] von Chris Guillebeau absolut empfehlen.

Ein sofortiges Sparpotenzial ergibt sich aus dem Finden günstiger Flüge. Dafür gibt es Metasuchmaschinen und Vergleichsseiten wie ITA (Google) oder Skyscanner.[172] Generell gilt, dass du weniger bezahlst, wenn du flexibel bist. Suche auch nach Flügen zwei bis drei Tage vor und nach deinem gewünschten Reisetermin und beziehe Flughäfen in der Nähe mit ein. Besonders Dienstag bis Donnerstag sind erfahrungsgemäß gute Tage für preiswerte Flüge.

Nachdem du über die Flugsuchmaschinen die zwei bis drei günstigsten Fluglinien ausfindig gemacht hast, besuche deren offizielle Website und führe die Suche erneut durch. Manchmal sind die Flüge dort günstiger, da du die Provision einsparst. Schaue auch nach Sonderangeboten oder probiere es mit einem weiteren Zwischenstopp, der unter Umständen Geld sparen kann.

Wenn du ein weniger touristisches Land oder einen kleinen Flughafen ansteuerst, dann werden diese von den Flugsuchmaschinen eventuell nicht abgedeckt. Um die besten lokalen Airlines zu finden, kannst du entweder auf der offiziellen Website des Flughafens schauen oder eine einfache Google-Suche nach »Flug Start Ziel« durchführen. Weitere gute Tipps für das Finden günstiger Flüge findest du bei Florian auf dem flocblog.[173]

Florian Blümm: Günstig reisen

Florian ist als Budget-Backpacker und digitaler Nomade seit mehr als vier Jahren auf Langzeitreise. Er bloggt auf www.flocutus.de über Spartipps beim Reisen und günstige Reiseziele wie Asien und Lateinamerika.

Du bist seit vier Jahren unterwegs. Wie viel Geld benötigst du monatlich für deine andauernde Weltreise?

Für meine Langzeitreise in Asien und Lateinamerika brauche ich über vier Jahre gesehen etwa 700 Euro im Monat, alles inklusive. Davon grob ein Drittel für:

1. Übernachtungen in Guesthouses und lokalen Hotels,
2. Essen, Kleidung, täglicher Bedarf, Bier, Kaffee & Kuchen,
3. Reisekosten wie Flüge, Züge, Busse, Aktivitäten, Visa, Reisekrankenversicherung, neue Kameras.

Was sind deine besten Tipps, um auf langen Reisen Geld zu sparen?

Die Top 3 sind sicher:

1. Langsam reisen und wenig fliegen
2. Essen wie die Locals
3. Verzicht auf unnötigen Komfort

Ohne Verzicht geht es natürlich nicht. Aber gerade was die Punkte 1 und 2 angeht, wird die Reisequalität dadurch eher besser als schlechter.

Wie findest du günstige Flüge und was sollte bei der Buchung beachtet werden?

Der erste Fehler bei der Flugsuche ist es, einen Flug zu suchen. Nimm lieber einen passenden Error Fare oder ein Sonderangebot, das dich ungefähr in die richtige Gegend bringt. Vor Ort reist es sich dann sehr günstig.

Es gibt so gut wie immer günstige Flüge nach Asien und auch zu anderen Reisezielen. Über aktuelle Reiseschnäppchen informiere ich in meinem Newsletter.

6.2 Erreichbarkeit: Telefon, Briefpost und Internet

Mit Familie und Freunden in Kontakt zu bleiben ist dank Skype, Facebook und E-Mail kein Problem mehr. Etwas vorausplanen solltest du, wenn du Kunden oder Mitarbeiter in Deutschland hast, die dich telefonisch erreichen müssen, oder niemand da ist, der ab und an mal in deinen Briefkasten schauen kann.

Telefon

Innerhalb der EU sind die Preise für Anrufe und SMS durch die sogenannte Roaming-Verordnung reguliert, wodurch die Kosten für abgehende Gespräche und SMS gedeckelt sind. Wenn du in Europa bleibst, ist es sinnvoll, bei deinem bestehenden Anbieter nach einem Europa-Tarif zu fragen.

Außerhalb der EU ist es Standard, dass du für eine Minute mehrere Euro bezahlst. Die beste Lösung ist der Kauf einer lokalen SIM-Karte mit Datenpaket für die Internetverbindung. Eine SIM-Karte kostet in den meisten Ländern nicht mehr als zehn Euro (oft bezahlst du nur für das Guthaben) und kann mit Prepaid-Guthaben aufgeladen werden. Oft haben Anbieter auch spezielle Auslandstarife oder Inklusivminuten. Frage einfach einen Einheimischen nach dem besten Tarif oder informiere dich vorher online.[174]

Über eine Skype-Festnetznummer plus Rufumleitung[175] kannst du alle Anrufe auf deine lokale Handynummer weiterleiten. Der Anrufer bezahlt nur den Ortstarif und merkt gar nicht, dass du gerade im Ausland bist. Für dich fallen für den angenommenen Anruf nur Minutenpreise von wenigen Cents an.

Wenn du selbst jemanden aus dem Ausland anrufen möchtest, dann plane diese Telefonate am besten für die Zeiten ein, an denen du eine Internetverbindung hast. Mit Skype oder anderen VoIP-Lösungen kannst du für wenige Cents pro Minute weltweit telefonieren.

Briefpost

Solltest du nur wenige Wochen unterwegs sein, dann findet sich sicher ein Nachbar oder ein Bekannter, der ab und an mal den Briefkasten leert und dich über wichtige Post informiert.

Sobald du länger unterwegs bist, solltest du sicherstellen, dass du Briefpost mit dringlichen Angelegenheiten zeitnah erhältst. Das kann über einen Scanservice geschehen, der deine Briefpost einscannt und als digitale Post an dich weiterleitet. Ein solcher Service ist Dropscan.[176] Dort kannst du dir eine Scanbox, also einen digitalen Briefkasten, einrichten lassen, die eine physische Adresse in Berlin hat.

Per Nachsendeauftrag beziehunsweise Adressänderung für deine verschiedenen Anbieter lässt du die Post dann an diese Anschrift weiterleiten. Eingegangene Briefe siehst du in deiner Onlinescanbox und kannst dann entscheiden, ob diese geöffnet und gescannt, weitergeleitet, archiviert oder vernichtet werden sollen. Bezahlt werden entweder pauschal 24,90 Euro im Monat oder nach Einzelabrechnung für jede empfangene und digitalisierte Sendung. Hinweis: Behördliche Post kann nicht nachgesendet werden (weitere Informationen dazu in Kapitel 7.1).

Internet

Unzuverlässiges Internet ist eines der größten Probleme für digitale Nomaden. Stelle dich vor der Abreise darauf ein, dass die Downloadraten in vielen Ländern deutlich niedriger sind als in Deutschland. Besonders berücksichtigen solltest du das, wenn du auf regelmäßige Videokonferenzen oder Downloads von größeren Dateien angewiesen bist.

In der Regel gibt es die besten Internetverbindungen in Coworking Spaces und Hotels. Um weitere kostenlose WLAN-Hotspots zu finden, ist die App WiFi Finder hilfreich. Diese zeigt dir alle verfügbaren Netzwerke in deiner Umgebung an, oft bereits mit Passwörtern für den Zugang. Ist kein WiFi in der Nähe, dann kannst du dein Smartphone (wenn tethering-fähig) als mobilen Router nutzen. Dabei wählst du dich mit deinem Laptop über den Smartphone-Router ins Internet ein, indem du von der Datenflatrate der lokalen SIM-Karte Gebrauch machst. Alternativen dazu sind ein Surfstick oder ein WiFi-Dongle, in den eine SIM-Karte eingelegt werden kann.

6.3 Reisekrankenversicherung und Gesundheit

Wenn du innerhalb Europas unterwegs bist, musst du dir um dieses Thema keine großen Sorgen machen. Mit der gesetzlichen Krankenversicherung bist du mit der Auslandskrankenversicherungskarte (EHIC) in allen Mitgliedstaaten der EU für einen vorübergehenden Aufenthalt abgesichert.[177] Einige Versicherer haben zudem Abkommen mit weiteren Urlaubsländern, für die ein Auslandskrankenschein ausgestellt wird. Wenn du privat versichert bist, dann kläre den Umfang deiner Versicherung vorher mit deinem Versicherer ab.

Sobald du im außereuropäischen Ausland unterwegs bist, solltest du dir auf jeden Fall eine zusätzliche Krankenversicherung zulegen. Für die Dauer von bis zu fünf Jahren gibt es günstige und schnell abzuschließende Reiseversicherungen. Für längerfristige Auslandsaufenthalte ist eine Auslandskrankenversicherung mit Vollschutz die bessere Wahl.

Während dieser Zeit kannst du deine heimische Krankenversicherung mit einer Anwartschaft stilllegen, um dir mit der Zahlung eines monatlichen Pauschalbetrages den Wiedereinstieg in die Krankenkasse zu sichern. Sinnvoll ist dies, wenn du freiwillig gesetzlich oder privat versichert bist.

Reiseversicherungen

Einige Reiseversicherungen können nur für eine maximale Dauer von einigen Wochen abgeschlossen werden. In der Regel gilt jedoch, dass du alle Reisen und Auslandsaufenthalte unter einem Jahr mit einer solchen Reiseversicherung abdecken kannst.

Es gibt spezielle »Urlaubsversicherungen«, die jährlich eine bestimmte Anzahl an Wochen Schutz bieten, quasi eine Stand-by-Versicherung für das Ausland, die unbefristet und recht günstig ist. Diese werden als Zusatz zur bestehenden Versicherung abgeschlossen.

Dann gibt es die längerfristigen Reiseversicherungen, die du einmalig für eine festgelegte Dauer abschließt. Das können einige Tage oder mehrere Jahre sein. Diese Versicherungen sind umfangreicher und auch teurer als die Urlaubsversicherungen, jedoch weitaus günstiger als die Auslandskrankenversicherungen.

Bei der Auswahl der Krankenversicherung solltest du beachten, ob ein Heimatbesuch mit abgesichert ist, ob du in Vorleistung gehen musst und ob ein Rücktransport bei Notfällen eingeschlossen ist. Einige der beliebtesten Reiseversicherungen für Deutsche sind:[178]

- HanseMerkur Langzeit-Auslandskrankenversicherung (für bis zu fünf Jahre)
- ADAC Auslandskrankenschutz (für bis zu zwei Jahre)
- Barmenia Auslandskrankenversicherung (für bis zu einem Jahr)

Auslandskrankenversicherung

Für Auswanderer und Langzeitreisende reichen die Reiseversicherungen nicht mehr aus. Sie bieten keinen ausreichenden Schutz (Zahnarzt, Vorsorgeuntersuchungen, Impfungen) und können auch nicht beliebig verlängert werden. Die langfristige Lösung heißt also entweder internationale Krankenversicherung oder Nutzung des nationalen Gesundheitssystems des jeweiligen Landes (selten möglich für Selbstständige).

Du kannst dich bei einem internationalen Versicherer mit weltweiter Abdeckung genau so versichern, wie du in Deutschland eine Privatversicherung abschließen würdest. Die Preise richten sich nach deinem Aufenthaltsland, deinem Alter und Gesundheitszustand. Zwei beliebte Anbieter für Auslandskrankenversicherungen sind:[179]

- **BDAE:** Der Bund der Auslandserwerbstätigen bietet eine ganze Palette an Auslandsversicherungen für verschiedene Zielgruppen (Rentner, Studenten, Unternehmen, Globetrotter).
- **DIA Globality Health:** Der Verein für Deutsche im Ausland, DIA e. V., hat mit Globality Health einen Tarif für Auswanderer und Langzeitreisende vereinbart.

Anwartschaft

Da die heimische Krankenversicherung ein großer Ausgabeposten ist, solltest du diese nur dann weiterzahlen, wenn du innerhalb von Europa unterwegs bist. Ansonsten kannst du diese entweder komplett kündigen oder stilllegen lassen. Möglich ist das grundsätzlich dann, wenn du in Deutschland nicht mehr versicherungspflichtig bist, also keinen Wohnsitz oder gewöhnlichen Aufenthaltsort im Inland hast.

In der Praxis geben Krankenkassen deinem Antrag auf Kündigung oder Anwartschaft dann statt, wenn du für mindestens drei Monate ins Ausland gehst und dafür entsprechende Nachweise (Abmeldebescheinigung, Flugbuchungen, Reiseversicherung) erbringen kannst.

Sofern du als Angestellter gesetzlich pflichtversichert bist, musst du keine Anwartschaft abschließen, da dich deine Krankenkasse nach deiner Rückkehr wieder aufnehmen muss. Anders ist das, wenn du freiwillig gesetzlich oder privat versichert bist. Als ehemals freiwillig gesetzlich Versicherter kann dir die Krankenkasse den Wiedereintritt verwehren, womit dir nur der Basistarif in der privaten Krankenversicherung bleibt. Eine Anwartschaft für circa 50 Euro im Monat lohnt sich also in diesem Fall.

Auch für privat Versicherte macht der Abschluss einer Anwartschaftsversicherung Sinn, da ansonsten nach der Rückkehr eine erneute Gesundheitsprüfung durchgeführt wird und die Prämie aufgrund des höheren Eintrittsalters oder eventueller Vorerkrankungen deutlich höher sein kann. Mit der Anwartschaft wird dein Gesundheitszustand gewissermaßen konserviert.

Impfungen

Überprüfe vor dem Antritt einer größeren Reise deinen Impfpass und schaue nach, ob deine Grundimmunisierung noch gegeben ist. Neben Tetanus, Diphtherie, Poliomyelitis und Keuchhusten empfehlen sich für einige Regionen auch zusätzliche Impfungen. In Ländern, in denen eine besondere Gefährdung besteht, kann eine Impfung sogar Voraussetzung für die Erteilung des Visums sein.

Der beste Anlaufpunkt, um sich über Reiseimpfungen zu informieren, ist das Centrum für Reisemedizin (CRM).[180] Empfohlen wird eine Beratung bis spätestens sechs Wochen vor der Abreise, da es einige Wochen dauern kann, bis die Impfungen wirksam werden. Zudem legen einige Länder einen Mindestzeitraum zwischen Impfung und Einreise fest.

6.4 Visumsangelegenheiten

Einen Faktor, den du bei der Reiseplanung unbedingt beachten solltest, ist die Länge des Visums für deine Destinationen. Jedenfalls dann, wenn du außerhalb der EU unterwegs bist. Die Länge deines ausgestellten Touristenvisums bestimmt, wie lange du dich in einem Land aufhalten darfst. Es gibt Regionen, in denen du bei der Einreise recht leicht ein dreimonatiges Visum bekommst, und andere, in denen du nur auf vorherigen Antrag ein bis zwei Monate bleiben darfst.

Generell musst du darauf achten, dass dein Reisepass noch mindestens sechs Monate über das geplante Reisedatum hinaus gültig ist und genügend freie Seiten für Stempel und Visa hat. Über die Einreisebestimmungen für ein spezielles Land kannst du dich beim Auswärtigen Amt[181] informieren.

Es gibt Unterschiede bei der Anzahl der Ein- und Ausreisen (single, multiple) und der Art des Visums. Generell untersagt ist bei Touristenvisa das Arbeiten im Land. Solltest du tatsächlich von Beamten nach dem Grund deines Besuches gefragt worden, dann erzähle von deinen Reiseplänen und lasse den Teil des Arbeitens außen vor.

Wenn du vorab ein Visum beantragen musst, machst du das bei der jeweiligen Botschaft in Deutschland oder auch im Ausland. In der Regel gibt es, zumindest in den Hauptstädten, eine Botschaft oder ein Konsulat für benachbarte Länder (zum Beispiel in Bangkok eine vietnamesische Botschaft). Alternativ kannst du auch Visaagenten online oder vor Ort nutzen, du solltest dich aber vorher über die Seriosität der Services informieren.

Sehr großzügige Visabestimmungen gibt es in Lateinamerika. Beispielsweise kannst du in Argentinien, Brasilien, Chile, Costa Rica, Ecuador, Honduras, Jamaika, Mexiko, Uruguay und Venezuela ohne Visum für 90 Tage bleiben. In Panama, Paraguay und Peru sind es sogar 180 Tage. Auch die einmalige Verlängerung des Touristenvisums ist im Immigration Office vor Ort in den meisten Ländern möglich.[182]

Visumsfrei einreisen kannst du auch in Belize, Thailand (30 Tage), Hongkong, Japan, Marokko, Neuseeland, Singapur, Tunesien, Uruguay und Venezuela (90 Tage). In vielen südostasiatischen Ländern wie Indonesien, Kambodscha, Laos und den Philippinen bekommst du bei der Ankunft ein teilweise kostenpflichtiges Visa on Arrival, das dich zu einem Aufenthalt von bis zu 30 Tagen berechtigt. Auch hier ist vor Ort eine Verlängerung im Immigration Office oder über Visaagenten möglich.

In anderen Ländern musst du das Visum vorher entweder bei der jeweiligen Botschaft oder über ein Onlineverfahren beantragen und deinen Reisepass vor der Abreise einsenden, um den Visum-Sticker zu erhalten.

Nach der einmaligen Verlängerung des Touristenvisums wird es in vielen Ländern schwierig, auch weiterhin im Land zu bleiben. Eine Lösung, die von erfahrenen Reisenden genutzt wird, ist der sogenannte Border Run, also das Ausreisen in ein angrenzendes Land und das erneute Einreisen. In einigen Entwicklungsländern funktioniert diese Methode noch und auch über Visaagenten gibt es Möglichkeiten, den Aufenthalt zu verlängern, jedoch birgt dies immer ein Risiko. Überlege dir bei der Reiseplanung also genau, wie lange du in welchen Ländern bleiben kannst und welche Grenzüberschreitungen sinnvoll sind.

Wie du für längere Zeit in deinem Zielland bleiben kannst und welche weiteren Tricks es für die Visabeschaffung gibt, liest du in Kapitel 7.2.

6.5 Unterwegs an Bargeld kommen

Um es ganz kurz zu machen: Der einzig sinnvolle Weg, um im Ausland ohne hohe Gebühren an Bargeld zu kommen, führt über eine Debit- oder Kreditkarte.

Bitte fange nicht an, dich mit Reiseschecks herumzuquälen oder bereits in Deutschland mehrere Hundert Euro umzutauschen. Nutze eine kostenlose Kreditkarte von Visa oder MasterCard und hebe dann an deiner Destination gebührenfrei so viel oder wenig Geld ab, wie du benötigst. Der einzige Wermutstropfen sind eventuelle Margen im Wechselkurs. Diese werden von der Bank festgelegt, liegen aber deutlich unter den Gebühren von Wechselstuben.

Die Lieblingskarte für deutsche Reisende ist die Visa Card der DKB. Nach der Eröffnung eines kostenlosen DKB-Cash-Kontos erhältst du sowohl eine Girokarte als auch eine Kreditkarte, mit der du problemlos kostenlos auf der ganzen Welt Geld abheben kannst. Selbst wenn Gebühren vonseiten der geldausgebenden Bank anfallen, kannst du dir diese auf E-Mail-Anfrage von der DKB erstatten lassen.

Eine weitere gute Alternative ist die MasterCard von NUMBER26.[183] Das recht junge Unternehmen bietet ohne Frage das innovativste Onlinebanking, das ich bisher gesehen habe. Die Kontoeröffnung inklusive Identifizierung, geschieht komplett online und ist innerhalb von wenigen Minuten erledigt. Ein paar Tage später erhältst du dann die Kreditkarte, mit der du weltweit kostenlos Geld abheben kannst. Anfallende Fremdgebühren an Bargeldautomaten werden jedoch nicht erstattet. Weitere gebührenfreie Kreditkarten für die Nutzung im Ausland gibt es von der comdirect, Cortal Consors und Advanzia.[184]

Ich habe selbst schon mehrmals meine Kreditkarte verloren. Und manchmal kommt es vor, dass nur MasterCard oder nur Visa Card akzeptiert wird. Aus diesen Gründen macht es Sinn, neben einer Hauptkarte immer eine Back-up-Karte dabeizuhaben und auf dieses Konto einen kleinen Sicherheitspuffer zu überweisen.

Sollte es doch einmal passieren, dass beide Karten verloren gehen oder geklaut werden, gibt es noch eine andere schnelle Lösung. Diese lautet Blitzüberweisung via Western Union oder MoneyGram.[185] Mit beiden Diensten kannst du dir Geld von überall aus der Welt zu deinem momentanen Aufenthaltsort schicken lassen und dort bei einem der vielen Partner abholen. Natürlich fallen für den Geldtransfer Gebühren an, die sich aber unter fünf Prozent des gesendeten Betrages bewegen. Für den Notfall ist das wohl akzeptabel, um innerhalb von wenigen Minuten an Geld zu kommen.

6.6 Nachhaltiges Reisen

Mit der ortsunabhängigen Arbeit kommst du in den Genuss, ständig und überallhin reisen zu können. Ohne dich hier belehren zu wollen, möchte ich in diesem Exkurs auf das nachhaltige Reisen eingehen und darauf, wie du als verantwortungsbewusster Reisender nachhaltiger handeln kannst.

Aber die gute Nachricht für alle Reisefans zuerst: Du musst deine Reisepläne nicht verwerfen, denn nachhaltiges Reisen beinhaltet mehr als den Umweltschutz. Reisen ist dann nachhaltig, wenn zum einen die Natur intakt bleibt und zum anderen die Menschen vor Ort begünstigt werden. Die offizielle Definition für nachhaltiges Reisen lautet: »Nachhaltiger Tourismus berücksichtigt gegenwärtige und zukünftige wirtschaftliche, soziale und ökologische Auswirkungen, wobei die Bedürfnisse von Urlaubern, der Branche, der Umwelt und der lokalen Bevölkerung angesprochen werden«[186]:

Neben der ökologischen Dimension gehören zum nachhaltigen Reisen also noch die soziokulturelle und die ökonomische Säule.[187] Nachhaltigkeit auf Reisen heißt also, lokale Kulturen zu respektieren, sich umweltschonend fortzubewegen und faire Preise vor Ort zu bezahlen, die am Ende auch bei den Einheimischen ankommen. Zwischen allen drei Säulen sollte eine ausgeglichene Balance herrschen, was kurzfristig auch zulasten einer der Säulen geschieht.

Die letzten beiden Säulen – der Respekt lokaler Kulturen und die Förderung der Wirtschaft vor Ort – kannst du bei deinen Reisen ohne große Probleme berücksichtigen. Damit hast du bereits einen großen Beitrag für den nachhaltigen Tourismus geleistet. Die erste

Säule – die umweltbewusste Fortbewegung – ist deutlich schwieriger zu realisieren.

Hier ein kleiner Vergleich, der dir ins Bewusstsein rufen soll, wie schädlich das Fliegen für die Umwelt tatsächlich ist: Auf einem Flug von London nach Sydney werden pro Person fünf Tonnen CO_2 ausgestoßen, was etwa die Hälfte der jährlichen CO_2-Emissionen einer in Deutschland lebenden Person ist. Selbst bei einem Kurzstreckenflug in den Urlaub nach Mallorca wird genauso viel CO_2 ausgestoßen wie von einem Mittelklassewagen in einem ganzen Jahr.

Die Tourismusbranche verursacht ungefähr fünf Prozent der weltweiten Treibhausgase[188] und auch wenn die Energieeffizienz der Flieger in den letzten 20 Jahren deutlich gestiegen ist,[189] kann dies nicht über die Umweltschädlichkeit des Flugverkehrs hinwegtäuschen. Um der Umwelt bei deiner nächsten Reise etwas Gutes zu tun, berücksichtige die folgenden Empfehlungen:

- **Verzichte auf Fliegen:** Geschäftliche Meetings können durch Videokonferenzen, Inlandsflüge durch Bahnfahrten und Kurztrips durch längere Aufenthalte ersetzt werden.[190]
- **Wähle Reiserouten bewusst aus:** Als Faustregel gilt, dass bei Flügen über 1400 Kilometer ein Aufenthalt von 14 Tagen ein gutes Verhältnis ist. Also lieber länger an einem Ort bleiben, als alle paar Tage durch die Welt zu fliegen.
- **Carbon Offset (Emissionsausgleich):** Beim Carbon Offset werden Treibhausgase über einen von den Emissionen abhängigen Geldbetrag kompensiert, der direkt bei der Flugbuchung bezahlt wird und dann für Klimaschutzprojekte in Ländern eingesetzt wird, in denen bisher wenig für den Umweltschutz getan wird.[191]

Für viele Entwicklungsländer ist der Tourismus eine der wichtigsten Einnahmequellen. Wenn auf das Fliegen verzichtet wird, fehlen dort

Erlöse aus den Flügen, Übernachtungen und Aktivitäten. Insofern die Einnahmen aus dem Tourismus richtig eingesetzt werden, übersteigt der ökologische und ökonomische Nutzen den Schaden, der durch das Fliegen angerichtet wird. Das mag nach Rechtfertigung klingen, ist aber ein plausibler Grund, der für das Fliegen spricht.

Zu guter Letzt haben Reisen natürlich auch einen ideologischen Nutzen. Viele entfernte Länder wären ohne Flugzeug nur schwer zugänglich. Die Flüge dorthin verschaffen nicht nur uns selbst wertvolle Erfahrungen, sondern unterstützen auch den Austausch mit anderen Kulturen und sorgen für eine gegenseitige Annäherung.

Der erste Schritt, um den Spagat zwischen nachhaltigem Reisen und dem umweltschädlichen Fliegen zu meistern, ist das Bewusstsein über dessen Auswirkungen. Fliege nicht sinnlos um die Welt, wähle deine Reiserouten geschickt aus und berücksichtige umweltfreundliche Alternativen zum Fliegen bei deiner nächsten Reise – dann bist du auf dem guten Weg, eine Balance zwischen den drei Säulen für Nachhaltigkeit beim Reisen herzustellen.

6.7 Locations: Die besten Orte zum Arbeiten und Leben

»Life begins at the end of your comfort zone.«

Neale Donald Walsch

Wenn du in der Lage bist, ortsunabhängig zu arbeiten, dann hast du die Qual der Wahl. Es gibt Hunderte Orte außerhalb von Deutschland, an denen es sich wunderbar arbeiten und leben lässt. Wohin es dich verschlägt, hängt natürlich von deinen Vorlieben ab.

Bevor du dich entscheidest, irgendwo für mehrere Wochen oder sogar Monate deine Zelte aufzuschlagen, solltest du dir gut überlegen, was du von diesem Ort erwartest. Wenn du deinen Laptop dabeihast, willst du sicher nicht nur relaxen, sondern brauchst auch eine gewisse Infrastruktur mit produktiver Arbeitsumgebung. Dazu gehören Coworking Spaces oder Cafés mit zuverlässigem Internet, aber auch ein einfacher Transport und günstige Apartments. Neben guten Arbeitsbedingungen sind auch das Freizeitangebot, die Nähe zu Strand und Natur sowie das Wetter entscheidend für dein Gemüt.

Je wohler du dich an einem Ort fühlst, desto motivierter wirst du deine Projekte angehen. Ein letzter wichtiger Punkt für das richtige Work-Mindset ist eine Community von Gleichgesinnten vor Ort. Gemeinsam mit anderen digitalen Nomaden zu arbeiten motiviert und inspiriert ungemein. Die folgenden Kriterien sollen dir bei der Reiseplanung helfen.

Kosten

Dein Einkommen ist nicht abhängig vom Aufenthaltsort, deine Ausgaben aber schon. Das bedeutet, dass du mehr am Monatsende übrig hast, wenn du bei gleichbleibendem Einkommen weniger ausgibst. An welchen Orten du auch mit wenig ortsunabhängig verdientem Einkommen lange gut leben kannst, siehst du in der Nomad List, anhand des Consumer Price Index von Numbeo oder des Cost of Living Index von Expatistan.[192]

Besonders günstig sind die Lebenshaltungskosten in Städten auf dem indischen Subkontinent, in Nordafrika, Südostasien und Lateinamerika. Einige Favoriten von digitalen Nomaden wie Chiang Mai, Medellín, Cebu und Ho Chi Minh City finden sich ganz oben in der Liste, was beweist, dass die Kosten eines der Hauptkriterien für die Ortswahl sind.

Community

Eine ausreichend große Community mit anderen digitalen Nomaden ist nicht nur wichtig, um das richtige Mindset zu bekommen, sondern vor allem, um von dem Austausch mit Gleichgesinnten zu profitieren. Mit wie vielen der Menschen in deinem heimischen Bekanntenkreis kannst du dich schon zu deinem Onlinebusiness austauschen?

Wo gerade besonders viele digitale Nomaden unterwegs sind, siehst du auf interaktiven Karten[193], und auch Veranstaltungen bei Meetup oder Startuptravels[194] liefern Hinweise darauf, wo sich viele Solopreneure und digitale Nomaden befinden. Die Kennzahl mit der größten Aussagekraft kommt wohl von Nomad List[195], bei der alle Mitglieder ihren aktuellen Standort angeben. Darin siehst du, dass Lateinamerika und Südostasien die Favoriten sind. Insbesondere in Chiang Mai und Bangkok in Thailand, Medellín in Kolumbien, Ho Chi Minh City in Vietnam und Buenos Aires in Argentinien triffst du auf eine große Community von digitalen Nomaden.

Internet

Die größte Datenbank für die aktuelle Internetgeschwindigkeit in allen Ecken der Welt bietet der NetIndex von Ookla[196]. Danach lag die weltweite durchschnittliche Downloadrate Anfang 2015 bei 21,9 Mbit/s (Uploadrate 9,8 Mbit/s). Das mit Abstand schnellste Internet gab es zu dieser Zeit in den asiatischen Metropolen Singapur (105 Mbit/s Downloadrate) und Hongkong (96,8 Mbit/s).

Von den beliebten Hotspots für digitale Nomaden haben es nur Thailand (20,1 Mbit/s) und Vietnam (17,54 Mbit/s) unter die Top 50 geschafft. Auf den letzten Plätzen finden sich die Philippinen, Indien, Argentinien und Südafrika wieder. Generell haben besonders lateinamerikanische Staaten noch viel Nachholbedarf bezüglich schneller Internetverbindungen. Diesen Faktor solltest du nicht unterschätzen, wenn du häufig große Datenmengen bewegen oder regelmäßige Videokonferenzen abhalten musst.

Wetter

Was brauchen viele digitale Nomaden neben einer guten Internetverbindung zum Glücklichsein? Na klar, Sonnenschein, und das am besten das ganze Jahr über. Genau aus diesem Grund wandern viele ortsunabhängige Arbeiter über den Winter in wärmere Gefilde aus. Die Durchschnittstemperaturen betragen in Äquatornähe zwischen 20 und 30 Grad Celsius.

Für etwas Abkühlung sorgen höher gelegene Orte wie La Paz (Bolivien) und Cusco (Peru) oder Städte, die eine frische Meeresbrise abbekommen. Kein Wunder also, dass die Favoriten der digitalen Nomaden fast ausnahmslos innerhalb von 15 Breitengraden um den Äquator herum liegen.

An diesen Orten musst du dir also neben einer gut funktionierenden Klimaanlage nur noch Sorgen um die Regenzeiten machen. In tropischen Ländern fällt 90 Prozent des Regens in der jeweiligen »wet season«, die bis zu fünf Monate andauern kann. Betroffene Regionen sind vor allem Südostasien, der Norden von Australien, Zentralamerika und Teile Zentralafrikas. Ganz pauschal kannst du davon ausgehen, dass die Hauptregenzeiten in Vietnam, Thailand, auf den Philippinen und in Zentralamerika von Juni bis Oktober und in Zentralafrika, Brasilien, Peru, Malaysia, Indonesien von November bis April andauern. Je nach Region gibt es jedoch Unterschiede.[197] Gute Gründe, um ein Land während der Regenzeit zu besuchen, sind übrigens die niedrigeren Kosten und weniger Besucher, was zu einem entspannteren Arbeiten beitragen kann.

Sprache

Im besten Fall solltest du dir die Zeit nehmen, um zumindest ein paar Brocken der Sprache des jeweiligen Landes zu lernen. Nicht nur um dich vor Ort zu verständigen, sondern einfach aus Höflichkeit den Einheimischen gegenüber, um lokale Gegebenheiten besser zu verstehen und tiefer in die Kultur einzutauchen. Außerdem hält das Lernen einer neuen Sprache den Geist fit und sorgt für Anerkennung (und bessere Preise) bei Einheimischen.

Wenn du nur auf der Durchreise bist oder dir Zeit und Motivation zum Lernen der Sprache fehlen, ist es sinnvoll, vorher die Englischkenntnisse im Zielland als Kriterium zu betrachten. Ein guter Indikator dafür ist der EF English Proficiency Index von Education First.[198] Problematisch wird es immer dann, wenn du abseits der großen Städte und Hotspots für digitale Nomaden unterwegs bist. In Zentral- und Südamerika bist du gut bedient, wenn du zumindest ein paar Brocken Spanisch sprichst. In Südostasien kommst du mit Englisch ganz gut zurecht.

Infrastruktur

Zur Infrastruktur gehören unter anderem Freizeitangebote, Transport, Restaurants sowie die Verfügbarkeit von Apartments und Arbeitsplätzen – im Grunde alles, was das Leben vor Ort angenehm oder eben auch stressig machen kann. Deinen Arbeitsplatz vor Ort findest du entweder in einem Coworking Space, einem Café mit gutem WiFi oder deiner Unterkunft.

Großartige Ressourcen zum Finden dieser Plätze sind ShareDesk für Coworking Spaces und die App WiFi Finder für WiFi-Spots generell. Ein vorübergehendes Apartment suchst du am besten über Airbnb.[199] Wenn du länger als einen Monat bleibst, dann solltest du dich in entsprechenden Facebook-Gruppen umschauen oder lokale Listings für Wohnungen durchsuchen.[200]

Ein sehr guter Indikator für die Infrastruktur eines Landes ist die Verkehrssituation. Anhand dessen lässt sich nicht nur gut ableiten, wie einfach du dich fortbewegen kannst, sondern auch, wie hoch das Frustrationspotenzial vor Ort ist. In dem Traffic Index von Numbeo[201] siehst du, dass du vor allem in Lateinamerika und Südostasien mit Wartezeiten im Verkehr, hohem CO_2-Ausstoß und einem generell ineffizienten Verkehrssystem rechnen solltest. Aber genau diese teilweise chaotischen Zustände machen eben auch den Reiz eines vorübergehenden Aufenthaltes in diesen Ländern aus.

Sicherheit

Eine sichere Umgebung zu haben ist zum einen wichtig für das eigene Wohlbefinden und zum anderen für deine technische Ausrüstung. Ein guter Indikator für die Sicherheit in einem Land ist der Crime Index von Numbeo.[202] Dabei handelt es sich um eine Kennzahl zwischen 0 und 100, die Korruption, Gewalt, Einbrüche, Diebstähle und Diskrimination betrachtet. Alle Länder mit einem Index über 50 sind als bedenklich eingestuft.

So gut Vorsorge manchmal auch ist, lasse dich bitte nicht von diesen Statistiken verrückt machen. Informiere dich vorher über die Situation in deinem Zielland und bewege dich dann dort mit einem guten Mix aus Vorsicht und gesundem Menschenverstand.

6.8 Testlauf: Ortsunabhängigkeit auf Probe

»He who is not courageous enough to take risks will accomplish nothing in life.«

Muhammad Ali

Die Umstellung vom stationären zum ortsunabhängigen Leben benötigt Mut zum Risiko. Dieser Schritt ist mit viel Unsicherheit verbunden. Wer kann schon vorher genau sagen, ob dieser romantisch klingende Lifestyle des digitalen Nomaden tatsächlich das Richtige für einen ist?

Du musst nicht sofort ins kalte Wasser springen, nur um dann nach einem halben Jahr festzustellen, dass das Arbeiten ohne feste Strukturen und Arbeitgeber vielleicht doch nichts für dich ist. Taste dich einfach langsam heran. Probiere es für ein paar Tage in der Woche aus, mal zu Hause oder in einem Coworking Space zu arbeiten. Wenn du daran Gefallen gefunden hast, dann reise für ein paar Wochen in ein anderes Land, um dort gemeinsam mit anderen ortsunabhängigen Unternehmern zu arbeiten. Nach dieser Testphase bekommst du eine bessere Vorstellung davon, ob der selbstständige, ortsunabhängige Lifestyle das ist, was du wirklich willst.

Dieser Testlauf hat noch einen weiteren ganz großen Vorteil. Er lässt dich aus deinem gewohnten Alltag ausbrechen. Genau dann, wenn du deinen gewohnten Arbeitsplatz verlässt und deine Routinen änderst, werden Denkprozesse für neue Ideen in Gang gesetzt. Dann bekommst du neue Einflüsse und entwickelst Ideen. Genau mit diesem Abstand von deinem bisherigen Leben wirst du schnell merken, ob du auf dem richtigen Weg bist, und das, ohne ein großes Risiko für eine endgültige Entscheidung eingehen zu müssen.

Tageweise: Einfacher Ortswechsel

Über 11.000 Selbstständige arbeiten in Deutschland bereits in Coworking Spaces.[203] Die Möglichkeiten, sich mit Gleichgesinnten auszutauschen und zu vernetzen, sind also greifbar.

Wenn du schon einmal in einem Coworking Space gearbeitet hast, dann kennst du die Magie dieses Arbeitsumfeldes. Auch wenn alle für sich an ihren Laptops arbeiten, ist doch jeder ein Teil eines ganz bestimmten Lifestyles. Die Atmosphäre in einem Coworking Space führt von ganz allein dazu, dass sich deine produktive Energie entfaltet. Hier kannst du dich auf Gespräche mit anderen Webworkern einlassen und bekommst ein Gefühl dafür, ob du mit ihnen auf einer Wellenlänge bist.

Coworking Spaces gibt es mittlerweile in allen größeren Städten: große Anbieter wie Regus[204], bei denen du eher auf Mitarbeiter von Start-ups triffst, und kleine lokale Coworking Spaces, in denen es weniger businesslike zugeht.

In der Regel bezahlst du einen täglichen, wöchentlichen oder monatlichen Beitrag und bekommst dafür einen festen Arbeitsplatz. Einige Coworking Spaces kannst du auch komplett kostenlos nutzen und erhältst den WiFi-Zugang nach dem Kauf eines Getränks.

Wenn du lieber in Ruhe und Einsamkeit arbeitest, dann gehe in ein Café um die Ecke, in die Bibliothek oder bleibe zu Hause am Schreibtisch. Probiere einfach mal aus, wie es sich anfühlt, mit deinem Laptop außerhalb eines klassischen Büros zu arbeiten. Du wirst merken, dass sich nach einiger Zeit eine Routine einstellt.

Für mich ist ein Mix aus Coworking mit Gleichgesinnten und meinen Alleinzeiten in Cafés oder im Homeoffice ideal. Experimentiere anfangs mit verschiedenen Orten, und du wirst merken, welche Arbeitsumgebung deine Produktivität weckt und sich für dich gut anfühlt.

Wochenweise: Workation mit Gleichgesinnten

Das Arbeiten im Coworking Space gibt dir ein gutes Gefühl für deine neue Arbeitsweise und verschafft dir interessante Kontakte. Um richtig tief in den Lifestyle eines ortsunabhängigen Nomaden einzutauchen, musst du aber raus aus deiner Stadt. Am besten raus aus Deutschland. Weg von deinem gewohnten Umfeld und allem, was dein bisheriges Leben bestimmt hat. Mit diesem Abstand kannst du deine bisherige und zukünftige Lebenssituation aus der Vogelperspektive bewerten.

Ideal dafür ist eine Workation (auch Work-Camp oder Retreat genannt). Eine Workation ist ein Mix aus Working und Vacation, also arbeiten mit Urlaubsfeeling. Die Idee hinter dem Coliving in Verbindung mit Coworking ist, dass eine Gruppe von (angehenden) Unternehmern für eine begrenzte Zeit ein Haus bezieht, um von dort aus gemeinsam zu arbeiten.

Du hast in einer Workation nicht nur die Chance, von den schönsten Plätzen der Welt aus an deinen eigenen Projekten zu arbeiten, sondern bekommst einen tiefen Einblick in die Arbeitsweise von Gleichgesinnten. Nach zwei bis vier Wochen Coworking fernab der Heimat hast du ganz sicher ein Gefühl dafür, ob du auch in Zukunft reisen und arbeiten möchtest oder eher der Homeoffice-Typ bist.

Im Sommer 2015 haben wir mit Mitgliedern von My Wireless Life die erste von vielen Workations organisiert.[205] Für vier Wochen sind wir mit zehn Unternehmern in eine traumhafte Villa in Bali eingezogen und haben von dort aus an eigenen und gemeinsamen Projekten gearbeitet. Das Ganze zum Selbstkostenanteil, der für die meisten von uns unter den monatlichen Kosten in Deutschland liegt. Persönlich kannten wir uns übrigens noch nicht, aber basierend auf unseren gemeinsamen Interessen und einigen Gesprächen über Skype haben wir eine großartige Gruppe gefunden, die sich während der Workation austauschen und eine großartige Zeit haben konnte. Starte doch einfach selbst mal einen Aufruf in Facebook-Gruppen oder deinem Coworking Space, um Interessenten für deine ganz eigene Workation zu gewinnen.

Wenn du selbst noch nicht genügend Kontakte hast, dann kannst du dich anderen Gruppen anschließen. Beispielsweise veranstaltet das Sunny Office in Spanien regelmäßige Workations. Die DNX-Camps und die Wireless Workations finden jeweils für ungefähr zwei Wochen an den besten Hotspots der Welt statt. Ganzjährig für Coliving und Coworking geöffnet sind die Surf Offices in Portugal, Kalifornien und auf den Kanaren. Bei SEOintheSUN kannst du dich das ganze Jahr über für Onlinemarketingkurse in Teneriffa anmelden und coworken.[206]

Der Fokus bei allen Anbietern liegt auf Fun & Work. Es werden neben guten Arbeits- und Wohnbedingungen auch genügend Freizeitaktivitäten angeboten. Ganz sicher ist, dass du während dieser Workation auf viele Gleichgesinnte triffst und einen großen Schub Motivation mitnimmst.

Monatsweise: Überwintern fernab der Heimat

Der ultimative Testlauf ist ein Aufenthalt über mehrere Monate im Ausland. Bevor du Hausrat, Verträge und Versicherungen in Deutschland aufgibst, solltest du testen, wie es sich anfühlt, für einen längeren Zeitraum im Ausland zu arbeiten. Der perfekte Zeitraum dafür ist ganz sicher der kalte deutsche Winter.

An vielen Orten in Südeuropa, Nordafrika, Lateinamerika oder Südostasien kannst du mit weniger Geld leben als in Deutschland. Um Kosten zu sparen, solltest du während dieser Zeit deine Wohnung untervermieten, Mitgliedschaften und Abos kündigen sowie deine Krankenversicherung stilllegen. Wenn du dann noch flexibel bei den Reisedaten bist und dir vor Ort eine günstige Wohnung suchst, dann sparst du unterm Strich sogar noch Geld.

Suche dir am besten ein Land aus, in dem bereits viele andere digitale Nomaden sind. Das macht den Einstieg leichter und ermöglicht es dir, dich vor Ort mit Gleichgesinnten auszutauschen.

Sobald du dich mehrere Wochen oder Monate an einem Ort aufhältst, musst du nicht mehr leben wie ein Tourist. Du kannst dich einrichten, auf die Kultur einstellen und ein Netzwerk aufbauen. Nach ein paar Tagen an deiner Destination entwickelst du von selbst eine Arbeitsroutine, auch wenn diese ganz sicher von deinem Alltag in der Heimat abweicht.

Dieser Testlauf über mehrere Monate wird dir einen guten Eindruck davon vermitteln, ob du auch in Zukunft langsames Reisen und Arbeiten verbinden möchtest.

Bei der Organisation deiner Überwinterung gehe wie folgt vor:

- Finde ein Land mit geringen Lebenshaltungskosten (Südeuropa, Nordafrika, Lateinamerika oder Südostasien).
- Suche dir einen günstigen Flug (sei flexibel mit den Reisedaten und buche vier bis acht Wochen vor der Abreise).
- Vermiete deine Wohnung unter (nutze soziale Netzwerke und Onlineplattformen).[207]
- Kündige oder pausiere Mitgliedschaften und Abos.
- Schließe eine Reiseversicherung ab und setze die deutsche Krankenversicherung auf Anwartschaft.

- Nimm dir für die ersten Tage eine vorübergehende Unterkunft.
- Finde eine günstige Unterkunft vor Ort (je länger du bleibst, desto mehr kannst du beim Preis verhandeln).
- An der Destination: Entwickle deine Arbeitsroutine und vernetze dich mit Gleichgesinnten.

7 Langfristig ausreisen

»Freedom lies in being bold.«

Peter Frost

Was bedeutet es eigentlich, ohne einen festen Wohnsitz zu leben? Es ist schwer vorstellbar, da dir doch ein Leben lang erzählt wurde, wie wichtig Bodenständigkeit und ein »festes Dach über dem Kopf« sind. Eine Wohnung oder ein Haus zu haben bedeutet Sicherheit und gibt dir einen Rückzugsort.

Wenn jemand einen Kredit für eine Eigentumswohnung aufnimmt, dann wird er oder sie beglückwünscht, anstatt die jahrelangen finanziellen Verpflichtungen und die damit einhergehende mögliche Abhängigkeit von einem Ort zu hinterfragen. Auch wenn der Immobilienkauf als Investition sicher sinnvoll erscheint, geht damit aber auch viel finanzielle und örtliche Flexibilität verloren.

Wenn du dich dazu entscheidest, deinen Wohnsitz auf unbegrenzte Zeit aufzugeben, dann solltest du die Konsequenzen kennen. Den vielen Vorteilen des nomadischen Lifestyles stehen ebenso viele bürokratische Hürden und schmerzhafte Trennungen entgegen. Nichts, mit dem du nicht fertigwerden könntest, aber über einige Dinge wie die folgenden solltest du dir im Klaren sein:

- **Erreichbarkeit:** Du musst darüber nachdenken, was mit deiner Briefpost geschieht und wie du telefonisch für Klienten, Freunde und Familie erreichbar bleibst.

- **Zugehörigkeit:** Familie, Freunde, Sportvereine oder einfach das Heimatgefühl sind stark mit einem Wohnsitz verbunden. Diese Dinge wirst du vernachlässigen und sicher auch missen.
- **Ausländer sein:** Außerhalb Deutschlands bist du immer der Ausländer, der ein Visum benötigt, nicht so einfach Verträge abschließen kann und in einigen Ländern merkwürdig angeschaut wird.
- **Soziale Absicherung:** Die Sozialversicherungspflicht ist an deinen Wohnsitz in Deutschland gebunden. Die freie Wahl der Krankenversicherung und Altersvorsorge kann genauso Vorteil wie auch Nachteil sein.
- **Amtliche Dokumente:** Passangelegenheiten und andere Dokumente kannst du bei jeder deutschen Botschaft in der Welt erledigen, jedoch ist die Beantragung teurer und komplizierter, wenn du keinen Wohnsitz in dem jeweiligen Land hast.
- **Besitztümer:** Für einige ist es befreiend, für andere eher limitierend, aus dem Koffer beziehungsweise dem Rucksack zu leben und die Habseligkeiten auf maximal 20 Kilo zu beschränken.

Wenn dich diese Hürden nicht abschrecken, dann kommt jetzt die gute Nachricht: Viele digitale Nomaden haben immer noch eine Homebase in Deutschland, also eine untervermietete Wohnung oder einen Unterschlupf bei Freunden, in die sie jederzeit zurückkehren können und wo sie gemeldet sind. Vielleicht wäre dieser Mittelweg eine gute Lösung für dich?

Wenn du länger als ein Jahr am Stück unterwegs bist, dann macht es Sinn, den Wohnsitz aus Deutschland abzumelden. Dadurch gibst du eine ganze Menge Rechte und Pflichten auf, gewinnst aber gleichzeitig ein hohes Maß an Selbstbestimmung.[208] Abgesehen von dieser Entscheidung gewinnst du mit der Unabhängigkeit von einem festen Wohnsitz viele Freiheiten, unter anderem:

- **Ungebundenheit:** Stelle dir das befreiende Gefühl vor, nicht mehr an einen Mietvertrag, deine Besitztümer und deinen Alltag gebunden zu sein.
- **Geo-Arbitrage:** Du kannst in sehr kostengünstigen Ländern leben und beziehst weiterhin dein Einkommen in Euro oder einer anderen starken Währung.[209]
- **Steuern:** Wenn du keinen ständigen Wohnsitz hast und auch keine Einkünfte aus Deutschland beziehst, lebst du im »Steuernimmerland«.[210]
- **Absicherung:** Du hast die freie Wahl, wo du dich krankenversicherst und wie du für dein Alter vorsorgen möchtest.
- **Erlebnisse:** Alle anderen Punkte sind weniger wichtig als all die Erfahrungen, die du an verschiedenen Orten der Welt sammeln wirst, wenn du deinen Aufenthaltsort flexibel bestimmen kannst.

Ein Leben ohne festen Wohnsitz muss nicht bedeuten, dass du jeden Tag deinen Koffer packen musst. Vielmehr wird es so sein, dass du sehr langsam reist, alle paar Monate deinen Standort – dein vorübergehendes Zuhause – wechselst, mal hier und da zur Untermiete wohnst oder für eine Weile im Wohnmobil lebst. Damit geht einher, dass du deine Habseligkeiten und deine ortsgebundenen Verpflichtungen auf ein Minimum beschränkst.

Als digitaler Nomade ohne festen Wohnsitz entstehen für dich viele Handlungsspielräume, die dir eine große Freiheit bieten. Du kannst dir selbst aussuchen, wo du Steuern bezahlst, wie du deine Absicherung betreibst und welchen Gesetzen du unterliegst.

Die Schattenseite dieser Unabhängigkeit von staatlichen Organen sind nervige bürokratische Themen wie Steuern, Meldepflicht und Versicherungen. All das erörtern wir ausführlich in diesem Kapitel, sodass du dein nomadisches Leben bestmöglich einrichten kannst. Die erste wichtige Entscheidung, die du treffen musst, betrifft die Abmeldung deines Wohnsitzes aus Deutschland.

7.1 Wohnsitz aus Deutschland abmelden

> *»Das Leben, sagt Gerda, sei wie ein Rucksack, einer, in den man in all den Jahren ständig etwas hineinlegt – Eindrücke, gute und schlechte Erfahrungen, Fähigkeiten und noch so vieles mehr. Der Mensch aber vergesse viel zu häufig, dass man diesen auch absetzen und hinter sich lassen kann.«*
>
> *Martin Smik in »Palmen in Castrop Rauxel«*[211]

Der eigentliche Akt der Abmeldung deines Wohnsitzes aus Deutschland ist problemlos. Deutlich schwieriger zu handhaben als der formelle Teil sind die – positiven wie auch negativen – Konsequenzen, die eine Abmeldung mit sich bringt. Die Entscheidung sollte also gut überlegt sein.

In Foren, aufseiten von deutschen Botschaften, beim Auswärtigen Amt und auch beim Wohlfahrtsverband für Auswanderer und Auslandstätige[212] gibt es zwar Hinweise zu bürokratischen Fragen rund um die Abmeldung des Wohnsitzes aus Deutschland, jedoch fehlt es an wirklich verlässlichen Informationen für digitale Nomaden. In diesem Kapitel versuche ich, etwas Licht ins Dunkel zu bringen.

Postanschrift, Melde- und Geschäftsadresse

Bevor wir uns weiter mit den Konsequenzen der Abmeldung beschäftigen, ist es wichtig, dass du dir über die Unterschiede zwischen Postanschrift, Meldeadresse und ladungsfähiger Geschäftsadresse bewusst bist.

- **Postanschrift:** nicht zwingend an die Meldeadresse gebunden
- **Meldeadresse:** dein formeller Wohnsitz mit hoher rechtlicher Relevanz

- **Geschäftsadresse:** eingetragene Betriebsstätte deines Gewerbes

Postanschrift

Die Postanschrift ist weniger formell als die Meldeadresse und muss ihr nicht zwingend entsprechen. Du kannst deiner Bank, Versicherung oder deinem Mobilfunkanbieter die Adresse deiner Eltern oder eines Freundes geben. Selbst wenn du nicht mehr in Deutschland gemeldet bist, können so Verträge mit verschiedenen Anbietern weitergeführt werden. Diese interessiert in der Regel nicht, ob du dort tatsächlich gemeldet bist.

Eine Ausnahme sind hier einige Versicherer und Banken, die einen Wohnsitz in Deutschland als Vertragsgrundlage sehen und sich ein Recht zur Kündigung einräumen, sobald du dich aus Deutschland abgemeldet hast.

Meldeadresse

Deine Meldeadresse ist die Anschrift, mit der du dich beim Einwohnermeldeamt angemeldet hast. Verwaltungsorgane wie das Finanzamt oder die Polizei nutzen diese, um dir behördliche und gerichtliche Briefe zuzustellen. Diese gelten als zugestellt, sobald sie bei der Meldeadresse eintreffen. Erhältst du die Briefe zu spät oder gar nicht, bist du für die Konsequenzen der Nichtzustellung verantwortlich. Das kann bei Mahnungen oder Post mit Fristen unangenehm werden.

Sobald du abgemeldet bist, erhältst du keine amtliche Post mehr. Beim Finanzamt solltest du jedoch unbedingt eine Folgeadresse angeben, um den letzten Steuerbescheid zu erhalten. Jegliche Post von Behörden, Polizei und Gerichten wird generell nicht über einen Nachsendeauftrag verschickt, weshalb Post-Scanservices wie Dropscan keine Alternative zur Meldeadresse sind.

Neben staatlichen Behörden wie dem Finanzamt und Sozialversicherungsträgern erhalten vor allem die Rundfunkgebühreneinzugszentrale und Versicherungen die Information zu deiner Abmeldung. Außerdem können auch Inkassounternehmen und Unternehmen wie die Deutsche Post, die Otto Group und Bertelsmann deine Meldeamtsdaten abfragen.[213]

Geschäftsadresse

Ein Gewerbe kannst du in Deutschland nur dann anmelden, wenn du selbst im Inland gemeldet bist. Hast du bereits ein Gewerbe, kannst du es aber auch nach der Abmeldung weiterlaufen lassen. Was du in jedem Fall zum Betrieb eines Gewerbes benötigst, ist eine deutsche Betriebsstätte mit ladungsfähiger Geschäftsadresse. Unter dieser Adresse muss ein Zustellungsbevollmächtigter deine Post entgegennehmen können.

Diese formalen Anforderungen an die ladungsfähige Geschäftsadresse müssen für Finanzamt, Gewerbeamt, Handelsregister und deine Rechnungslegung, aber auch für das Impressum deiner Website erfüllt werden.[214]

Ein Postfach erfüllt die Anforderungen übrigens nicht, weshalb dieses keine ladungsfähige Anschrift sein kann. Selbst für die Angabe im Impressum einer Website ist das Postfach nicht ausreichend.

Virtuelle Geschäftsadresse

Wenn du mit deiner privaten Adresse nicht an die Öffentlichkeit treten willst oder ganz einfach keinen Wohnsitz mehr in Deutschland hast, kannst du eine Geschäftsadresse mieten. Diese virtuelle Adresse ist ladungsfähig, solange dort jemand ist, der eine Zustellungsbevollmächtigung hat.[215] Es ist weiterhin wichtig, dass du umgehend über eingegangene Post informiert wirst und diese abholen kannst (oder als Scan bekommst). Ob du dann jeden Tag in der Bürogemeinschaft vor Ort bist oder nicht, spielt keine Rolle.

Mieten kannst du eine virtuelle Geschäftsadresse – auch Rechtsdomizil oder Domiziladresse genannt – bei einem Büroservice, einem Business Center oder einem Coworking Space, die dir im Grunde ihren Briefkasten zur Verfügung stellen. Die gemietete Anschrift kannst du auf Rechnungen, Webseiten, bei Banken und Behörden als Geschäftsadresse angeben. Ob du die virtuelle Geschäftsadresse tatsächlich zur Gewerbeanmeldung nutzen darfst, solltest du vorher beim Anbieter erfragen.[216]

Die Kosten für einen solchen Service liegen in der Regel zwischen 50 und 100 Euro im Monat. Einige Anbieter leiten gegen Aufpreis auch die Post an deine neue Adresse weiter und bieten einen Post-Scanservice an. Bei der Auswahl eines Anbieters solltest du dich von der Seriosität überzeugen und auch daran denken, wie wichtig dir eine prestigereiche Geschäftsadresse ist.[217]

Melderecht versus Steuerrecht

Die Unterschiede zwischen Postanschrift, Meldeadresse und ladungsfähiger Geschäftsadresse sollten geklärt sein. Jetzt geht es um einen weiteren rechtlichen Unterschied, der für dich sehr wichtig wird, wenn du dich aus Deutschland abmeldest.

Dein Wohnsitz wird aus steuerlicher und melderechtlicher Sicht sehr unterschiedlich definiert. Formell besteht dein Wohnsitz dort, wo du dich beim Meldeamt registriert hast. Für das Finanzamt ist dein melderechtlicher Status jedoch komplett unerheblich. Das Steuerrecht definiert deinen Status anhand des gewöhnlichen Aufenthaltsortes, der nicht zwingend deiner Meldeadresse entsprechen muss. So kann es gut möglich sein, dass du auch nach der Abmeldung noch steuerpflichtig bist.

Melderecht

Als Grundlage für die Meldepflicht in Deutschland dient das neue Bundesmeldegesetz, das am 1. Mai 2015 das Melderechtsrahmengesetz abgelöst hat.[218] Die einzelnen Bundesländer folgen dem Bundesmeldegesetz, legen jedoch ihre eigenen Meldegesetze fest. Aus diesem Grund musst du bei speziellen Fragen zur Meldepflicht in die jeweiligen Gesetzestexte deines Bundeslandes schauen. Grundlegend gilt auf Landesebene nach dem neuen Bundesmeldegesetz folgende allgemeine Meldepflicht: »Wer aus einer Wohnung auszieht und keine neue Wohnung im Inland bezieht, hat sich innerhalb von zwei Wochen nach dem Auszug bei der Meldebehörde abzumelden. Ein Verstoß hiergegen ist eine Ordnungswidrigkeit und führt zu einer Geldbuße.«[219]

Abmelden musst du dich mit einer Frist von zwei Wochen vor dem Auszug bis zwei Wochen nach dem Auszug aus deiner Wohnung.[220] Auch eine Zweitwohnung kann in Deutschland nicht gemeldet bleiben, solange der Erstwohnsitz nicht im Inland ist. Wer eine Wohnung anmeldet, die er nicht bezieht, oder sich nicht abmeldet, der begeht eine Ordnungswidrigkeit, die mit einer Geldbuße geahndet werden kann.[221] Dennoch ist es möglich, dass du in Deutschland gemeldet bleibst, auch wenn du den Großteil des Jahres im Ausland bist (mehr dazu an späterer Stelle).

Steuerrecht

Die Meldepflichten haben allerdings nichts mit deinen Steuerpflichten zu tun. Aus Sicht des Finanzamtes kommt es immer darauf an, wo sich dein gewöhnlicher Aufenthaltsort befindet. Selbst wenn du nur gelegentlich in der Heimat bist, kannst du laut Steuerrecht einen Wohnsitz in Deutschland haben. Dein gewöhnlicher Aufenthalt ist dort, wo für mehr als sechs Monate (183 Tage) im Jahr deine berufliche und soziale Bindung besteht. Geregelt wird das in der Abgabenordnung: »Den gewöhnlichen Aufenthalt hat jemand dort, wo er sich unter Umständen aufhält, die erkennen lassen, dass er an diesem Ort oder in diesem Gebiet nicht nur vorübergehend verweilt. Als gewöhnlicher Aufenthalt im Geltungsbereich dieses Gesetzes ist stets und von Beginn an ein zeitlich zusammenhängender Aufenthalt von mehr als sechs Monaten Dauer anzusehen; kurzfristige Unterbrechungen bleiben unberücksichtigt.«[222]

Das Steuerrecht definiert einen Wohnsitz als Wohnung, die sich in deinem Besitz befindet und über die du auch verfügen kannst. Behältst du also nach der Abmeldung deine Wohnung, ohne diese zu vermieten, dann bleibt auch dein deutscher Wohnsitz bestehen. Vermietest du deine Wohnung, kannst du darüber nicht verfügen, weshalb sie auch nicht als Wohnsitz gilt.

Sobald sich dein gewöhnlicher Aufenthalt nicht mehr in Deutschland befindet, bist du nur noch beschränkt oder im besten Fall gar nicht mehr steuerpflichtig. Das bedeutet, dass nur deine im Inland anfallenden Einkünfte – nicht aber deine Welteinkünfte – in Deutschland versteuert werden müssen.

Vor- und Nachteile der Abmeldung

Mit der Abmeldung deines deutschen Wohnsitzes gibst du die meisten deiner Rechte und Pflichten als deutscher Staatsbürger auf. Das bringt verschiedene Vor- und Nachteile mit sich, die du letztendlich, je nach deiner Lebenssituation und deinen Plänen, für dich selbst bewerten musst. Im Folgenden sehen wir uns die Konsequenzen einer formellen Abmeldung objektiv an, sodass du bestmöglich abwägen kannst.

Vorteile der Abmeldung

Positiv wirkt sich die Abmeldung vor allem auf die Entscheidungsfreiheit in Sachen Krankenversicherung, Vorsorge und Steuern aus. Außerdem erhältst du mit der Abmeldebescheinigung ein außerordentliches Kündigungsrecht für bestehende Verträge. Die wichtigsten Freiheiten sind folgende:

- **Krankenversicherung:** Du unterliegst nicht mehr der Krankenversicherungspflicht und vermeidest damit eine eventuelle Doppelversicherung für In- und Ausland.
- **Sozialversicherungen:** Die Einzahlung in Rentenkasse und Arbeitslosenversicherung ist freiwillig.
- **Steuerpflicht:** Du bist nur noch beschränkt oder nicht mehr steuerpflichtig in Deutschland (inklusive Kirchensteuerpflicht), wenn du die Verlegung des gewöhnlichen Aufenthaltsortes nachweisen kannst.
- **Postadresse:** Du hast keine offizielle Adresse zur Zustellung von behördlicher und gerichtlicher Post mehr.
- **Passangelegenheiten:** Die Beantragung eines neuen Reisepasses und anderer Dokumente bei der Auslandsvertretung am neuen Wohnsitz wird schneller und günstiger, sobald du die Abmeldebescheinigung vorweisen kannst.

- **Dienstleistungsverträge:** Mit der Abmeldebescheinigung hast du bei den meisten Anbietern ein Recht zur außerordentlichen Kündigung von bestehenden Verträgen in Deutschland.
- **Schulpflicht:** Wenn du mit deinen Kindern reisen willst oder dich für alternative Bildungswege entscheidest, dann umgehst du mit der Abmeldung die Schulpflicht für deine Kinder.

Nachteile der Abmeldung

Du wirst von vielen Pflichten befreit, gibst mit der Abmeldung deines Wohnsitzes aber auch einige Rechte auf. Ob dich diese Nachteile mehr oder weniger stark betreffen, musst du für dich selbst einschätzen. Hier die wichtigsten Einschnitte, die du in Kauf nehmen musst:

- **KFZ-Zulassung:** Du kannst in Deutschland kein Auto mehr auf deinen Namen zulassen.
- **Gewerbe:** Du kannst ohne Meldeadresse kein Gewerbe in Deutschland anmelden. Für ein bestehendes Gewerbe benötigst du nach der Abmeldung eine Betriebsstätte mit ladungsfähiger Geschäftsadresse.
- **Bankkonto:** Die Eröffnung eines Bankkontos in Deutschland ist nur bei einigen Direktbanken möglich.[223] Für bestehende Konten solltest du überprüfen, ob eine Meldeadresse vertraglich erforderlich ist.
- **Dienstleistungsverträge:** Der Abschluss von Neuverträgen mit Dienstleistern (zum Beispiel Telefon, Mietauto, Versicherung) kann oft ein Problem darstellen.
- **Wahlregister:** Du wirst automatisch aus dem Wahlregister abgemeldet und erhältst damit keine Wahlbenachrichtigungen mehr. Das Wahlrecht für Kommunalwahlen verlierst du komplett und die Stimmabgabe für Bundeswahlen muss circa sechs Monate im Voraus bei der zuständigen Auslandsvertretung beantragt werden.[224]

- **Öffentliche Unterstützung:** Sozialleistungen wie Kindergeld, Existenzgründerzuschuss oder geförderte Weiterbildungen kannst du nicht mehr in Anspruch nehmen.

Wohnsitz oder Wohnung trotz Auslandsaufenthalt behalten

Unter Umständen kann es für dich mehr Vor- als Nachteile haben, in Deutschland gemeldet zu bleiben. Die große Frage lautet, ob das von der rechtlichen Seite her erlaubt ist, wenn du im Ausland wohnst oder als Dauerreisender unterwegs bist.

Zunächst einmal bist du rechtlich dazu verpflichtet, dich innerhalb von zwei Wochen nach dem Auszug aus deiner Wohnung abzumelden. Es gibt jedoch Optionen, sowohl deinen Wohnsitz als auch deine Wohnung zu behalten.

Wohnsitz behalten

Du musst dich nur dann aus Deutschland abmelden, wenn du aus deiner Wohnung (beziehungsweise der deiner Freunde oder Eltern) ausziehst und diese auch in Zukunft nicht mehr bewohnen wirst. Du könntest also gemeldet bleiben oder dich ummelden, wenn du in absehbarer Zeit nach Deutschland zurückkommst und eine Wohnung in Deutschland hast, die dir jederzeit zur Verfügung steht. Das ist auch möglich, wenn du im Ausland mit einem Hauptwohnsitz gemeldet bist.

Unter einer Wohnung wird nach dem Bundesmeldegesetz »jeder umschlossene Raum, der zum Wohnen oder Schlafen benutzt wird«, verstanden.[225] Wohnwagen werden dann als Wohnungen angesehen, wenn sie nicht oder nur gelegentlich fortbewegt werden.

Du musst also folgende zwei Voraussetzungen erfüllen, um auch nach der Ausreise noch in Deutschland gemeldet sein zu können:

- **Verfügungsgewalt:** Du musst die Verfügungsgewalt über die Wohnung haben, unter der du gemeldet bist. Das bedeutet, dass du jederzeit darin einziehen kannst und auch den Schlüssel dafür hast.
- **Ausreichende Größe:** Die Wohnung muss ausreichend groß sein und mindestens Schlafgelegenheit, Bad und eine Kochnische haben.[226]

Im Umkehrschluss bedeutet dies, dass du dich zwingend abmelden musst, wenn dir eine solche Wohnung nicht zur Verfügung steht. In der Praxis kann diese Wohnung natürlich auch ein Gästezimmer bei deinen Eltern oder einem Freund sein, in das du einziehen könntest.

Wohnung behalten

Wenn du deine günstige Mietwohnung nicht aufgeben willst oder eine Immobilie in Deutschland hast, kannst du dich trotzdem aus Deutschland abmelden. Problematisch kann dies aus steuerlicher Sicht und bei Einwänden des Vermieters werden.

Bei einer Mietwohnung solltest du die geplante Abmeldung zuerst mit deinem Vermieter besprechen und seine Erlaubnis einholen. Denn er ist zum einen dazu verpflichtet, den Auszug auf Anfrage zu bestätigen,[227] und zum anderen kann er sich bei der Meldebehörde über deinen melderechtlichen Status informieren. Auf der anderen Seite kann auch das Meldeamt vom Vermieter darüber Informationen einfordern, welche Personen bei ihm wohnen oder gewohnt haben.

Wenn der Vermieter sich nicht daran stört, dass du trotz Abmeldung weiterhin als Mieter im Vertrag stehst, dann kannst du dies tun. Eine Auswirkung haben eventuelle Mieteinkünfte für die Untervermietung jedoch aus steuerlicher Sicht. Das Finanzamt schließt aus einem bestehenden Mietverhältnis darauf, dass du dort deinen gewöhnlichen Aufenthalt hast.[228]

Du musst also gegenüber dem Finanzamt nachweisen können, dass sich dein gewöhnlicher Aufenthalt eben nicht am Ort dieser Wohnung befindet. Unproblematisch sollte dies sein, wenn du die Wohnung oder das Haus ganzjährig untervermietest oder nicht nutzt.

Da die Mieteinnahmen dann in Deutschland anfallen, bist du trotz Wohnsitz im Ausland jedoch beschränkt steuerpflichtig und musst die Einkünfte aus Vermietung und Verpachtung bei der Einkommensteuererklärung angeben.

Rückkehr nach Deutschland

Eine Wiederanmeldung deines Wohnsitzes in Deutschland ist jederzeit möglich. Du brauchst dafür lediglich einen gültigen Personalausweis und unter Umständen den Nachweis deiner neuen Adresse (Mietvertrag oder Bescheinigung von der Person, bei der du wohnst).

Berücksichtigen musst du lediglich die Lücken in den Sozialversicherungen. Wenn deine Rückkehr nach Deutschland absehbar ist, dann kann der Abschluss einer Anwartschaftsversicherung sinnvoll sein, um garantiert wieder in die alte Krankenkasse aufgenommen zu werden (mehr dazu in Kapitel 7.2).

Die deutsche Staatsangehörigkeit verlierst du natürlich bei einem längeren Auslandsaufenthalt oder bei Auswanderung nicht. Auch nicht, wenn du einen ausländischen Ehepartner hast. Erst wenn du eine zweite Staatsangehörigkeit erwirbst, kann dies je nach Land den Verlust der deutschen Staatsangehörigkeit zur Folge haben.

Vorübergehender Heimatbesuch

Theoretisch musst du dich innerhalb der Meldefrist in Deutschland anmelden. Die Frist beträgt in der Regel eine Woche, kann aber auf Länderebene abweichen. Nicht ganz so streng sieht es bei vorübergehenden Heimatbesuchen aus, die ebenfalls im Meldegesetz der jeweiligen Bundesländer geregelt sind. Beispielsweise sagt das Berliner Meldegesetz dazu: »Für Personen, die im Ausland wohnen und die sich aus touristischen oder sonstigen privaten Gründen im Inland aufhalten, ohne hier gemeldet zu sein, gilt eine Frist von zwei Monaten, wenn sie während dieses Zeitraumes bei ihren hier gemeldeten Eltern, Kindern oder Geschwistern und deren Ehegatten wohnen.«[229]

Wenn du nicht vorhast, wieder eine feste Wohnung in Deutschland zu beziehen, dann kannst du also ganz offiziell für zwei Monate am Stück in der Heimat bleiben. In der Praxis ist es wohl selbst bei längeren Aufenthalten sehr unwahrscheinlich, dass du bei der Ausreise am Flughafen nach deiner Meldebescheinigung gefragt wirst.[230]

7.2 Vor der Ausreise: Wohnsitzloses Leben vorbereiten

> *»In der Idee leben heißt, das Unmögliche behandeln, als wenn es möglich wäre.«*
>
> *Johann Wolfgang Goethe*

Bei all der Vorfreude auf das große Abenteuer müssen vor der Abreise doch noch einige Dinge in Deutschland organisiert werden. Dazu gehören neben der Abmeldung des Wohnsitzes weitere Behördengänge, Versicherungsfragen, die Ab- oder Ummeldung deines Gewerbes und des dazugehörigen digitalen Büros.

Sobald du alle »Altlasten« in Deutschland bereinigt hast, kannst du deinen nomadischen Lebensstil oder deine Auswanderung mit ruhigem Gewissen angehen. Vor der Ausreise stehen die folgenden Aufgaben auf deiner To-do-Liste:

1. Abmeldung des Wohnsitzes
2. Hausrat und Sachen einlagern
3. Benötigte Dokumente vorbereiten
4. Verträge und Bankkonto überprüfen
5. Krankenversicherung kündigen
6. Rentenversicherung prüfen
7. Visa oder Aufenthaltsgenehmigung beantragen
8. Gewerbe ab- oder ummelden
9. Steuerpflichten nach Wegzug klären

1. Abmeldung des Wohnsitzes

Die eigentliche Abmeldung der Wohnung ist keine Hürde und auch die Wiederanmeldung nach der Rückkehr ist problemlos. Um deinen Wohnsitz aus Deutschland abzumelden, gehst du zum Einwohnermeldeamt und teilst dort mit, dass du ins Ausland umziehst. Ein eventuell vorhandener Zweitwohnsitz in Deutschland wird bei der Abmeldung des Erstwohnsitzes automatisch mit abgemeldet.

Die einzigen Unterlagen, die du dafür benötigst, sind dein aktueller Personalausweis und ein ausgefülltes Abmeldeformular. Du wirst wahrscheinlich nach einer Folgeadresse gefragt, musst diese aber nicht zwingend angeben.[231] Danach bekommst du (in den meisten

Bundesländern) einen kleinen Sticker auf deinen Personalausweis, der sagt, dass du »keine Hauptwohnung mehr in Deutschland« hast.

Lasse dir unbedingt die Abmeldebescheinigung geben, denn diese wird aus verschiedenen Gründen wichtig. Alternativ kannst du die Bescheinigung auch nachträglich auf postalischem Weg anfordern. Wichtig wird diese Bescheinigung vor allem für

- Passangelegenheiten bei der Auslandsvertretung (ohne Bescheinigung wird beispielsweise die Beantragung eines neuen Reisepasses deutlich teurer),
- die außerordentliche Kündigung von Verträgen für Strom, Telefon oder Internet (die Bescheinigung ist keine Garantie, erleichtert aber die Argumentation),
- das Finanzamt, um glaubhaft zu machen, dass du deinen gewöhnlichen Aufenthalt ins Ausland verlegt hast.

Nachträgliche Abmeldung des Wohnsitzes

Wenn du bereits im Ausland wohnst und dich nachträglich aus Deutschland abmelden willst, dann ist dies in den meisten Bundesländern auch auf postalischem Wege möglich. Mithilfe einer Google-Suche findest du das benötigte Onlineformular zum Ausfüllen, Ausdrucken, Unterschreiben und Absenden.

Beispielsweise funktioniert die nachträgliche Abmeldung beim Berliner Meldeamt über ein Abmeldeformular, das per Post geschickt werden kann. Bei einigen Meldeämtern (zum Beispiel Köln, Düsseldorf) kannst du das Abmeldeformular nicht per Post schicken, sondern musst eine Person deines Vertrauens mit einer Vollmacht ausstatten und zur Abmeldung schicken. Die Abmeldebestätigung wird dann innerhalb einer Woche per Post an eine angegebene Adresse im Inland geschickt.

Laut Meldegesetz musst du nach dem Ablauf der Zwei-Wochen-Frist mit einer Geldbuße rechnen. Ich habe jedoch noch nie gehört, dass jemand eine solche Strafe bezahlen musste. Selbst dann nicht, wenn der Wohnsitz bereits seit Jahren im Ausland war. Entscheidend ist eine gute Begründung für die verspätete Abmeldung.

2. Hausrat und Sachen einlagern

Selbst wenn du sehr minimalistisch lebst, wirst du nach der Aufgabe deiner Wohnung noch einige Boxen mit Andenken, Unterlagen, Kleidung und anderem Hausrat besitzen, die nicht in dein Reisegepäck passen. Entweder du hast das Glück, diese Sachen bei zuverlässigen Freunden oder deiner Familie unterstellen zu können oder du lagerst diese kostengünstig über Selfstorage ein.

Bevor du allerdings darüber nachdenkst, deinen kompletten Besitz irgendwo einzulagern, überlege dir ganz genau, ob du dich nicht auch von einigen Möbeln, Kleidern und anderem Hausrat trennen kannst. Schließlich gibt es kaum einen besseren Zeitpunkt zum Ausmisten als beim Auszug aus einer Wohnung.

Neben den klassischen Lagerplätzen mit Komplettservice gibt es die kostengünstige und flexible Selfstorage-Lösung. Beim Selfstorage mietest du eine Box, ein Abteil oder eine ganze Kabine und erhältst dafür deinen eigenen Schlüssel beziehungsweise einen Code, wodurch du jederzeit Zugriff auf deine Sachen hast.

Anders als bei der Einlagerung durch Möbelspediteure in Lagerhäusern ist beim Selfstorage keine Inventarliste nötig und du musst dich auch nicht anmelden, wenn du auf deine Sachen zugreifen willst. Es ist also volle Privatsphäre gegeben, so wie bei einer privaten Wohnung.

Bei vielen Anbietern kannst du mit einem Onlinekonto jederzeit neue Boxen bestellen, dein Inventar einsehen oder die kostenpflichtige Abholung beziehungsweise den Rücktransport anfordern.

Anbieter für Selfstorage

Selfstorage-Anbieter unterscheiden sich nicht nur im Preis, sondern auch in vielen weiteren Punkten wie Sicherheit, Größe der Box oder Kabine, Versicherung, Laufzeit und Art der Einlagerung.[232] Wenn du nur ein paar Sachen hast, dann sollte eine Lagerbox für wenige Euro im Monat ausreichen.

Als Favorit für digitale Nomaden mit recht wenigen Besitztümern hat sich der Anbieter LAGERBOX etabliert. Eine sehr gute Alternative dazu scheint der Service von Yubs zu sein.[233] In der folgenden Liste findest du einige der bekannten Anbieter, von denen sich sicher auch einer in deiner Nähe befindet:

- **LAGERBOX** (Berlin, Köln, Stuttgart, München und weitere Standorte): Eine Lagerbox in der Größe eines Umzugskartons gibt es für vier Wochen schon für unter zehn Euro.
- **Yubs** (Berlin): Der Preis für die Einlagerung einer Plastikbox (60 x 40 x 37 Zentimeter) liegt bei unter fünf Euro pro Monat. Die Boxen können abgeholt werden.
- **Shurgard** (19 Lagerhäuser in Deutschland und fast 200 Standorte europaweit): Der Marktführer für Selfstorage in Europa. Drei Kubikmeter (1 x 3 Meter) gibt es für circa 30 Euro im Monat.
- **Pickens** (Berlin und Hamburg): Lagerboxen zwischen einem und 20 Quadratmetern. Eine Lagerfläche von einem Quadrameter mit drei Metern Raumhöhe gibt es für circa 40 Euro im Monat.
- **MyPlace** (Berlin, Frankfurt, Stuttgart, München, Nürnberg, Wiesbaden und Hamburg): Ein Abteil mit einer Grundfläche

von fünf Quadratmetern und 2,70 Meter Raumhöhe kostet circa 110 Euro im Monat.

3. Benötigte Dokumente vorbereiten

Vor deiner Abmeldung aus Deutschland solltest du sicher sein, dass du die letzten benötigten Dokumente für die Reise hast. Denn nach der Abmeldung werden dir deutsche Ämter und Dienstleister die Ausstellung verweigern. Generell brauchst du nur eine Handvoll Originale, die aus verschiedenen Gründen wichtig werden. Für die meisten Unterlagen wird ein digitaler Scan vollkommen ausreichen.

Unterlagen als Original

Originale benötigst du in der Regel dann, wenn du bei einer deutschen Auslandsvertretung Dokumente beantragen möchtest, ein Visum benötigst oder andere Formalitäten erledigen musst. Folgende Unterlagen solltest du gut geschützt immer dabeihaben:

- **Reisepass:** Für die Beantragung von Visa muss dein Pass eine Gültigkeit von mindestens sechs Monaten und ausreichend freie Seiten haben. Wenn du vorhast, in den nächsten Jahren sehr viel zu reisen, dann beantrage am besten die Maxi-Version mit 48 anstelle von 32 Seiten. Nach der Abmeldung aus Deutschland kannst du dir einen neuen Reisepass in der Botschaft oder im Konsulat deines ausländischen Wohnortes ausstellen lassen.[234]
- **Personalausweis:** Auch wenn du den Ausweis im Ausland sehr selten brauchen wirst, kann er notfalls zur Identifikation dienen, falls du deinen Reisepass nicht dabei- oder verloren hast.
- **(Internationaler) Führerschein:** Den internationalen Führerschein kannst du dir nach der Abmeldung weder in Deutschland

noch im Ausland ausstellen lassen. Wenn du im außereuropäischen Ausland ein Auto fahren möchtest, solltest du dir den internationalen Führerschein vor der Ausreise besorgen[235] und in jedem Fall auch den nationalen Führerschein dabeihaben.

- **Kreditkarten:** Neben deiner Hauptkreditkarte solltest du mindestens eine Back-up-Karte dabeihaben. Um auf Nummer sicher zu gehen, empfiehlt sich jeweils eine Visa Card und eine MasterCard.[236]
- **Krankenversicherungsnachweis:** Wenn du dich für eine Reiseversicherung entscheidest, dann musst du diese abschließen, solange du noch in Deutschland gemeldet bist. Unproblematisch ist das für eine langfristige Auslandskrankenversicherung, die du auch mit ausländischer Adresse bekommst. Die Karte oder das ausgestellte Dokument solltest du natürlich im Original immer dabeihaben.
- **Impfpass:** Dieser ist wichtig nicht nur für regelmäßige Impfungen, sondern auch als Nachweis bei der Visumsbeantragung in einigen lateinamerikanischen und afrikanischen Ländern.

Unterlagen als Scan

Unterlagen wie Versicherungspolicen, TAN-Listen oder Zeugnisse solltest du vor der Abreise einscannen und in der Cloud beziehungsweise auf deinem Laptop ablegen.[237] Im Original wirst du diese mit hoher Sicherheit nie wieder benötigen. Neben allen Originalunterlagen solltest du folgende Dokumente unbedingt als Scan dabeihaben:

- **Geburtsurkunde:** Diese benötigst du, wenn du dir in deutschen Auslandsvertretungen offizielle Dokumente wie einen Reisepass ausstellen lassen willst.
- **Abmeldebescheinigung:** Der Nachweis darüber, dass du keinen Wohnsitz mehr in Deutschland hast, wird nicht nur zur

Kündigung von deutschen Verträgen wichtig, sondern auch, um Leistungen von Auslandsvertretungen (ohne Aufpreis) beanspruchen zu können.

- **Geschäftliche Dokumente:** Gewerbeanmeldung, Handelsregistereintrag, Gründungsurkunde oder Gesellschafterbeschlüsse können wichtig werden, wenn du später ein Bankkonto oder ein Unternehmen im Ausland eröffnen oder ein Visum beantragen willst.

4. Verträge und Bankkonto überprüfen

Im fünften Kapitel wurde bereits beschrieben, wie du dein digitales Büro, inklusive eingescannter Briefpost und digitaler Festnetznummer, einrichten kannst. Sobald du dich aus Deutschland abgemeldet hast, ändern sich die Anforderungen an deine Erreichbarkeit noch mal etwas.

Mithilfe der Abmeldebescheinigung kannst du alle nicht mehr benötigten Verträge in Deutschland problemlos kündigen, wenn der Vertragspartner seine Leistung an deinem neuen Wohnort nicht mehr erbringen kann.[238] Bei allen anderen Vertragspartnern gibst du entweder die Adresse einer Person deines Vertrauens oder eines virtuellen Briefkastens mit Scanservice an.[239]

Nicht ganz so einfach ist das bei bestehenden Bankkonten. In den Geschäftsbedingungen einiger Banken steht, dass bei Umzug ins Ausland eine Kündigung vollzogen und im schlimmsten Fall dein Konto bis zur Klärung gesperrt wird. Informiere dich also auf jeden Fall bei deiner Bank, ob und wie du dein Konto auch ohne Wohnsitz in Deutschland weiterhin führen kannst.

Keine Probleme hast du bei Direktbanken wie der DKB, NUMBER26 und comdirect.[240] Dort kannst du Girokonten auch nach der

Wohnsitzabmeldung weiterlaufen lassen und sogar nachträglich aus dem Ausland via Postident oder Video-Ident eröffnen.

In jedem Fall solltest du mindestens ein deutsches Bankkonto behalten, da sowohl Rententräger und Versicherungen als auch Geschäftspartner wegen der Gebühren nicht oder nur ungern auf ausländische Konten überweisen.

5. Krankenversicherung kündigen

> *»Die Mitgliedschaft der in § 5 Abs. 1 Nr. 13 genannten Personen endet mit Ablauf des Vortages, an dem 1. ein anderweitiger Anspruch auf Absicherung im Krankheitsfall begründet wird oder 2. der Wohnsitz oder gewöhnliche Aufenthalt in einen anderen Staat verlegt wird.«*
>
> *§ 190 Abs. 13 Nr. 2 SGB V*

Mit der Abmeldebescheinigung kannst du nachweisen, dass sich dein Wohnsitz nicht mehr in Deutschland befindet, und damit die Krankenversicherung problemlos kündigen. Möglich ist die Kündigung natürlich auch ohne die Abmeldung, wobei du mit Dokumenten wie Flugtickets, einer Reiseversicherung oder einem Visum nachweisen musst, dass sich dein gewöhnlicher Aufenthaltsort nicht mehr in Deutschland befindet.

Gut zu wissen ist, dass es für die gesetzliche Krankenversicherung nach der Kündigung aufgrund des Auslandsaufenthaltes eine Nachversicherungspflicht gibt.[241] Damit hast du nach Beendigung der Mitgliedschaft als Pflichtversicherter noch einen Monat lang Anspruch auf Sachleistungen (kein Krankentagegeld), solange du keine andere Beschäftigung ausübst oder dich als Selbstständiger privat versicherst.

Krankenversicherung bei vorübergehender Ausreise

Innerhalb Europas bist du für vorübergehende Aufenthalte mit der Auslandskrankenversicherungskarte (EHIC)[242] abgesichert, die du bei deiner gesetzlichen Krankenversicherung beantragen kannst. Die Karte ist jedoch kein vollwertiger Ersatz für eine Reiseversicherung, da weder Krankenrücktransporte noch andere private Leistungen versichert sind.

Wenn du privat versichert bist, frage bei deinem Versicherer nach, welche Länder und Leistungen bereits im Versicherungsschutz enthalten sind oder mit aufgenommen werden können.

Für das außereuropäische Ausland solltest du abhängig von deiner Reisedauer in jedem Fall eine Reiseversicherung oder eine vollwertige Auslandskrankenversicherung abschließen (mehr dazu in Kapitel 6.3). Reiseversicherungen kannst du für eine maximale Dauer von fünf Jahren abschließen und hast in der Regel einen Mindestschutz für Notfälle. Einige Reiseversicherer bieten neben stationären Leistungen auch Zusatzoptionen für die Behandlung bei Zahnärzten, Optikern und Vorsorgeuntersuchungen.

Das große Problem bei den Reiseversicherungen ist, dass du diese nach Ablauf wieder neu beantragen musst und dich einer Gesundheitsprüfung unterziehen musst. Hat sich während dieser Zeit dein Gesundheitszustand verschlechtert, können einzelne Leistungen vom Versicherungsschutz ausgeschlossen werden oder es werden höhere Prämien fällig.

Insofern du freiwillig gesetzlich oder privat versichert bist und vorhast, in absehbarer Zeit nach Deutschland zurückzukehren, solltest du über den Abschluss einer Anwartschaftsversicherung nachdenken. Damit wird dir die Wiederaufnahme bei deinem Versicherer garantiert. Ohne die Anwartschaft sind Versicherer nicht dazu verpflichtet, dich wieder aufzunehmen, wenn du nicht gesetzlich pflichtversichert bist.[243]

Die Kosten für die gesetzliche Anwartschaftsversicherung liegen zwischen 40 und 50 Euro monatlich, inklusive Pflegeversicherung.[244] Bei der Anwartschaft in der privaten Krankenversicherung werden die Beiträge für Verwaltungskosten und Altersrückstellungen verwendet und berechnen sich anteilig zum individuellen Monatsbeitrag.

Es gibt keine zeitliche Grenze für die Laufzeit der Anwartschaft und auch keine minimale Dauer, ab wann die Anwartschaft abgeschlossen werden kann (gewöhnlich sind es mindestens drei Monate). Anders ist dies bei privaten Krankenversicherungen, die in der Regel begrenzte Anwartschaften über fünf Jahre (mit Option auf Verlängerung) ermöglichen.

Krankenversicherung bei Ausreise auf unbestimmte Dauer

Eine vollwertige Auslandskrankenversicherung mit unbegrenzter Dauer funktioniert wie eine private Krankenversicherung in Deutschland, nur eben mit weltweitem Schutz. Der große Vorteil ist, dass dein Gesundheitszustand bei der Beantragung so lange als Grundlage dient, wie die Versicherung läuft.

Während der Versicherungszeit auftretende chronische Krankheiten oder andere dauerhafte gesundheitliche Einschränkungen sind im Versicherungsschutz enthalten. Ebenso eingeschlossen werden kann die Kostenübernahme für Vorsorgeuntersuchungen, Zahnarztbesuche oder Optiker.

Solltest du auf unbestimmte Zeit nicht nach Deutschland zurückkehren, dann empfehle ich dir unbedingt, eine Auslandskrankenversicherung mit unbegrenzter Laufzeit in Betracht zu ziehen. Mit dem Alter wird sich dein Gesundheitszustand nicht verbessern und gerade dann ist eine lückenlose Mitgliedschaft bei einem Versicherer wichtig.

Wichtig bei der Entscheidung für einen Versicherer ist, ob Heimatbesuche und Aufenthalte in Nordamerika mit eingeschlossen werden sollen, ob du bereit bist, in Vorkasse zu gehen[245] und wie oft du Zusatzleistungen wie Zahnarzt, Optiker und alternative Heilmethoden in Anspruch nimmst. Im Zweifel kannst du diese Zusatzleistungen in der Regel natürlich auch hinzubuchen, wobei es dann eine Wartezeit bis zur Inanspruchnahme gibt.

Mein Tipp: Schließe zunächst eine kurzfristige Reiseversicherung in Deutschland ab, bis du dir sicher bist, wie lange du im Ausland bleiben willst. Wenn du auf unbestimmte Zeit nicht nach Hause zurückkehrst, dann solltest du die Angebote internationaler Versicherer vergleichen.

6. Rentenversicherung prüfen

Da du als Selbstständiger nur beschränkt sozialversicherungspflichtig bist,[246] sind alle Sozialleistungen außer der Kranken- und Pflegeversicherung nur bedingt relevant für dich. Aus der Unfall-, Arbeitslosen- und Rentenversicherung scheidest du mit dem Eintritt in die Selbstständigkeit automatisch aus.[247] Daran ändert sich auch nach deiner Abmeldung aus Deutschland nichts. Relevant ist einzig dein Anspruch auf bereits eingezahlte Beiträge in die Rentenkasse.

Nach der Abmeldung aus Deutschland kannst du theoretisch die freiwillige Beitragszahlung für die gesetzliche Rentenkasse beantragen. Dafür stellst du einen Antrag auf Versicherungspflicht in Deutschland und überweist die monatlichen Beiträge. Mit diesen freiwilligen Einzahlungen kannst du die Wartezeit für eine deutsche Rente erfüllen und den Anspruch auf die Erwerbsminderungsrente aufrechterhalten. Die Dauer der Einzahlungen und die Beitragshöhe kannst du innerhalb von Mindest- und Höchstbeiträgen selbst bestimmen und jederzeit ändern.

Bevor du Anspruch auf eine deutsche Rente hast, musst du eine Mindestversicherungszeit (Wartezeit) von fünf Jahren erfüllen und die Regelaltersgrenze erreicht haben.[248] Solange dein Lebensmittelpunkt noch in Deutschland ist und du dich nur vorübergehend im Ausland aufhältst, wird die Rente problemlos weitergezahlt. Aber auch wenn du dauerhaft ins Ausland ziehst, behältst du deinen Rentenanspruch.

Bereits vor deinem geplanten Umzug ins Ausland (am besten drei Monate vorher) solltest du deinen Rentenversicherungsträger über deinen neuen Aufenthaltsort informieren. Teile ihm deine Versicherungsnummer, den geplanten Aufenthaltsstaat, den Zeitpunkt des Umzugs und nach Möglichkeit deine neue Adresse und Kontoverbindung mit. Die Auszahlungen erfolgen monatlich auf ein deutsches oder ausländisches Konto, wobei du eventuell anfallende Gebühren oder Wechselkursverluste bei Auslandsüberweisungen hinnehmen musst.

In vielen Ländern überprüft die deutsche Rentenversicherung einmal jährlich, ob du noch »lebst«. Das geschieht über die Lebensbescheinigung, die du ausgefüllt und von einer der angegebenen ausländischen Stellen bestätigt zurückschicken musst. Die ausgezahlte Rente wird in Deutschland besteuert, was bedeutet, dass du mit diesen Einkünften beschränkt steuerpflichtig bist und auch eine Einkommensteuererklärung machen musst.[249]

Komplett erstatten lassen kannst du dir die eingezahlten Beiträge nur, wenn du die Regelaltersgrenze erreicht und weniger als 60 Monatsbeiträge geleistet hast. Mit der Erstattung der Pflichtbeiträge werden deine Ansprüche aus der Rentenversicherung aufgelöst. Den Antrag zur Erstattung bekommst du bei jedem deutschen Versicherungsträger oder der deutschen Botschaft beziehungsweise dem deutschen Konsulat vor Ort.

Rürup-Rente nach Ausreise

Neben der gesetzlichen Pflichtversicherung zur Rente gibt es die staatlich bezuschusste private Vorsorge in Form der Riester-Rente für rentenversicherungspflichtige Personen und die steuerlich geförderte Rürup-Rente für Selbstständige. Die Rürup-Rente macht nur dann Sinn, wenn du die Beiträge in Deutschland von der Steuer absetzen kannst. Bist du nicht mehr steuerpflichtig, bringen dir die Vorteile dieser privaten Vorsorge nichts.

Wenn du nur vorübergehend ins Ausland gehst, kannst du die Rürup-Rente auf beitragsfrei stellen lassen. In jedem Fall ist eine Auszahlung – egal ob im Inland oder ins Ausland – erst ab einem Alter von mindestens 60 Jahren möglich. Der Ort für die Besteuerung der Rente hängt dann davon ab, ob ein Doppelbesteuerungsabkommen mit dem Land deines neuen Wohnsitzes besteht.[250]

7. Visa oder Aufenthaltsgenehmigung beantragen

Außerhalb der EU brauchst du je nach Land, Art und Länge des Aufenthaltes natürlich ein Visum, was nicht für alle Destinationen ganz problemlos zu bekommen ist. Wenn du dich länger in außereuropäischen Ländern aufhalten oder dort arbeiten möchtest, brauchst du in der Regel eine Einladung eines Arbeitgebers, um eine Arbeitserlaubnis (Work Permit) und damit das Work Visa zu bekommen. Eine Ausnahme ist das einjährige Working-Holiday-Visum für Menschen unter 30 Jahren in ausgewählten Ländern.[251]

Die Alternative besteht also in Touristenvisa mit kürzerer Dauer, die bei längeren Aufenthalten vor Ort oder durch die Ausreise und erneute Einreise verlängert werden können (sogenannter Visa Run). Das klappt besonders in asiatischen Ländern für eine gewisse Zeit ganz gut. In westlichen Ländern kann dies jedoch Probleme bereiten, weshalb du den Punkt Visum bei der Reiseplanung nicht unterschätzen solltest.

Das Touristenvisum gestattet es dir theoretisch nicht, im Land zu arbeiten. Deshalb solltest du bei der Immigration am Flughafen auch immer touristische Gründe für deinen Besuch angeben. Solltest du in einem Café oder Coworking Space von Beamten gefragt werden, was du gerade am Laptop machst, dann erzähle ihnen von deiner Reiserecherche und den Urlaubsbildern, die du gerade bei Facebook hochgeladen hast.

Es gibt weitere Möglichkeiten, um auch als digitaler Nomade ganz legal im Ausland zu arbeiten und die ständige Verlängerung der kurzzeitigen Touristenvisa zu umgehen. Zunächst schauen wir aber kurz auf drei verschiedene Arten von Touristenvisa[252]:

- **Visumsfreie Einreise:** Es wird nur der Reisepass für einen Aufenthalt zwischen 30 und 180 Tagen benötigt. Neben europäischen Ländern machen es dir vor allem lateinamerikanische Länder, Kanada, Japan, Marokko, Neuseeland und Singapur leicht.
- **Visum on Arrival:** Das kostenpflichtige Visum bekommst du ohne vorherige Beantragung bei der Ankunft am Flughafen. Beispielsweise ist das der Fall in Südafrika, Nicaragua und den meisten südostasiatischen Ländern.
- **Vorab-Visum:** Für einige Länder musst du das Visum vorab bei der jeweiligen Botschaft oder online beantragen und bezahlen. Das ist zum Beispiel der Fall in Indien, Myanmar, Australien, China und den USA.

Generell solltest du dich mindestens einen Monat vor der Reise über die Visabestimmungen informieren. Damit hast du genügend Zeit, um ein eventuell benötigtes Vorab-Visum zu beantragen. Gute Informationen zu Visa findest du auf der Webseite VisaHQ, beim Auswärtigen Amt und bei den Botschaften des jeweiligen Landes.[253]

Beantragen kannst du ein Visum bei der jeweiligen Botschaft beziehungsweise beim Konsulat oder über Visaagenten, sowohl im Internet als auch vor Ort. Dabei ist es ganz egal, ob du beispielsweise zur vietnamesischen Botschaft in Berlin oder in Bangkok gehst.

Achte bei der Beantragung des Visums auf die Dauer und die Anzahl der Ein- und Ausreisen (single, double oder multiple), wenn du das Land zwischendurch verlassen willst. Neben deinem Reisepass und dem ausgefüllten Antrag kann es sein, dass du für die Ausstellung des Visums noch weitere Unterlagen wie offizielle Einladungsschreiben, Meldebestätigungen, Reiseversicherung oder Flug- und Hotelbuchungen vorweisen musst.

Einreise ohne Rück- oder Weiterflug

Viele Länder setzen bei der Einreise voraus, dass du einen Weiter- beziehungsweise Rückflug vorweisen kannst. Wenn du sehr flexibel reist und noch kein Ticket für die Ausreise hast, dann gibt es im Grunde zwei Möglichkeiten. Entweder du buchst den günstigsten Flug in ein nahe gelegenes Land, speicherst die Flugbestätigung und stornierst den Flug nach der Einreise oder du nutzt den Service Fly Onward[254], bei dem du für wenige Dollar ein für wenige Stunden gültiges Flugticket buchst, das dann automatisch storniert wird.

Verlängerung des Touristenvisums vor Ort

In vielen Ländern kann das Touristenvisum vor Ort offiziell im Immigration Office oder durch Visaagenten und inoffiziell durch einen Visa Run verlängert werden. Für die erste Variante musst du in der Regel in das Immigrationsbüro, was sich in den meisten Ländern in der Hauptstadt befindet, und dort die Verlängerung des Visums beantragen und bezahlen. Für einen Aufpreis übernehmen das in einigen Ländern auch Visaagenten, die es besonders in touristischen Gebieten in Asien zur Genüge gibt.

Beim Visa Run verlässt du das Land für eine kurze Zeit, um dann wieder mit einem neuen Visum einreisen zu können. In einigen Ländern ist das unbegrenzt möglich, in anderen wirst du an der Grenze vom Beamten zumindest skeptisch angeschaut. Informiere dich vorher immer in Facebook-Gruppen, Foren und vor Ort über die aktuelle Situation.

Visa für langfristige Aufenthalte

Wenn du einen Ort gefunden hast, an dem du dich für längere Zeit niederlassen willst, dann kann das Visum in einigen Ländern zu einem großen Problem werden. Als Angestellter, der über ein Unternehmen ein Arbeitsvisum bekommt, oder auch als Student mit dem Studentenvisum sind längerfristige Aufenthalte gut zu realisieren. Als selbstständiger digitaler Nomade wird es deutlich schwieriger.

Folgende Möglichkeiten gibt es, um je nach Land ein langfristiges Visum zu bekommen:

- **Unternehmen gründen:** In einigen Ländern kannst du über ein im Zielland gegründetes Unternehmen oder eine Niederlassung direkt das Permanent-Resident-Visum beantragen oder dich selbst anstellen, um dann ein Arbeitsvisum zu bekommen.

- **Entrepreneur-/Start-up-Visum:** In einigen Industriestaaten wie Australien, Neuseeland, Chile, Kanada, Singapur oder England kannst du dich als Unternehmer für ein Permanent-Resident-Visum bewerben, das an verschiedene Bedingungen gebunden ist.[255]
- **Citizenship by Investment** (Economic Citizenship): Einige Länder geben Visa gegen eine großzügige Investition aus. Neben kleinen karibischen Inselstaaten kannst du dir auch in Hongkong, Singapur oder Australien eine Staatsbürgerschaft erkaufen. Die Investitionen reichen von einigen Zehntausend bis hin zu mehreren Millionen Dollar. Mehr dazu im nächsten Kapitel.

Auch Heirat (in einigen Ländern auch eheähnliche Partnerschaften) oder eine »Anstellung mit sehr flexiblen Arbeitszeiten« bei einem befreundeten Unternehmer vor Ort sind Optionen, um ein Jahresvisum und letztendlich durch Naturalisation sogar die zweite Staatsbürgerschaft zu bekommen. Darauf gehen wir im Detail in Kapitel 7.3 ein.

8. Gewerbe ab- oder ummelden

Ohne deutsche Meldeadresse kannst du kein Gewerbe in Deutschland anmelden. Dein bestehendes Gewerbe brauchst du jedoch nicht abzumelden, sondern benötigst dafür lediglich eine Betriebsstätte mit ladungsfähiger Geschäftsadresse. Nicht relevant ist das für Personengesellschaften, bei denen mindestens ein Gesellschafter in Deutschland wohnhaft ist, und bei Kapitalgesellschaften, die eine feste Betriebsstätte in Deutschland haben.

Wenn du als Einzelunternehmer dein Gewerbe behalten möchtest, dann benötigst du einen ständigen Vertreter oder eine ladungsfähige Anschrift, wobei es sich um einen Coworking Space, ein Shared Office oder deinen Steuerberater handeln kann. Die neue Anschrift meldest du dann beim Gewerbeamt um[256] und änderst sie auch im Impressum deiner Website sowie in sonstigen Geschäftspapieren. Die Alternative ist die Abmeldung deines bestehenden Gewerbes und die Neugründung im Ausland.

Für die Besteuerung der Unternehmensgewinne spielt die Abmeldung des Wohnsitzes keine Rolle, solange weiterhin eine Betriebsstätte in Deutschland besteht. Wenn dein Unternehmen einen ständigen Vertreter[257] oder eine Betriebsstätte im Inland hat oder du Gesellschafter einer Personen- oder Kapitalgesellschaft bist, dann werden Einkünfte aus deutschen Betriebsstätten auch nach dem Wegzug weiterhin steuerlich erfasst.

Wenn es nach dem Wegzug keine Betriebsstätte oder keinen ständigen Vertreter mehr in Deutschland gibt, kommt es zu einer Verlegung ins Ausland und damit der Aufgabe des Gewerbebetriebs in Deutschland. Infolgedessen werden stille Reserven aufgedeckt, für die eine Wegzugsbesteuerung anfällt. Eventuell vorhandene stille Reserven im Betriebsvermögen werden durch eine fiktive Entnahme aufgedeckt und müssen versteuert werden. Im Grunde wird dann der Wert deiner Kapitalgesellschaft geschätzt und im Rahmen deiner Einkommensteuererklärung so besteuert, als wenn du diese verkauft hättest.[258]

Wird das Gewerbe fortgeführt, dann fallen die inländischen Einkünfte daraus unter die beschränkte Steuerpflicht. Mehr dazu im nächsten Kapitel.

9. Steuerpflichten nach Wegzug klären

Sobald du dich beim Einwohnermeldeamt aus Deutschland abmeldest, bekommt das Finanzamt ganz automatisch darüber Bescheid. Eine steuerliche Vorschrift, nach der eine besondere Abmeldung beim Finanzamt erfolgen muss, gibt es nicht. Allerdings musst du eine letzte Steuererklärung abgeben, auf welcher du deinen Wegzug angibst. Wenn du ein umsatzsteuerpflichtiger Unternehmer bist, musst du die Adressänderung zudem in den monatlich abzugebenden Umsatzsteuervoranmeldungen angeben.

Sollte das Finanzamt deinen neuen Wohnort im Ausland nicht anerkennen, dann bist du in der Bringpflicht und musst deine Wohnsitzverlegung glaubhaft machen. Dabei helfen, neben der Abmeldebestätigung vom Meldebüro, die Kündigungen aller »Dauerschuldverhältnisse mit Inlandsbezug«, also Telefon- und Versorgungsverträge, die Abmeldung von Fahrzeugen und die Aufgabe von Mitgliedschaften (zum Beispiel ADAC, Krankenkasse). Außerdem sind polizeiliche Anmeldungen oder Verträge am neuen Wohnsitz hilfreich.

Bei der Bekanntgabe der Verlegung deines Wohnsitzes wirst du vom Finanzamt sehr wahrscheinlich nach einem Zustellungsbevollmächtigten im Inland gefragt, der unter deinem Namen Post (zum Beispiel den letzten Steuerbescheid) für dich empfängt.

Wenn du deinen gewöhnlichen Aufenthalt im Ausland hast und dies dem Finanzamt beweisen kannst, dann bist du entweder beschränkt steuerpflichtig oder nicht steuerpflichtig in Deutschland. Selbstverständlich musst du für das laufende Jahr trotzdem noch eine Steuererklärung einreichen. Erst im Folgejahr bleibt dir das erspart, wenn du bis dahin immer noch den Status »nicht steuerpflichtig« innehast.

Außer von deinem gewöhnlichen Aufenthaltsort hängt deine Steuerpflicht in Deutschland von der Herkunft deiner Einkünfte ab. Generell unterscheidet der Gesetzgeber zwischen folgenden Steuerpflichten:

- **Unbeschränkte Steuerpflicht**[259]: Personen mit gewöhnlichem Aufenthalt im Inland sind mit dem weltweit erzielten Einkommen einkommensteuerpflichtig in Deutschland.
- **Beschränkte Steuerpflicht**[260]: Personen ohne gewöhnlichen Aufenthalt in Deutschland sind nur für Einkünfte aus Tätigkeiten im Inland steuerpflichtig (zum Beispiel Mieteinnahmen, Gewerbeeinkünfte, Kapitalerträge).
- **Erweiterte beschränkte Steuerpflicht**[261]: Personen mit Wohnsitz in einem Niedrigsteuerland[262] und wirtschaftlichen Beziehungen zu Deutschland (zum Beispiel als Anteilseigner eines deutschen Unternehmens) gelten als erweitert beschränkt steuerpflichtig.
- **Nicht steuerpflichtig:** Personen ohne gewöhnlichen Aufenthalt und ohne Einkünfte in Deutschland sind nicht steuerpflichtig. Es muss also auch keine Steuererklärung mehr eingereicht werden.

Als beschränkt steuerpflichtig gelten zunächst alle Personen, die ihren Wohnsitz ins Ausland verlegt haben, aber dennoch Einkünfte aus Tätigkeiten im Inland, deutschen Immobilien, aus einem Gewerbe mit Betriebsstätte in Deutschland oder aus Wertpapieren von deutschen Ausstellern beziehen.

Entscheidend bei diesen Einkünften ist der Ort der Leistungserbringung, also bei digitalen Services und Produkten dein gewöhnlicher Aufenthaltsort oder der Standort deines Unternehmens. Es spielt keine Rolle, ob sich deine Klienten oder Kunden in Deutschland befinden, sondern an welchem Ort die Leistung erbracht wird.[263]

Wenn du beschränkt steuerpflichtig bist, bezahlst du Steuern nur für inländische Einkünfte, nicht aber für dein weltweit angefallenes Einkommen. Hast du beispielsweise durch eine untervermietete Wohnung noch Mieteinnahmen in Deutschland, dann musst du nur diese Mieteinkünfte in der Heimat versteuern. Die folgenden Einkünfte können auch nach deiner Abreise noch in Deutschland besteuerbar sein:

- **Einkünfte aus selbstständiger Arbeit:** Als Freiberufler kommt es darauf an, ob deine Services im Inland ausgeübt oder verwertet werden. Befindest du dich im Ausland und hast keinen steuerlichen Wohnsitz in Deutschland, dann sind diese Einkünfte an deinem neuen Wohnsitz besteuerbar. Das gilt auch dann, wenn du deutsche Kunden hast.
- **Einkünfte aus Gewerbebetrieb:** Wenn dein Unternehmen einen ständigen Vertreter oder eine Betriebsstätte im Inland hat oder du Gesellschafter einer Personengesellschaft bist, dann fallen die Einkünfte aus deutschen Betriebsstätten auch nach deinem Wegzug weiterhin unter die beschränkte Steuerpflicht.
- **Einkünfte aus Vermietung und Verpachtung:** Einkünfte aus einer untervermieteten Wohnung beziehungsweise einem Haus im Inland musst du im Rahmen der beschränkten Steuerpflicht in Deutschland versteuern. Bei einer untervermieteten Wohnung wird es in den meisten Fällen nur wenig Gewinn geben. Nur wenn du diese für mehr Geld weitervermietest, als du selbst an Miete bezahlst, oder eine in deinem Besitz befindliche Immobilie vermietest, dann wird diese mit einer Ertragsteuer von 15 Prozent versteuert.
- **Einkünfte aus Kapitalvermögen:** Grundsätzlich gehören zu diesen Einkünften, die du auch weiterhin in Deutschland versteuern musst, Gewinnanteile (Dividenden), Zinsen und sonstige Bezüge aus Wertpapieren von deutschen Ausstellern, Anteilen an GmbHs oder Immobilien.[264] Keine Sorgen musst du dir über Zinsen für deutsches Bankguthaben machen.

Wenn du deinen gewöhnlichen Aufenthaltsort im Ausland hast und keinerlei Einkünfte aus Deutschland beziehst, dann bist du nicht steuerpflichtig. Das bedeutet, dass du in Deutschland keine Einkommensteuer mehr bezahlen musst. Die Einkünfte aus deinen unternehmerischen Tätigkeiten im Ausland musst du dort versteuern, wo du die Leistung erbracht hast, oder in dem Land, in dem dein Unternehmen gemeldet ist. Im Einzelfall musst du dir die steuerrechtlichen Regelungen an deinem neuen Wohnsitz anschauen.

Selbstverständlich ist es erstrebenswert, diesen Status »nicht steuerpflichtig« zu erreichen, weshalb wir uns im nächsten Kapitel Offshore-Strategien anschauen, mit denen du viele (nicht nur steuerliche) Handlungsspielräume gewinnen kannst.

7.3 Offshore-Strategien: Unabhängigkeit durch Internationalisierung

»It's not an endlessly expanding list of rights – the ›right‹ to education, the ›right‹ to health care, the ›right‹ to food and housing. That's not freedom, that's dependency. Those aren't rights; those are the rations of slavery – hay and a barn for human cattle.«

Alexis De Tocqueville

Eine Sache vorweg: Es geht in diesem Kapitel nicht darum, Geld am deutschen Finanzamt vorbeizubewegen, sich hinter anonymen Briefkastenfirmen zu verstecken oder dubiose Geschäfte abzuwickeln. Es geht darum, durch die Nutzung von Offshore-Strategien für dich privat und dein Unternehmen eine größtmögliche Unabhängigkeit von einem Standort zu erreichen und eine sinnvolle Struktur für dein Unternehmen zu schaffen.

Der Begriff »Offshore« wird unterschiedlich eingesetzt. Was wir in diesem Guide darunter verstehen, ist die Verlagerung von geschäftlichen und persönlichen Angelegenheiten in Länder, die keinen Wohnsitz vor Ort benötigen und außerhalb der deutschen Steuerhoheit liegen.

Eine Unternehmensgründung oder Kontoeröffnung im Ausland ist nicht nur aus steuerlichen Gründen sinnvoll. Es kann für weniger Aufwand bei Steuern und Buchhaltung sorgen, als Grundlage für die Erteilung einer Aufenthaltsgenehmigung dienen und gibt dir vor allem eine größere örtliche Flexibilität, da Offshore-Staaten keinen Wohnsitz im Land voraussetzen.

In diesem Kapitel schauen wir uns an, wann und wie du ein Unternehmen im Ausland gründen kannst (und solltest). Zuerst geht es aber darum, wie du dein privates oder geschäftliches Bankkonto im Ausland, unabhängig von einem Wohnort, eröffnen kannst.

Offshore-Banking

> *»Offshore = Located in another country, especially one having beneficial tax laws.«*
>
> *Wiktionary*

Ein sogenanntes Offshore-Bankkonto wird oft mit Geldwäsche, Steuerhinterziehung und dubiosen Geschäften in Verbindung gebracht. Auch wenn dieses Image wohl sicher eine Daseinsberechtigung hat, ist das Eröffnen eines Kontos im Ausland absolut legal und besonders für dich als ortsunabhängiger Unternehmer sinnvoll. Für ein privates oder geschäftliches Auslandskonto können die folgenden Gründe sprechen:

- Wohnort im Ausland und Nutzung eines lokalen Bankkontos (kostenlose Bargeldabhebung, einfache Bezahlung per Girokarte online und offline)
- Zugang zu Investitionsmöglichkeiten im Ausland und höhere Zinsen auf Bankguthaben durch geringere Kosten im Zielland
- Verhinderung von Verlusten bei Währungstausch und gebührenfreie Bezahlung von lokalen Mitarbeitern
- Gewisse Anonymität und keine Verfügungsgewalt durch heimische Behörden[265]
- Vorteile bei der Besteuerung von Kapitaleinkünften

Ich habe in sechs Ländern sowohl private als auch geschäftliche Bankkonten eröffnet. Problemlos war es immer dann, wenn ich einen festen Wohnsitz vor Ort nachweisen konnte.[266] Komplizierter wird es, wenn sich das Konto in einem Land befindet, in dem du eigentlich nicht wohnst. Solche »ortsunabhängigen Bankkonten« bekommst du an Offshore-Standorten.

Attraktive Länder für Offshore-Konten

Städte beziehungsweise Länder mit stabilen Offshore-Banksystemen sind Hongkong und Singapur oder europäische Staaten wie Andorra und Malta. In einigen Entwicklungsländern sind die Zinsen deutlich höher und es wird mehr Anonymität gegeben, dafür muss das Risiko der Instabilität einkalkuliert und eine schlechtere Reputation in Kauf genommen werden. Eine Risikobewertung vor der Kontoeröffnung oder die Aufteilung deines Vermögens auf mehrere Standorte ist also angebracht.

In Listen vom IWF und der OECD[267] siehst du weltweite Offshore-Finanzplätze, die sich theoretisch für die Kontoeröffnung eignen würden. Wenn du Geschäftsbeziehungen in europäische Länder hast (Mitarbeiter, Kunden, Hersteller), dann lohnt es sich, ein Geschäftskonto innerhalb der EU zu führen, um Kunden die einfache Bezahlung zu ermöglichen und selbst Überweisungen ohne hohe Gebühren im europäischen Raum tätigen zu können.

Komplette Anonymität gibt es nicht

Die Zeiten von komplett anonymen Konten im Ausland sind vorbei. Es gibt zwar noch Nummernkonten, aber selbst dafür muss ein Bevollmächtigter angegeben werden. Die Gesetze zum einheitlichen Informationsaustausch[268] verhindern zumindest innerhalb der EU, dass finanzielle Transaktionen unbemerkt bleiben.

Auch bei außereuropäischen Banken musst du bei der Kontoeröffnung deinen Namen angeben und dich ausweisen. Natürlich kann das Bankkonto zu einer Offshore-Firma mit Nominee gehören (mehr dazu im nächsten Kapitel), aber selbst hier wollen Banken wissen, wer letztendlich der Eigentümer ist. In der Regel gilt: Je anonymer das Konto ist, desto höhere Einlagen werden bei der Kontoeröffnung fällig.

Auslandskonto (online) eröffnen

Je nachdem, in welchem Land du ein Konto eröffnest, musst du entweder vor Ort präsent sein oder kannst die Eröffnung komplett online abwickeln. Die wohl bekanntesten Länder, in denen du ein Auslandskonto online eröffnen kannst, sind kleinere europäische Länder wie Malta, Zypern und die baltischen Staaten, karibische Inselstaaten oder Belize.[269]

Unabhängig davon, ob du zur Eröffnung persönlich anwesend sein musst oder die Unterlagen via E-Mail einreichen kannst, brauchst du eine Reihe von Nachweisen. Für ein privates Konto benötigst du für gewöhnlich folgende Dokumente:

- Reisepass im Original oder beglaubigte Kopie
- Nachweis des Wohnsitzes (Kontoauszug mit Adresse, Rechnung eines Versorgungsdienstleisters, polizeiliche Anmeldung)
- Eventuell Empfehlung von deiner bestehenden Bank, die deine Bonität bestätigt, oder Kontoauszüge der letzten sechs Monate

Für ein Geschäftskonto werden weitere Unterlagen und oft auch die Überweisung eines Anfangsbetrages zur Kontoeröffnung (Initial Deposit) gefordert. Zusätzlich zu den oben genannten Dokumenten brauchst du folgende Originalunterlagen oder notariell beurkundete Kopien:

- Gründungsurkunde (Certificate of Incorporation)
- Memorandum und Gesellschaftsvertrag (Articles of Association)
- Eventuell ein Geschäftskonzept und den Lebenslauf des Gründers
- Empfehlung von deiner bisherigen Bank, deinem Buchhalter oder Steuerberater

Beachten solltest du bei der Auswahl der Bank vor allem, wie stabil die politische und ökonomische Lage des Landes ist. Weitere Kriterien sind (vor allem für das Geschäftskonto) ein einfach zu nutzendes Onlinebanking, die Höhe der monatlichen Kontoführungsgebühren, Überweisungsgebühren, Verzinsung von Guthaben sowie die Optionen für verschiedene Währungskonten und Anlagemöglichkeiten.

Um weltweit problemlos an dein Geld zu kommen oder online zu bezahlen, kannst du eine zusätzliche Kreditkarte beantragen, die du bei seriösen Banken nur dann bekommst, wenn entweder die Einlagen auf dem neuen Konto das Kreditlimit überschreiten oder du nachweisen kannst, dass du ein gutes Kreditprofil bei einer anderen namhaften Bank hast.

Die Kosten für die Eröffnung eines Offshore-Kontos liegen in der Regel im niedrigen dreistelligen Bereich. Mit einer höheren Anfangs- oder Mindesteinlage reduzieren sich die Kosten für die Einrichtung und Kontoführung.

Um die passende Bank für dein Auslandskonto zu finden, entscheide zunächst, ob sich der Standort innerhalb der EU befinden soll. Recherchiere dann nach Standorten und Banken bei Agenturen wie EFSAG oder TSC.[270] Um dir etwas Arbeit zu ersparen, kannst du gegen einen Aufpreis die komplette Abwicklung über die Agentur machen lassen oder alternativ selbst nach einer entsprechenden Bankniederlassung vor Ort suchen. Dann sendest du nur noch die geforderten Unterlagen ein beziehungsweise bringst diese persönlich vorbei, überweist den geforderten Anfangsbetrag und dein Konto ist eröffnet.

Zum Weiterlesen zum Thema Offshore-Banking kann ich dir die Bücher »Offshore Banking 101« und »Steueroasen Ausgabe 2014« empfehlen.[271]

Offshore-Unternehmen

Verschiedene Gründe können dazu führen, dass du ein Unternehmen im Ausland gründen möchtest. Vielleicht ist es ein neuer Wohnsitz oder die Nähe zu Lieferanten und Abnehmern. Steuerliche Vorteile können natürlich auch eine Motivation sein, sollten aber nicht den alleinigen Ausschlag geben.

Sinnvoll ist die Unternehmensgründung an einem Offshore-Standort vor allem dann, wenn du deinen gewöhnlichen Aufenthalt nicht mehr in Deutschland hast und ein ortsunabhängiges Onlinebusiness betreibst. Gründe, die für eine Firmengründung im Ausland sprechen können, sind:

- Keine direkte Bindung vom Unternehmensstandort an den eigenen Wohnsitz (»Non-resident Company«)
- Steuerliche Gestaltungsmöglichkeiten bis hin zum Nullsteuersatz
- Vermögensschutz vor Währungsschwankungen, heimischen Behörden und durch Risikostreuung in verschiedenen Ländern
- Haftungsbeschränkung und Anonymität der Eigentümer durch den Einsatz von Nominees[272] oder Trust Fonds
- Auswahl von Unternehmensformen, die in Deutschland nicht möglich sind
- Eventuell geringerer Aufwand für Buchhaltung und Jahresabschluss
- Grundlage für Arbeitserlaubnis oder Aufenthaltsgenehmigung
- Direkter Zugang zu Herstellern, Zulieferern, Kunden und Personal

Probleme kann es mit bestehenden Kunden aus Deutschland geben, die einer Zusammenarbeit mit ausländischen Unternehmen skeptisch gegenüberstehen. Bei der Auswahl des Standortes kommt es deshalb auch darauf an, wie sehr dein Unternehmen in der Öffentlichkeit steht. Wenn du Dienstleistungen an deutsche Unternehmen erbringst, dann ist eine Limited auf den Seychellen oder den Britischen Jungferninseln ganz sicher nicht die beste Wahl.

Weiterhin beachten solltest du eventuelle Sprachbarrieren, die erforderliche Einarbeitung in neue Rechts- und Steuersysteme, bürokratische Hürden sowie die Kosten für Eröffnung und Fortführung des Unternehmens.

Rechtsformen für Offshore-Unternehmen

Die Rechtsform hat Auswirkungen auf die Besteuerung, die Mindestkapitaleinlage, die Haftungsbegrenzung, den administrativen

Aufwand und die Möglichkeiten und die anfallende Quellsteuer bei Gewinnentnahme. Beliebt sind für Onlineunternehmen vor allem die klassische Limited und die International Business Company (IBC).

- **Private Limited Company** (PLC): Die private Limited benötigt einen Director und einen Shareholder, der ein und dieselbe Person sein kann. Diese Form des Offshore-Unternehmens kann an vielen Standorten mit gutem Ruf (zum Beispiel Hongkong, England oder Singapur) gegründet werden. In einigen Ländern wird die PLC auch als S.A. (Sociedad Anónima oder Société Anonyme) bezeichnet.
- **Limited Liability Company** (LLC): Die LLC ähnelt der PLC, ist jedoch eher in Ländern im amerikanischen Raum zu finden. Gegründet werden kann die LLC in Delaware (USA), Belize, Costa Rica, Panama und auf karibischen Inselstaaten.
- **International Business Company** (IBC): Im Grunde wie eine private Limited mit Anteilen, die aber keine geschäftlichen Aktivitäten in dem Land betreiben darf, in dem das Unternehmen gegründet wurde. Es fällt keine Besteuerung an und es muss kein Auditing durchgeführt werden. Es werden lediglich jährliche Gebühren von einigen Hundert Dollar fällig. Möglich ist diese Unternehmensform in den karibischen Inselstaaten und Belize.

Weitere Offshore-Unternehmensformen sind die Global Business Company (GBC), die es nur auf Mauritius gibt, und die Société à Responsabilité Limitée (SARL), die vor allem in französischsprachigen Ländern zu finden ist.

Ganz pauschal zu empfehlen ist die Limited, wenn du direkten Kontakt zu Kunden, Klienten und Zulieferern hast, da die öffentliche Wahrnehmung des Unternehmens eine wichtige Rolle spielt. Solltest du ein recht anonymes Business betreiben, bei dem der Unternehmensname lediglich im Impressum der Webseite zu sehen ist, dann bietet die IBC viele Vorteile.

Auswahl des Offshore-Standortes

Bei der Auswahl des passenden Landes kommt es ganz darauf an, aus welcher Motivation heraus du das Unternehmen gründen willst. Steuerlich gesehen sind natürlich Länder attraktiv, die einen niedrigen Steuersatz auf Unternehmensgewinne erheben oder Offshore-Unternehmen sogar gänzlich von der Steuer befreien und keine Quellensteuer auf Gewinnausschüttungen haben. An einigen Offshore-Standorten müssen nur Gewinne versteuert werden, die im Land anfallen, was bei einem Onlinebusiness gegen null geht.

Insgesamt kann zwischen vier verschiedenen Zonen unterschieden werden:[273]

- Europäische Offshore-Standorte: unter anderem Malta, Zypern und Schweiz
- Britische Offshore-Standorte: unter anderem England, Kanalinseln, Kaimaninseln, Hongkong und Singapur
- Amerikanische Offshore-Standorte: unter anderem Delaware (USA), Panama und karibische Inseln
- Sonstige (exotische) Offshore-Standorte: unter anderem Somalia, Uruguay und Vanuatu

In einem Bericht hat die Weltbank die Effizienz und Qualität von Standorten hinsichtlich von Steuerlasten und Administrationsaufwand analysiert.[274] Auch die OECD bietet in einer umfassenden Datenbank und einem Report weiterführende Informationen zur privaten und gewerblichen Besteuerung in verschiedenen Ländern sowie interessante Statistiken zur Standortauswahl.[275]

Ganz allgemein gilt: Höhere Anonymität, niedrigere Steuern und weniger Pflichten gibt es in Ländern mit einer weniger guten Reputation. Die klassischen Offshore-Standorte sind Belize, die Seychellen oder die Britischen Jungferninseln, in denen die IBC am häufigsten zu finden ist. Wenn du nach mehr Stabilität und besserer Reputation suchst, dann ist die Limited in größeren Offshore-Staaten eine gute Wahl.

Wenn du mit einem Offshore-Unternehmen die Möglichkeit zur Investition im Land nutzen willst, dann solltest du die Eigentumsrechte vor Ort[276] beachten und eine Rechtsform auswählen, die selbst Rechtsgeschäfte ausführen kann. Ob für dich die Kultur des Landes, die gute Erreichbarkeit oder die Verfügbarkeit von Personal eine Rolle spielt, hängt ganz von deinem Business und deinen Präferenzen ab. Welche Länder du meiden solltest, da sie für den Missbrauch von steuerlichen Gestaltungsmöglichkeiten bekannt sind und damit schnell auf dem Radar von Steuerfahndern erscheinen, zeigt dir die schwarze Liste der FATF.[277]

Vorsicht sollte auch geboten sein, wenn du zusätzlich zu deinem deutschen Gewerbe ein ausländisches Unternehmen gründest und beide Unternehmen durch Geschäftsbeziehungen verknüpft werden. Zur reinen Nutzung von steuerlichen Gestaltungsmöglichkeiten im Sinne einer Zwischengesellschaft oder Briefkastenfirma ist dies rechtswidrig.[278]

Der einfache und saubere Weg ist die ordentliche Liquidierung des deutschen Gewerbes und die Anmeldung des separaten ausländischen Unternehmens. Wie die Strategie für die Übergangsphase aus buchhalterischer Sicht gestaltet werden kann, solltest du mit deinem Steuerberater besprechen.

Eröffnung des Offshore-Unternehmens

Nachdem du dich für einen Standort und eine Unternehmensform entschieden hast, geht es an die Gründung. Entweder du wählst den einfachen Weg über eine Agentur oder arbeitest dich in die Gründungsanforderungen für deinen gewählten Standort ein und meldest das Unternehmen alleine an.

Mein Tipp an dich: Spare dir den Aufwand und die Zeit und suche dir für ein paar Hundert Dollar Mehrkosten eine Agentur, die dir professionelle Hilfe anbietet. Diese Agenturen kennen sich mit den Gegebenheiten vor Ort gut aus und stellen dir auch eine Sekretärin und Postanschrift, die in vielen Offshore-Ländern als Voraussetzung für die Unternehmensgründung benötigt wird.

Bei manchen Anbietern kannst du deine zu gründende Gesellschaft wortwörtlich in den Warenkorb legen. Dieses Anzeichen sollte Skepsis bei dir auslösen. Besser ist es, dir über eine Google-Suche oder Empfehlungen eine lokale Agentur in deinem Zielland zu suchen. Nach ein paar Gesprächen über Skype oder E-Mail wirst du ein Gefühl dafür bekommen, wie seriös der Anbieter ist.[279]

Die Preise für die Auslandsgründung hängen ganz vom Land ab und reichen von 700 Euro für Belize über 1500 Euro in Hongkong bis hin zu mehr als 4000 Euro in Singapur.

Neben der Eintragung des Unternehmens kannst du gleich ein Geschäftskonto im gleichen oder in einem anderen Land mit dazubuchen. Nach Bedarf ist auch der Einsatz eines Nominees möglich, wodurch dein Name nicht im Handelsregister und in anderen offiziellen Unternehmensdokumenten erscheint.

Weitere Leistungen, die du bei größeren Agenturen ebenfalls buchen kannst, sind das virtuelle Büro mit Sekretärin und Post-Scanservice sowie Buchhaltung und Auditing. Berücksichtigen solltest du zudem die Kosten für die Folgejahre. Dazu gehören in einigen Ländern die jährliche Registrierung sowie die Kosten für Buchhaltung und Auditing.

Sobald du dich entschieden hast, wählst du einen Namen für dein Unternehmen aus, entscheidest dich für die anfängliche Kapitaleinlage[280] und schickst den Gründungsantrag an die Agentur. Daraufhin bekommst du vorgefertigte Dokumente wie Gesellschafterbeschluss und Gründungsvertrag, die du unterschrieben mit einem Kurier zurück zur Agentur schickst.

Eine komplette »Onlinegründung« ist in den meisten Ländern möglich, jedoch kann es sein, dass du für die Eröffnung des Geschäftskontos bei der Bank vor Ort vorsprechen musst. In der Regel ist der gesamte Gründungsprozess nach wenigen Wochen abgeschlossen.

Wenn du dich tiefer in das Thema Offshore-Unternehmen einlesen willst, dann empfehle ich dir die sehr guten Informationen auf den Seiten von Tax Saving Corporation, Flag Theory und Nomad Capitalist.[281] Außerdem sind die Bücher »Steueroasen – Wo der Wohlstand der Nationen versteckt wird« und »Steueroasen Ausgabe 2014 – Wandel in der Offshore-Welt« zwei von wenigen guten Büchern zum Thema.[282]

Alexander Schinzing: Tax Saving Corporation

Die Tax Saving Corporation (www.taxsavingcorp.com) berät Unternehmen in internationalen Strukturen und bietet Mandanten nachhaltige Lösungen bei der Verlagerung von Unternehmensteilen ins Ausland oder bei der Gründung von Firmen weltweit.

Wem kann man generell die Verlagerung des Unternehmens beziehunsweise die Neugründung im Ausland empfehlen?

Immer wenn ein Auslandsbezug gegeben ist, sollte man prüfen, ob man nicht von einem anderen Standort aus mehr Vorteile hat als zum Beispiel von Deutschland aus.

Dies können mehrere Gründe sein, einzeln oder kumulativ: Wettbewerbsvorteile, Zugang zu lokalen Fördermitteln, Schutz von Marken und Patenten. Eine günstigere Besteuerung der Gewinne ist nicht immer der Hauptgrund. Die Firmengründung im Ausland eignet sich immer dann, wenn entsprechende Gewinne erzielt werden, die den Aufwand rechtfertigen.

Das kann bei einem Webdesigner oder mittelständischen Unternehmen der Fall sein und ist von Staat zu Staat unterschiedlich. Hier empfiehlt es sich, sich grundlegend zu informieren und beraten zu lassen, was an Folgekosten auf einen zukommen könnte. Zudem sollte man bereit sein, sich mit Einzelheiten vertraut zu machen.

Was gilt es in der Übergangsphase zwischen der Liquidation des bestehenden Unternehmens in Deutschland und der Neugründung im Ausland zu beachten?

Zunächst stellt sich die Frage, ob ein bestehendes Unternehmen überhaupt liquidiert werden muss. Im Zuge der EU-Mutter-Tochter-Richtlinie und der Fusionsrichtlinie bieten sich gute Gelegenheiten, bestehende Unternehmen steuerneutral einzubinden. Das funktioniert zum Beispiel mit dem Malta-Holding-Modell, mit dem die Steuerlast auf unter fünf Prozent effektiv gesenkt werden kann.

Eine Hürde ist die sogenannte Gewinnverlagerung. Bei einem Wegzug nach außerhalb der EU kommt es in der Regel zur Wegzugsbesteuerung auf den Gewinn aus der Liquidation. Bei einem EU-Staat hingegen werden die Steuern gestundet und in der Regel muss man keine Steuern zahlen. Dies ergibt sich aus der Niederlassungsfreiheit.

Welche Standorte eignen sich für die Firmengründung von Onlineunternehmen besonders gut (Kosten, Administration, Steuern)?

Es kommt immer darauf an, was die Ziele des Mandanten sind. Aber auch, ob die notwendige Administration im Zielstaat im

Verhältnis zu den verfolgten Zielen steht. Unser Ansinnen ist es, dass sich die Firmengründung im Ausland binnen zwei Jahren auszahlt.

Grundsätzlich favorisieren wir Firmengründungen in der EU, da es – insbesondere für Deutsche und Österreicher – schwierig ist, nicht einer zumindest teilweisen Besteuerung in der Heimat zu unterliegen. EU-Recht bietet Firmen hier viele Vorteile. Gesetze zur Bekämpfung der Steuerhinterziehung machen eine Firmengründung im Ausland oft schwierig, wenn nicht zur Steuerfalle!

Nachdem die Bankenkrise von 2013 überwunden ist, ist eine Firmengründung auf Zypern immer zu empfehlen. Zypern bietet gute Standards, deutschsprachigen Service, was insbesondere bei buchhalterischen Fragen recht angenehm ist, und ist von Zentraleuropa, Hongkong und dem Nahen Osten gut erreichbar. Die Steuersätze von 12,5 Prozent sind einheitlich, das Gesellschaftsrecht (Companies Law) ist einfach und überschaubar. Wer mit Intellectual Property arbeitet, findet mit einer effektiven Besteuerung von 2,5 Prozent einen sehr guten Grund, seine Firma auf Zypern zu gründen.

Wenn die Steuerlast noch weiter reduziert werden soll oder es um Lizenzen geht – E-Money, Finanzdienstleistungen oder Onlineglücksspiel –, dann wäre Malta meine erste Wahl. Hier finden Gründer offene Arme und eine hervorragende IT-Infrastruktur. Allerdings ist der Aufwand etwas höher, da eine Realisierung der Malta-Firma oft nur zusammen mit einer Holding Sinn ergibt. Das treibt die Kosten nach oben.

Wer wirklich alle Zelte nach Deutschland abgebrochen hat, kann auch andere Länder in Erwägung ziehen und gar keine Steuern zahlen. Doch die Hürden sind hoch und man muss aufpassen, unter welchen Bedingungen die eigenen Rechnungen dann vom Finanzamt des Kunden anerkannt werden. Dubai Internet City wird in diesem Zusammenhang gerne als neuer Firmen- und Wohnsitz gewählt. Aber auch Hongkong und Singapur sind vorteilhaft.

Ein neuer Trend ist definitiv eine Firmengründung in Israel! Eher als Hochsteuerstaat bekannt, bietet Israel mit Holding-Privileg,

Steuerbegünstigung von Intellectual Property und Steuerfreiheit für Exempted Companies (freigestellte Unternehmen) ideale Voraussetzungen.

Ist es mithilfe von Offshore-Modellen und einem nomadischen Lebensstil ohne festen Wohnsitz möglich, sich eine weltweite Steuerfreiheit zu erschaffen? Wenn ja, was sind die Voraussetzungen dafür?

Ein nomadischer Lebensstil heißt nicht, dass man nicht mehr im Heimatstaat steuerpflichtig ist. Oft gibt es hier böse Überraschungen. Gerade als Deutscher muss man außerhalb der EU auch selbst aktiv nachweisen, dass man tatsächlich nicht mehr steuerpflichtig ist. Und die Hürden dafür sind sehr hoch und wirken oft über Jahre nach.

Vorsicht: Kann diese Feststellung nicht getroffen werden, ist die Staatsbürgerschaft entscheidend! Die oft zitierte 183-Tage-Regel besagt noch nicht, dass man seinen Lebensmittelpunkt nicht mehr in Deutschland hat. Auch einfaches Abmelden beim Einwohnermeldeamt genügt nicht. Es geht um die tatsächlichen Lebensumstände. Angehörige, zur Verfügung gestellte Gästezimmer, schulpflichtige Kinder können diesen Lebensmittelpunkt darstellen, auch wenn man mehr als 183 Tage im Jahr aus Deutschland weg ist.

Oftmals ist es effektiver und unbedenklicher, in einem sicheren Staat einen legalen und soliden Firmensitz zu schaffen. Vielleicht zahlt man auch leider ein paar (wenige) Steuern. Man sollte sich keine Gedanken machen müssen, ob das Handeln legal und steuerehrlich ist, sondern sich auf sein Kerngeschäft konzentrieren können und gut schlafen.

Tatsächliche Nullbesteuerung auf beiden Ebenen – Firma und Privatperson – bieten nur noch eine sehr geringe Anzahl von Staaten. Leider befinden sich diese meistens auf Blacklists der OECD oder der USA. Dann wird es mit dem Bankkonto schwierig bis unmöglich. Hier besteht massiver Druck auf internationale Banken, die Zusammenarbeit mit diesen Nullsteuer-Oasen einzustellen.

Weltweite Steuerfreiheit

Geschichten wie die von dem amerikanischen Ölbaron James Mellon[283], der für sein Vermögen nirgendwo in der Welt Steuern bezahlt, tauchen immer mal wieder in den Zeitungen auf. Es wird dann von Offshore-Millionen und legaler Steuerflucht geschrieben.

Die Theorie vom digitalnomadischen »Steuernimmerland« baut immer darauf auf, dass du dein Unternehmen in einem Offshore-Standort mit Nullsteuersatz angemeldet und weder in Deutschland noch im Ausland einen ständigen Wohnsitz hast. Wenn du also viel reist und dadurch tatsächlich in keinem Land der Welt als Steuerpflichtiger registriert bist, kannst du tatsächlich ganz legal jeglicher Steuerpflicht entkommen. Dafür müssen diese drei Voraussetzungen zutreffen:

- **Keine Steuerpflicht in Deutschland:** Du hast deinen gewöhnlichen Aufenthalt nicht in Deutschland und beziehst keine Einkünfte aus dem Inland, womit du als nicht steuerpflichtig in Deutschland giltst.
- **Keine Steuerpflicht im Ausland:** Du wechselst alle paar Monate auf Basis eines Touristenvisums dein Aufenthaltsland, wodurch du auch im Ausland von keinem Finanzamt erfasst wirst und damit nirgendwo in der Welt einkommensteuerpflichtig bist.
- **Offshore-Unternehmen mit Nullsteuersatz:** Du meldest dein Unternehmen in einem Land an, in dem du die Option zur Offshore-Versteuerung hast, womit du keine Gewinne versteuern musst, die außerhalb des Landes anfallen, in dem das Unternehmen registriert ist.

Diese steuerfreien Konstrukte sind sicher eine Option, wenn du sowieso vorhast, über Jahre hinweg von einem Land in das nächste zu reisen. Es sollte aber andersherum nicht deine Motivation sein zu reisen, um der Steuerpflicht zu entkommen. Schaue dir deinen derzeitigen Lifestyle und dein Business an und überlege danach, welche Steuermodelle für dich Sinn machen.

Denke auch daran, dass Steuern einen übergeordneten Sinn für die Bevölkerung haben. Als Deutsche haben wir sowohl von der Bildung als auch den vielen Freiheiten und Optionen profitiert, die nur durch Steuerzahlungen ermöglicht werden können. Für eine Offshore-Strategie solltest du dich nicht vordergründig wegen der Steueroptimierung entscheiden, sondern um dir selbst eine größtmögliche Flexibilität bezüglich deiner Ortsauswahl, dem Verwaltungsaufwand und den fortlaufenden Kosten zu verschaffen.

Zweite Staatsbürgerschaft

Ungefähr die Hälfte aller Länder weltweit erlaubt seinen Bürgern, eine doppelte Staatsbürgerschaft zu besitzen.[284] Das bedeutet im Umkehrschluss, dass wir als Deutsche theoretisch zusätzlich die Staatsbürgerschaft von knapp hundert Staaten annehmen können. Tendenziell schwieriger machen es uns asiatische und südamerikanische Staaten, eine zweite Staatsbürgerschaft zu besitzen. Einfacher hingegen ist es in Europa, Nord- und Mittelamerika.

Ein zweiter Reisepass kann deutlich mehr Freiheiten bedeuten, da du weniger abhängig vom deutschen Rechts- und Sozialsystem bist. Du kannst nicht nur an Grenzen auswählen, welchen Reisepass du vorlegst, sondern hast natürlich in dem Land der zweiten Staatszugehörigkeit alle Rechte und Pflichten, womit du dort leben, arbeiten und problemlos Rechtsgeschäfte wie eine Unternehmensgründung, einen Immobilienkauf oder eine Kontoeröffnung abwickeln kannst. Natürlich gibt es nicht nur Vorteile, sondern auch Pflichten, die mit dem Erwerb einer Staatsbürgerschaft erfüllt werden müssen. Dazu gehören vor allem die Wehrpflicht und die Steuerpflicht.

Ein Problem bei zwei Staatsbürgerschaften ergibt sich durch die fehlende Eindeutigkeit für ein Rechtssystem. Die Lösung dafür ist die sogenannte effektive Staatsbürgerschaft, die daran festgemacht wird, zu welchem Staat du die stärkere Bindung hast.

Für jedes Land gibt es spezielle Regelungen, wie die jeweilige Staatsbürgerschaft erlangt werden kann. Die Prinzipien ähneln sich jedoch. Grundsätzlich möglich ist der Erwerb einer Staatsbürgerschaft durch die Abstammung eines oder beider Elternteile, durch Adoption oder die Einbürgerung:

- **Abstammung:** Durch Immigration geprägte Länder wie Irland, Italien, Brasilien und Israel ermöglichen Staatsbürgerschaften für alle, die Vorfahren in ihrem Land hatten.
- **Geburt, Heirat & Adoption:** Auch bei der Geburt eines Kindes, Heirat oder Adoption können Eltern beide Staatsbürgerschaften gleichberechtigt auf ihr Kind übertragen, wodurch die Mehrstaatigkeit erreicht wird.
- **Einbürgerung:** Die Kriterien, an die eine Einbürgerung gebunden ist, unterscheiden sich in jedem Land. In der Regel wird eine Mindestzeit für den permanenten Aufenthalt im entsprechenden Land vorausgesetzt.
- **Investment:** Einige Inselstaaten in der Karibik – aber auch manche Industriestaaten – lassen sich durch großzügige Spenden und Investitionen in Höhe von sechs- bis siebenstelligen Beträgen davon überzeugen, dass deine »Bindung« zu dem Land stark genug ist.

Der klassische Weg zur zweiten Staatsbürgerschaft führt über einen Antrag auf Einbürgerung, der bei der nationalen Staatsangehörigkeitsbehörde gestellt und dann nach Gesetz und Ermessen bearbeitet wird.

Beibehaltungsantrag

Grundsätzlich geht die deutsche Staatsbürgerschaft verloren, wenn du dich in einem anderen Land einbürgern lässt. Ausnahmen gibt es für alle EU-Staaten und die Schweiz, für die du ohne Weiteres die doppelte Staatsbürgerschaft erhalten kannst.

Bei allen anderen Staaten kann der Verlust der deutschen Staatsbürgerschaft nur durch den Beibehaltungsantrag[285] verhindert werden. Gestellt werden muss der Antrag vor dem Einbürgerungsverfahren im Ausland (bei Wohnort in Deutschland) bei der zuständigen lokalen Behörde und bei Wohnort im Ausland bei dem zuständigen Konsulat beziehungsweise der Botschaft. In dem Antrag muss gut nachvollziehbar begründet werden, dass nach wie vor eine enge Bindung zu Deutschland besteht.[286]

Zum Antrag gehören Unterlagen, die deine deutsche Staatsbürgerschaft beweisen,[287] und der Nachweis der fortlaufenden Bindung an Deutschland. Dass diese trotz Auslandsaufenthalt gegeben ist, kann durch in Deutschland lebende Angehörige, Immobilien, Erbschaftsansprüche oder zu erwartende Renten- und Versicherungsleistungen begründet werden.

Letztendlich muss auch glaubhaft dargestellt werden, dass man dem Staat bei einer eventuellen Rückkehr nach Deutschland nicht zur Last fallen würde. Dafür eignen sich Angaben zu Einkommen, Besitz, privater Absicherung und Ausbildungsnachweise.

Deutsche Staatsbürgerschaft ablegen

Wenn der Beibehaltungsantrag nicht gestellt wird und du eine andere Staatsbürgerschaft (außer EU und Schweiz) annimmst, dann wird dir die deutsche Staatsbürgerschaft entzogen. Der Reisepass wird dann bei der nächsten Gelegenheit einbehalten (zum Beispiel bei der Verlängerung im Konsulat).

Generell darf dir die deutsche Staatsangehörigkeit gegen deinen Willen nicht entzogen werden.[288] Jedoch kannst du die deutsche Staatsbürgerschaft freiwillig ablegen. Solltest du dich zu diesem drastischen Schritt entschließen, dann giltst du als staatenlos. Staatenlos sind alle Personen, die keine Staatsbürgerschaft besitzen. Nach dem Völkerrecht sind alle Länder dazu verpflichtet, Staatenlosen Schutz zu gewähren und diese nicht auszuweisen.

Wenn du aus welchen Gründen auch immer auf das große Privileg, das du als deutscher Staatsbürger – und damit auch als Bürger der Europäischen Union – hast, verzichten willst, solltest du dir das wirklich sehr gut überlegen.

Wenn du nach dem Ablegen der deutschen Staatsbürgerschaft deine Meinung änderst, kannst du als ehemaliger Deutscher jederzeit einen Antrag auf Wiedereinbürgerung stellen. Daraufhin wird dann jeweils für den Einzelfall entschieden, ob und unter welchen Bedingungen eine Wiedereinbürgerung möglich ist.

Wenn du dich weiter in das Thema zweite Staatsbürgerschaft einlesen willst, empfehle ich dir den Blog Nomad Capitalist und Henley & Partners, die weltweit führende Agentur für Citizenship Planning.[289]

7.4 Ausflaggen: Die ultimative Ortsunabhängigkeit

»If it scares you, it might be a good thing to try.«

Seth Godin

Die komplette Unabhängigkeit von einem Staat bedeutet absolute Flexibilität in Sachen Steuern, Investment, Versicherungen und Geo-Arbitrage. Diese Handlungsspielräume hat eine Gruppe von Menschen, die als Perpetual Travelers bezeichnet werden.

Perpetual Traveler haben aufgrund ihrer ständigen Ortswechsel in keinem Land der Welt einen Wohnsitz oder rechtlichen Aufenthaltsstatus. Da es mit den meisten Touristenvisa möglich ist, mindestens drei Monate in einem Land zu bleiben, ist die Idee des »ständigen Reisenden« ganz und gar nicht utopisch.

Die mit diesem Lifestyle einhergehenden Vorteile sind die ausbleibende Steuerpflicht und die generelle Unabhängigkeit von Regierungen. Für nomadisch veranlagte Menschen wurde mit der »Flag Theory« sogar eine Strategie entwickelt, die eine Anleitung für die größtmögliche Entscheidungsfreiheit bietet.

Flag Theory

Hinter der Flaggentheorie steckt die Idee, sein eigenes Leben so zu internationalisieren, dass die Vorteile verschiedener Länder genutzt werden können. Jedes Land wird dabei als eine Flagge bezeichnet, die für spezielle Einsatzzwecke steht. Diese einzelnen Flaggen gibt es nicht alle in einem Land, sondern in unterschiedlichen Ländern, die je nach den eigenen Vorlieben gefunden werden müssen.

Die ursprüngliche »Three Flags Theory« von Harry Schultz beinhaltet drei Flaggen, die W. G. Hill in seiner »Five Flag Theory« noch um zwei weitere Flaggen ergänzte:

- **Staatsbürgerschaft:** einen Reisepass von einem Land haben, das ausländisches Einkommen nicht besteuert
- **Wohnsitz:** einen Wohnsitz in einem Land mit niedriger oder keiner Einkommensteuer haben
- **Unternehmen:** ein Unternehmen in einem Niedrigsteuerland mit stabiler politischer Lage führen
- **Vermögen:** in einem Land investieren, in dem Kapitalanlagen nicht besteuert werden
- **Playground:** sein Geld in einem Land ausgeben, in dem günstig (am besten ohne Mehrwertsteuer) konsumiert werden kann

Teilweise wird heute sogar von einer sechsten Flagge gesprochen, bei der es sich um die Datensicherheit handelt. Dabei sollten sich Server und Webseiten in einem Land befinden, in dem Datenschutz hoch und Regulierungen gering sind.

Zum Weiterlesen kann ich dir den Blog Nomad Capitalist, die Plattform The Foundation und die Bücher »PT – Perpetual Traveler« und »PT2 – The Practice« von W. G. Hill empfehlen.[290]

Christoph Heuermann: Flaggentheorie

Christoph ist Gründer des Blogs https://staatenlos.ch, der dir bei deiner Internationalisierung hilft. Er predigt die Philosophie des Perpetual Traveling auf seiner Mission, alle Länder der Welt bis zum Alter von 35 zu bereisen, und schreibt nebenbei Texte aller Art.

Was macht für dich einen »Staatenlosen« aus und was spricht für diesen Lebensstil?

Ein »Staatenloser« hat Konstrukte wie »Staat«, »Heimat« oder »Vaterland« durchschaut und ist der festen Überzeugung, dass sein Leben ihm gehört, nicht einem Kollektiv (ob dies Familie, Kirche, Staat oder sonstige Vereinigungen sind). Er sieht Staaten deshalb als austauschbar an und handelt nach der Maxime »Gehe dorthin, wo du am besten behandelt wirst«. Staatenlosigkeit folgt der Philosophie des Perpetual Traveling, für die sowohl Moral als auch Nutzen spricht.

1. Moralisch hält ein Perpetual Traveler Werte wie Freiwilligkeit, Gewaltlosigkeit und Unabhängigkeit hoch. Das bedeutet, dass er jedwede Handlungen, die auf Zwang und Gewalt beruhen (wozu unter anderem auch Steuern gehören), ablehnt und zu vermeiden beziehungsweise zu verringern versucht.

2. Der Nutzen des Lebensstils lässt sich im Slogan »Mehr Zeit, mehr Geld, mehr Spaß« auf den Punkt bringen.

Mehr Zeit: weniger Pflichten (etwa Buchhaltung), weniger Arbeit (günstigere Lebenshaltung), weniger Sorgen (meist wenig Besitz), weniger Ablenkung (keine Störungen durch »nervige« Bekanntschaften, Familienmitglieder oder auch Nachrichten) ...

Mehr Geld: durch Steuer-, Abgaben- und Versicherungseinsparungen, günstigere Lebenshaltung, Geo-Arbitrage (globales Ausnutzen von Preisdifferenzen), Zugang zu besseren Investments ...

Mehr Spaß: volle Freiheit, das eigene Leben nach seinen eigenen Präferenzen global zu leben ...

Was sind die Grundvoraussetzungen, um mich unabhängig von einer Regierung zu machen und mich zu internationalisieren?

Grundsätzlich kann sich jeder in jeder Situation seines Lebens internationalisieren – die Frage ist, in welchem Maße. Begünstigende Startfaktoren sind natürlich ein ortsunabhängiges Einkommen (Onlinebusiness/Selbstständigkeit, Renten, hohe

Zinserträge ...) und die Beherrschung von Fremdsprachen (zumindest Englisch).

Darüber hinaus sind Offenheit, Neugier, Willensstärke und Unabhängigkeitsstreben wertvolle Eigenschaften. Wem Geografie in der Schule Spaß gemacht hat, der wird die Internationalisierung lieben!

Was ist die Grundidee hinter der Flaggentheorie und für wen macht diese Sinn?

Die Grundidee hinter der Flaggentheorie ist es, die Angelegenheiten seines Lebens weltweit zu diversifizieren. Die Flaggentheorie macht potenziell für jeden Sinn, da sie alle Angelegenheiten des Lebens umfassen kann, aber keineswegs muss. Ursprünglich bedeutete sie:

1. Permanenter Aufenthaltsstatus in einem Land, das ausländisches Einkommen nicht besteuert
2. Vermögenszuflucht in einem stabilen Land mit möglichst niedrigen Kapitalsteuern
3. Unternehmenssitz in einem Land mit möglichst niedrigen Unternehmenssteuern
4. Erwerb einer Staatsbürgerschaft, die möglichst große Reisefreiheit gewährt und ihre Bürger nicht nach Nationalität besteuert (USA)

Darüber hinaus lässt sie sich grenzenlos erweitern: um etwa mit Medizintourismus günstiger und qualitativer behandelt zu werden, seine Kinder vom Schulzwang zu befreien oder ein buntes internationales Team für sein Unternehmen aufzubauen, ohne lästigen Gesetzen folgen zu müssen.

Welche Länder kannst du für Geschäftschancen und längere Aufenthalte empfehlen?

Länder, die alle »Flaggen« in sich vereinen, sind eher schwierig zu finden. Meistens lässt sich eine Ballung an Dienstleistungen in kleinen Staaten der Karibik (etwa St. Kitts und Nevis, Dominica, Bahamas, Belize ...) oder des Indischen Ozeans (Seychellen und Mauritius) finden, die damit ihr Überleben sichern (daher der Name »Offshore«).

Generell gilt für Offshore-Dienstleistungen: Je kleiner ein Staat, desto wahrscheinlicher. Je nach gewünschter Reputation und anderen Faktoren kommen jedoch auch globale Finanzzentren wie Hongkong, Singapur und Panama in Betracht. Oder auch europäische Kleinstaaten wie Andorra, Liechtenstein, Monaco, Zypern, Malta oder die britischen Kanalinseln (Guernsey, Jersey).

Investieren sollte man hingegen besser in größere aufstrebende Entwicklungs- und Schwellenländer. Meine Favoriten sind Kolumbien, Kambodscha, die Mongolei und Botswana. Lange unbürokratische Aufenthaltsmöglichkeiten für jedermann sind generell ein sehr gutes Signal (zum Beispiel Mexiko, Seychellen, Kambodscha, Georgien, Panama, Hongkong ...).

Unkonventionelle Lebensstile

Ich möchte das Buch nicht mit guten Ratschlägen oder konkreten Anleitungen abschließen, sondern dein Vorstellungsvermögen etwas kitzeln.

Das gesamte Buch möchte dich dabei unterstützen, dich von Konventionen und Erwartungen zu lösen, um einen für dich passenden Lifestyle zu gestalten. Ob dieser Lifestyle sich dann digitales Nomadentum nennt, ob du mehr oder weniger durch die Welt reist oder ob du als Freelancer oder Serial Entrepreneur mit mehreren Mitarbeitern dein Geld verdienst, spielt dabei keine große Rolle.

Folgendes möchte ich dir mit auf den Weg geben: Du solltest nie damit aufhören, deinen Horizont zu erweitern. Lasse dich nicht von anderen Menschen oder Institutionen in Grenzen verweisen, in denen du dich nicht vollkommen wohlfühlst. Versuche, dich nie vom

Status quo – also deiner derzeitigen Lebenssituation – davon abhalten zu lassen, etwas Neues auszuprobieren.

Zum Abschluss möchte ich dir gerne ein paar Beispiele für unkonventionelle Lebensmodelle geben. Diese sollen dir zeigen, dass wirklich kein Lifestyle zu abwegig ist. Denke beim Lesen dieser ungewöhnlichen Konzepte nicht sofort an die praktische Umsetzung, sondern daran, dass du nichts als gegeben hinnehmen solltest.

Seasteading – Leben in internationalen Gewässern

Kannst du dir vorstellen, deinen festen Wohnsitz auf einem Schiff oder einer Ölplattform zu haben? Wenn ja, dann ist Seasteading etwas für dich. Unter Seasteading versteht man das »Konzept der Schaffung von Stätten dauerhaften Wohn- und Lebensraums auf dem Meer, genannt Seasteads, außerhalb der von den Regierungen jedweder Nation beanspruchten Gebiete«[291].

Rechtlich gesehen können Staaten nach dem Seerechtsübereinkommen der UN ein Gebiet innerhalb von 370 Kilometern vor der eigenen Küste als ausschließliche Wirtschaftszone beanspruchen. Alles, was darüber hinausgeht, gilt als Zone mit losen Rechts- und Verwaltungsvorschriften. Genau diese Autonomie – außerhalb von staatlichen Verwaltungszonen und Gesetzen – machen sich die selbstverwalteten Seasteads zunutze.

Als Seasteads dienen größere Jachten, Kreuzfahrtschiffe, zweckentfremdete Bohrplattformen oder künstliche Inseln. Der Sinn dahinter besteht darin, sich in internationalen Gewässern Gesetzen zu entziehen, um beispielsweise gleichgeschlechtliche Ehen zu ermöglichen, einen Radiosender unabhängig von staatlichen Restriktionen auszustrahlen oder Steuerpflichten im eigenen Land zu entgehen.[292]

Mikronationen – selbst ausgerufene Staaten

Anstelle von Seasteads auf Schiffen handelt es sich bei den Mikronationen um winzige feststehende Staaten auf Land und Wasser. Sie wurden von Individuen als souveräne Staaten ausgerufen, aber nicht offiziell von der Staatengemeinschaft anerkannt. Viele dieser »unechten« Staaten haben eigene Währungen, Briefmarken oder Flaggen und stellen sogar eigene Reisepässe aus.

Prominente Beispiele sind das »Fürstentum Hutt River« in Westaustralien, die »Freistadt Christiania« in Kopenhagen, das »Fürstentum Sealand« vor der britischen Küste oder die »Republik Minerva« auf einem Atoll im Pazifik. Auch in Deutschland gab es in der Vergangenheit einige solcher Mikronationen wie die »Bunte Republik Neustadt« in Dresden oder die »Republik Freies Wendland« bei Gorleben.

Auch wenn diese Mikronationen nicht von souveränen Ländern anerkannt und wohl belächelt werden, sind sie ein Beispiel dafür, wie unkonventionell denkende Menschen sich ihr Leben nach eigenen Regeln erschaffen.

BitNation – virtuelle Regierungen

Basierend auf der virtuellen Währung Bitcoin und der technologischen Innovation Blockchain will BitNation unter dem Namen Governance 2.0 eine digitale Regierung ohne Grenzen und zentrale Leitung schaffen.[293]

Über eine Onlineplattform sollen zukünftig »Do-it-yourself-Governance-Dienste« angeboten werden, über die man Verträge oder Hochzeiten besiegeln, ein Bankkonto eröffnen oder eine Vielzahl anderer Dinge machen kann.

Die Anerkennung von über BitNation getätigten Rechtsgeschäften ist derzeit sicher noch problematisch, aber es ist ein Weg in Richtung dezentraler und grenzenloser Regierungsdienstleistungen.

E-Residency – digitaler Wohnsitz

Estland ist das erste Land, das es Menschen unabhängig von ihrer Nationalität ermöglicht, ein digitaler Staatsbürger zu werden. Mit der elektronischen Staatsbürgerschaft können wir in Zukunft komplett online Bankkonten eröffnen, ein estnisches Unternehmen gründen und damit einfachen Zugang zu europäischen Kunden und Geschäftspartnern bekommen.

Auch dieses Konzept ist nicht ausgereift und derzeit noch nicht mehr als ein erster Vorstoß. Aber es zeigt, dass – wie beim Seasteading und BitNation – uns bisher bekannte Regierungsformen komplett neu gedacht werden können. Um mehr geht es auch dabei im Moment noch gar nicht.

Stelle dir nur mal vor, dass du in internationalen Gewässern oder in einem digitalen Verwaltungsapparat ähnlich einer Regierung nach völlig neuen Regeln ein Unternehmen betreiben oder dein Leben führen kannst. Das Ganze ohne Visabeantragung, Wohnsitzanmeldung oder Gewerbeschein …

Nie gab es so viele Möglichkeiten, um zu reisen, unternehmerisch tätig zu sein und sich mit Menschen aus der ganzen Welt zu verbinden wie heute. Ich wünsche mir von dir, dass du dir jederzeit dieser Möglichkeiten bewusst bist und das Beste daraus machst.

Danksagung

Über den gesamten Entstehungsprozess des Buches gab es wundervolle Menschen, die mich motiviert, unterstützt und kritisiert haben. Ohne dieses ständige Feedback würde ich diese letzten Worte jetzt nicht schreiben.

Zunächst geht ein großes Dankeschön an meine Familie, die mir immer wieder gezeigt hat, wie wichtig Rückhalt trotz all der lieb gewonnenen Freiheit im Leben ist.

Mein Dank geht an meine wundervolle Partnerin Alejandra, die mich seit Jahren bedingungslos unterstützt, was alles andere als selbstverständlich ist.

Dank geht auch an alle Interviewpartner, die ihre Zeit und ihre Expertise zur Verfügung gestellt haben. Genauso wie an alle Blogger, Unternehmer und Vordenker, die über den Lifestyle des digitalen Nomadentums berichten und damit Tausende inspirieren.

Ebenso bedanken möchte ich mich bei allen Menschen, mit denen ich mich in Mastermind-Gruppen austauschen konnte, auf Konferenzen gesprochen habe und von denen ich in digitalen Communitys viel gelernt habe.

Nicht zuletzt geht mein Dank an dich, der du nach mehr Freiheit und Selbstbestimmung in deinem Leben strebst. Du bist Teil einer großartigen Bewegung, die zukünftig immer mehr Menschen das ortsunabhängige Arbeiten ermöglichen wird.

Anmerkungen

1 Das Gallup-Institut führt seit 2001 eine jährliche Arbeitnehmerbefragung durch, in der die Zufriedenheit und emotionale Bindung zum Arbeitsplatz untersucht wird. Weitere Informationen zum Engagement-Index unter: www.gallup.com/de-de/181871/engagement-index-deutschland.aspx.

2 Den Blog Wireless Life findest du unter www.wirelesslife.de. My Wireless Life ist eine Onlineplattform für digitale Nomaden und Onlineunternehmer, auf der du dich unter www.mywirelesslife.de kostenlos anmelden kannst.

3 Tim Ferriss: The 4-Hour Workweek (2007)

4 Hal Elrod: The Miracle Morning (2012)

5 John G. Bennet: Risiko und Freiheit (1991), S. 72

6 Holm Friebe, Sascha Lobo: Wir nennen es Arbeit (2006)

7 Jonathan Fields: Uncertainty: Turning Fear and Doubt into Fuel for Brilliance (2011)

8 Geborgt ist der Begriff »anchored« von Joshua F. Millburn und Ryan Nicodemus vom Blog TheMinimalists.com.

9 siehe zum Beispiel: http://www.goodreads.com/quotes/1798-you-are-the-average-of-the-five-people-you-spend

10 Unter einer Muse versteht Tim Ferriss in der »4-Hour Workweek« ein Business, welches den Lebensunterhalt sichert.

11 Der Begriff stammt aus der »4-Hour Workweek« von Tim Ferriss.

12 Der Begriff ist geborgt aus dem Buch »The Miracle Morning« von Hal Elrod.

13 Eine ausführliche Betrachtung findest du im Buch von Marc Beise und Hans-Jürgen Jakobs: Die Zukunft der Arbeit (2012).

14 ROWE = Results-Only Work Environment (Arbeitsumgebung, in der nur Ergebnisse zählen)

15 Absolut empfehlenswert ist das Buch »Morgen komm ich später rein« (2008) von Markus Albers.

16 Mit dem Begriff »Nische« meine ich ein stark eingegrenztes Spezialgebiet, in dem du mit deinen Tätigkeiten schnell zum Experten aufsteigen kannst und wenig Wettbewerb hast.

17 Hier die Links der erwähnten Jobportale: Upwork (www.upwork.com), SEOJobboerse.de (www.seojobboerse.de), Bloggerjobs (www.bloggerjobs.de), twago (www.twago.de), Freelance-Market (www.freelance-market.de), people4project (www.people4project.com), ProZ.com (www.proz.com) und TranslatorsCafe.com (www.translatorscafe.com).

18 Eine gute Hilfe ist ein Stundensatzrechner (www.guru-20.info/tools/fhour).

19 Eine gute Auswahl kostenloser Portfolio Themes findest du im WordPress-Verzeichnis (www.theme.wordpress.com/themes/subjects/portfolio).

20 Wenn du deine angebotenen Dienstleistungen auslagern und möglichst gut automatisieren möchtest, dann empfehle ich dir das Buch »Freelancing skalieren« (2015) von Tim Chimoy.

21 Neben Amazon KDP (https://kdp.amazon.com) sind Kobo (www.store.kobobooks.com) und BookRix (www.bookrix.de) bekannte Plattformen für den Verkauf von E-Books.

22 Plug-ins sind installierbare Erweiterungen für WordPress.

23 Das WordPress Theme ist eine Designvorlage für den WordPress Blog.

24 Infrage kommen PayPal oder weitere Anbieter von Lösungen zur Zahlungsabwicklung.

25 Payment Gateways sind zum Beispiel PayPal, Kreditkarte oder Überweisung. Auch dafür gibt es Plug-in-Lösungen für WordPress.

26 Ehrenfried Conta Gromberg: Solopreneur (2015)

27 Fulfillment-Dienstleister übernehmen die gesamte Logistik, Zahlungsabwicklung und Rechnungslegung, sodass du dich »nur« noch um das Marketing kümmern musst.

[28] Hier die Links zu WooCommerce für WordPress (www.www.woothemes.com/woocommerce/) und Jimdo als alleinstehende Shop-Lösung (www.jimdo.com).
[29] Colin Wright: Start a Freedom Business (2011)
[30] Eric Ries: The Lean Startup (2011)
[31] Am besten mit einem Tool wie StumbleUpon (www.stumbleupon.com), das dir basierend auf deinen Interessen zufällige Webseiten anzeigt.
[32] In seinem Buch »Start With Why« (2011) schreibt Simon Sinek über das »Golden Triangle« zwischen »Why, What und How«.
[33] Unter einer Muse versteht Tim Ferriss in der »4-Hour Workweek« ein Business, welches den Lebensunterhalt sichert, jedoch nicht zwangsläufig deiner Leidenschaft entspricht.
[34] Aus dem Buch »Be a Free Range Human« (2013) von Marianne Cantwell.
[35] Chris Anderson: The Long Tail (2009)
[36] Wikipedia-Eintrag zu EKS unter www.de.wikipedia.org/wiki/Engpasskonzentrierte_Strategie.
[37] Zum Weiterlesen empfehle ich das Buch »Start With Why« (2011) von Simon Sinek.
[38] Unique Selling Proposition = Alleinstellungsmerkmal.
[39] Eine interessante Liste zum Markenwert großer Unternehmen gibt es von Forbes unter www.forbes.com/powerful-brands/list.
[40] Ehrenfried Conta Gromberg: Solopreneur (2015)
[41] Pamela Slim: Escape from Cubicle Nation: From Corporate Prisoner to Thriving Entrepreneur (2009)
[42] In Anlehnung an das Buch »Solopreneur« (2015) von Ehrenfried Conta Gromberg.
[43] Eine bekannte Crowdfunding-Plattform ist Kickstarter.
[44] Beispielsweise ThemeForest für WordPress Themes oder KDP von Amazon für E-Books.
[45] Ein MVP (Minimum Viable Product) ist ein Minimalprodukt, das in kürzester Zeit mit den wichtigsten Funktionen angeboten werden kann.
[46] Mit der Conversion Rate wird ermittelt, wie viele Besucher einer Website eine Transaktion ausführen (zum Beispiel Bestellung, Abgabe der E-Mail).
[47] Auf Kickstarter (www.kickstarter.com) und Startnext (www.startnext.com) bekommst du einen guten Eindruck von Crowdfunding-Plattformen. Eine Übersicht zu weiteren Plattformen findest du unter www.crowdfunding.de/plattformen.
[48] Seth Godin: The Dip (2011)
[49] Die Kosten für Domain und Hosting betragen für Basispakete um die fünf Euro im Monat. Einen Vergleich von Anbietern gibt es unter www.netzsieger.de/k/webhosting.
[50] Ich empfehle ganz klar WordPress für alle Arten von Webseiten. Einen guten Vergleich von Systemen für Webseiten findest du unter www.websitetooltester.com.
[51] Eine beliebte deutsche Alternative zu Google Analytics (www. analytics.google.com) ist Piwik (www.piwik.org).
[52] Links zu WooCommerce (www.woothemes.com/woocommerce), Jimdo (www.jimdo.com) und Shopify (www.shopify.com). Einen guten Vergleich weiterer Shop-Systeme findest du unter www.websitetooltester.com/en/best-ecommerce-website-builder.
[53] Links zu MailChimp (www.mailchimp.com), AWeber (www.aweber.com) und CleverReach (www.cleverreach.de). Eine Übersicht zu weiteren Anbietern gibt es unter www.emailtooltester.com/newsletter-tools.
[54] Links zu ZenDesk (www.zendesk.de) und Freshdesk (www.freshdesk.com)
[55] Links zu SendOwl (www.sendowl.com), PayPal (www.paypal.com), DigiStore24 (www.digistore24.com) und Billbee (www.billbee.de)
[56] Links zu DigiMember (www.digimember.de), s2Member (www.s2member.com) und bbPress (www.bbpress.org)
[57] Links zu Amazon FBA (www.services.amazon.de/programme/versand-durch-amazon/merkmale-und-vorteile.html) und Wer Liefert Was (www.wlw.de). Unter www.t3n.de/news/logistik-fulfillment-ultimative-e-commerce-ubersicht-286134 findest du eine Übersicht zu weiteren Fulfillment-Anbietern und Logistik-Dienstleistern.
[58] FastBill (www.fastbill.de) und ebuero (www.ebuero.de)
[59] Günter Faltin: Wir sind das Kapital (2015)

60 Cross-Selling bedeutet hier, dass ein Anbieter nach dem Verkauf ein zusätzliches Produkt eines anderen Anbieters bewirbt.

61 Growth Hacking bedeutet nichts anderes, als Ziele auf unkonventionellem Wege zu erreichen.

62 Blogpost zur Start-up-Tour von Fastbill unter www.de.letsseewhatworks.com/fastbill-startuptour.

63 Einen guten weiterführenden Artikel zum strategischen Einsatz des Preises gibt es unter www.gruenderland.de/marketing/richtigen-preis-festsetzen.html.

64 Der Titel lautet eigentlich »The Medium is the Massage«, was auf einem Fehler des Grafikdesigners basiert.

65 Sehr gute Tutorials für den Einstieg findest du auf den Blogs von SEO-united (www.seo-united.de/sitemap.html) und MOZ (www.moz.com/beginners-guide-to-seo).

66 Eric Ries: The Lean Startup (2011)

67 Eine Umfrage kannst du schnell und einfach mit Google-Formularen (www.google.com/forms/about) erstellen.

68 Wie das Einrichten von Zielen in Google Analytics funktioniert, wird unter www.support.google.com/analytics/answer/1116091?hl=de erklärt.

69 Die Weiterleitung von Links kannst du mit Tools wie bit.ly oder einem WordPress-Plug-in wie Pretty Link einrichten.

70 Die Klicks kannst du bereits in der In-Page-Analyse von Google Analytics sehen (sehr gut dafür ist die Google-Chrome-Erweiterung für Analytics). Einen Vergleich zu fortgeschrittenen kostenlosen und kostenpflichtigen Heatmaps findest du unter www.selbstaendig-im-netz.de/2013/01/17/usability/welche-heatmap-loesung-ist-die-beste-11-tools-und-anbieter-im-ueberblick.

71 Es gibt kostenpflichtige Anbieter wie LeadPages (www.leadpages.net) oder Optimizely (www.optimizely.com), aber auch kostenlose WordPress-Plug-ins (www.wordpress.org/plugins/tags/ab-testing).

72 Hier die Links der erwähnten Jobportale: Upwork (www.upwork.com), Fiverr (www.fiverr.com), twago (www.twago.de), Freelance-Market (www.freelance-market.de), people4project (www.people4project.com), TaskTillDone (www.tasktilldone.com), SEOJobboerse.de (www.seojobboerse.de), Bloggerjobs (www.bloggerjobs.de), Textbroker (www.textbroker.de), content.de (www.content.de), mein-virtuellerassistent.com (www.mein-virtuellerassistent.com), Strandschicht (www.strandschicht.de), ProZ.com (www.proz.com) und TranslatorsCafé.com (www.translatorscafe.com)

73 Ein sehr gutes Beispiel mit vielen SOPs kannst du dir in dem vom Tropical MBA zur Verfügung gestellten Standard Operating Document (SOD) unter www.docs.google.com/document/d/19TjNwBg8bGyzXCbwvKOHMLcnFcmyp1bXMh7-_5gnPYk/edit# ansehen.

74 Links zu Trello (www.trello.com), Todoist (www.todoist.com), Asana (www.asana.com), Dropbox (www.dropbox.com), Google Drive (www.drive.google.com), Skype (www.skype.com), Google Hangouts (www.plus.google.com/hangouts), Google Docs (www.docs.google.com) und Slack (www.slack.com)

75 Kanban ist eine Methode aus der Produktionssteuerung, bei der im Hinblick auf To-dos Aufgaben nacheinander angeordnet werden und nach Erledigung nachrutschen.

76 Eine Auflistung aller Katalogberufe findest du im § 18 EStG.

77 Geregelt in § 19 UStG

78 Der Gründungszuschuss beträgt im Jahr 2015 in der Grundförderung Arbeitslosengeld plus 300 Euro pro Monat für die Dauer von sechs Monaten. Unter www.foerdermittel-experte.de/gruender/gruendungszuschuss/tab/1.html kannst du deinen potenziellen Gründungszuschuss berechnen.

79 Die Beantragung des Gründungszuschusses ist gleichzusetzen mit der Abholung der Unterlagen bei der Arbeitsagentur, nicht mit der Abgabe der Bewerbung.

80 Einen Gründungsberater und gute Tipps zur Beantragung des Gründungszuschusses findest du unter www.gruendungszuschuss.de.

81 Eine übersichtliche Auflistung aller Förderprogramme für Existenzgründer findest du im Fördercheck (www.foerderprogramme-deutschland.de) und in der Förderdatenbank des BMWi (www.foerderdatenbank.de).

82 Ausführliche Informationen zum EXIST-Gründerstipendium findest du unter www.fuer-gruender.de/kapital/foerdermittel/zuschuss/exist-gruenderstipendium.

83 Definition einer gewerblichen Tätigkeit in § 15 Abs. 2 EStG

84 Nachträgliche Gewerbeanmeldung laut § 146 GewO

[85] Deinen gewöhnlichen Aufenthalt hast du in der Regel dort, wo du mindestens sechs Monate im Jahr verbringst. Eine genaue Betrachtung erfolgt in Kapitel 7.1.

[86] Einen guten Rechner mit Vergleichen zwischen gesetzlicher und privater Krankenversicherung findest du unter www.krankenversicherung-prognose.de.

[87] Genaue Angaben im § 4 SGB VII

[88] Hinweis: Als Selbstständiger unterliegst du einer allgemeinen Haftung nach § 823 I BGB nur bei grober Fahrlässigkeit oder Vorsatz.

[89] Sehr guter Blog und Podcast zu passiven Anlagestrategien unter www.zendepot.de

[90] Leistungen für die ermäßigte Umsatzsteuer findest du in § 12 UStG.

[91] Ob du gewerbesteuerpflichtig bist, ist im § 2 GewStG festgelegt.

[92] Nach § 238 HGB ist jeder Kaufmann verpflichtet, Buch zu führen. Die steuerrechtliche Buchführungspflicht ist in den §§ 140 AO und 141 AO geregelt.

[93] Einnahmen-Überschuss-Rechnung nach § 4 Abs. 3 EStG

[94] Amtliches Formular zur EÜR unter www.rechnungswesen-portal.de/Fachinfo/Steuern/Anlage-EUeR-2014-Amtliches-Formular.html

[95] Ausführliche Informationen dazu im § 242 HGB.

[96] Der Lagebericht ist in § 289 HGB geregelt.

[97] Möglich ist auch eine Auslagerung der Buchhaltung und Steuererklärung an Onlinedienste wie eSteuer-Partner.de oder steuerberaten.de.

[98] Betriebsausgaben nach § 4 Abs. 4 EStG.

[99] Alle Sonderausgaben findest du im § 10 EStG

[100] Gesetzliche Grundlage dafür ist § 14 UStG

[101] Verweise den Aussteller der Rechnung einfach freundlich auf § 14 Abs. 2 Nr. 2 UStG.

[102] Gesetzliche Grundlagen sind § 147 AO und § 257 Abs. 1 HGB. Genauere Infos zu den Fristen für einzelne Dokumente findest du unter www.akademie.de/wissen/aufbewahrungsfristen.

[103] Gute Optionen sind kostenpflichtige Cloud-Accounting-Tools wie FreshBooks (www. freshbooks.com), FastBill (www.fastbill.de) oder das kostenlose wave (www.waveapps.com).

[104] Geregelt in § 823 I BGB

[105] Gesetzliche Grundlagen findest du in § 55 RStV und § 5 TMG. Weitere Infos zur Anbieterkennzeichnung auf den Seiten des Bundesjustizministeriums unter www.bmj.de/SharedDocs/Downloads/DE/pdfs/LeitfadenZurAnbieterkennzeichnung.pdf. Einen Generator zur Erstellung eines Standard-Impressums gibt es bei www.e-recht24.de.

[106] Weitere Infos zur virtuellen Geschäftsadresse unter www.wirelesslife.de/virtuelle-geschaeftsadresse-mieten.

[107] Wenn du keinen melderechtlichen Wohnsitz mehr in Deutschland hast, dann kannst du laut Domainrichtlinien der DENIC (www.secure.denic.de/domainrichtlinien.html) einen Admin-C benennen. Der Admin-C ist der vom Domaininhaber benannte administrative Ansprechpartner, der als Bevollmächtigter für die Domain Entscheidungen treffen kann und als Zustellungsbevollmächtigter mit Sitz im Inland als Verantwortlicher der Website benannt wird, womit § 55 des RStV nachgekommen wird. Mehr dazu unter www.wirelesslife.de/deutsche-website-wohnsitz-ausland-admin-c.

[108] Bei den Creative Commons handelt es sich um sechs verschiedene Standard-Lizenzverträge für die Nutzung kreativer Inhalte. Weitere Informationen findest du unter www.de.creativecommons.org/was-ist-cc.

[109] Grundlage für die Haftung fremder Inhalte sind § 7 Abs. 2 und § 8 TMG.

[110] Siehe § 7 Abs. 2 UWG

[111] Kostenlose Vorlagen für AGBs gibt es unter www.agb.de

[112] Kostenpflichtiger Ratgeber »Die rechtssichere Webseite« von eRecht24 (www.e-recht24.de/insidepaper2.html).

[113] Jonathan Fields: Uncertainty (2011)

[114] Charles Duhigg: The Power of Habit (2013)

[115] Hal Elrod: The Miracle Morning (2012)

[116] Eine gute kostenpflichtige App ist Strides (www.stridesapp.com) und eine kostenlose Alternative ist Way of Life (www.wayoflifeapp.com).

[117] Kostenlose Zeiterfassungs-App RescueTime (www.rescuetime.com)

118 Tim Schlenzig: 12 Gewohnheiten, die dein Leben verändern (www.mymonk.de/12-gewohnheiten) und Charles Duhigg: Die Macht der Gewohnheit (2013)

119 Weitere Infos zu den Parkinson'schen Gesetzen unter www.de.wikipedia.org/wiki/Parkinsonsche_Gesetze

120 Weitere Infos zum Pareto-Verteilung unter www.de.wikipedia.org/wiki/Pareto-Verteilung

121 TextExpander von Smile für Mac (www.smilesoftware.com/TextExpander/index.html) und PhraseExpress für Windows (www.phraseexpress.com)

122 Shortcuts lernen mit KeyCue für den Mac (www.ergonis.com/products/keycue) und KeyRocket für Windows (www.veodin.com/keyrocket)

123 Schreibwerkzeuge Ulysses für Mac (www.ulyssesapp.com) oder Scrivener für alle Betriebssysteme (www.literatureandlatte.com/scrivener.php)

124 Social Media Tools Revive Old Post (www.wordpress.org/plugins/tweet-old-post/), Buffer (www.buffer.com) und Hootsuite (www.hootsuite.com)

125 To-do-Listen Todoist (www.todoist.com), Wunderlist (www.wunderlist.com), Trello (www.trello.com) und Evernote (www.evernote.com)

126 RSS-Reader feedly unter www.feedly.com

127 Die Eisenhower-Matrix ist ein praktisches Werkzeug, mit dem zwischen wichtigen und dringenden Angelegenheiten unterschieden wird Weitere Infos dazu unter www. en.wikipedia.org/wiki/Time_management

128 Auf ShareDesk (www.sharedesk.net) findest du eine Übersicht mit Coworking Spaces in deiner Umgebung.

129 Weltweit größter Anbieter für On-Demand-Büros ist Regus unter www.regus.de

130 Isochronische Töne bezeihungsweise Brainwave-Musik sind seichte Klänge, die dir bei der Konzentration helfen. Unter www.youtube.com/results?search_query=isochronic+music kannst du mal reinhören.

131 Gute Scanner-Apps sind DocScan (www.docscannerapp.com) oder Scanbot (www.scanbot.io).

132 Dateien organisieren und synchronisieren mit Evernote (www.evernote.com) und Dropbox (www.dropbox.com).

133 Gesetzliche Grundlagen sind § 147 AO und § 257 Abs. 1 HGB. Genauere Infos zu den Fristen für einzelne Dokumente findest du unter www.akademie.de/wissen/aufbewahrungsfristen.

134 Cloud Accounting mit FreshBooks (www.freshbooks.com), FastBill (www.fastbill.de) und wave (www.waveapps.com)

135 Virtueller Briefkasten Dropscan unter www.dropscan.de

136 Elektronisch Briefe verschicken mit PixelLetter unter www.pixelletter.de

137 Faxdokumente senden mit PamFax unter www.pamfax.biz

138 VoIP-Festnetznummer für dein Handy von sipgate unter www.sipgate.de

139 Offline-Variante für deine Festnetznummer von Skype (www.skype.com)

140 Virtueller Büroservice von ebuero unter www.ebuero.de

141 Links zu Google Docs (www.docs.google.com), Dropbox (www.dropbox.com), Trello (www.trello.com), Slack (www.slack.com) und Todoist (www.todoist.com)

142 Back-up in der Cloud mit Backblaze (www.backblaze.com)

143 Passwort-Manager LastPass unter www.lastpass.com

144 Gute Anbieter sind Hide My Ass (www.hidemyass.com), Astrill (www.astrill.com) und Private WiFi (www.privatewifi.com).

145 David Bosshart: The Age of Less (2011)

146 Eine sehr umfangreiche Liste mit Communitys, Coworking- und Coliving-Projekten findest du unter www.planetbackpack.de/communities-digitale-nomaden.

147 Gleichgesinnte finden im Slack-Nomadenchat (www.nomaden.slack.com), im Weltreiseforum (www.traveltalk.weltreiseforum.com), in My Wireless Life (www.mywirelesslife.de) oder im Dynamite Circle (www.about.dynamitecircle.com/tmba)

148 Konferenzen für digitale Nomaden: DNX (www.dnx-berlin.de), DCBKK (www.dcbkk.com) und ITB (www.itb-berlin.de)

149 Facebook-Gruppen Digitale Nomaden unter www.facebook.com/groups/digitalenomaden und die 4-Hour Workweek Berlin unter www.facebook.com/groups/146524318752855

150 Eine tolle Plattform zum Finden solcher Events ist Meetup (www.meetup.com).

151 Gemeinsam arbeiten und leben in den DNX-Camps (www.dnxcamp.com), dem Sunny Office (www.sunny-office.com), dem Surf Office (www.thesurfoffice.com) und der Wireless Workation (www.workation.wirelesslife.de).

152 Auf My Wireless Life (www.mywirelesslife.de) organisieren wir regelmäßige Mastermind-Gruppen mit verschiedenen Schwerpunkten.

153 Diese Idee entstammt dem Buch »Hacking Your Education« (2013) von Dale Stephens.

154 Mein Tipp ist Feedly (www.feedly.com) als RSS-Reader, mit dem du einfach Blogs abonnieren kannst.

155 Am besten direkt in Feedly, der App Pocket (www.getpocket.com) oder mit Evernote (www. evernote.com).

156 Nutze am besten Stitcher (www.stitcher.com) oder die nativen Apps für iOS oder Android auf deinem Smartphone.

157 Mehr Informationen zu den MOCCs unter www.de.wikipedia.org/wiki/Massive_Open_Online_Course.

158 Hier die Links der erwähnten MOOCs: Khan Academy (www.khanacademy.com), iversity (www.iversity.org), Knewton (www.knewton.com), Udacity (www.udacity.com), edX (www.edx.org), Coursera (www.coursera.org), OpenCourseWorld (www.opencourseworld.de) und Tele-TASK(www.tele-task.de)

159 Hier die Links der erwähnten Ressourcen: Codeacademy (www.codecademy.com), Duolingo (www.duolingo.com), Excel lernen (www.excellernen.de) und Photoshop Tutorials (www.photoshop-tutorials.de/tutorials)

160 Hier die Links der erwähnten Ressourcen: OpenStax CNX (www.cnx.org), OER Commons (www.oercommons.org), Podcampus (www.podcampus.de), WikiEducator (www.wikieducator.org) und SlideShare (www.slideshare.net)

161 Interessante Vorträge und Veranstaltungen in deiner Nähe findest du auf www.meetup.com.

162 Die App Goodreads (www.goodreads.com) eignet sich bestens zum Anlegen einer Bücherliste.

163 Bücher weltweit versandkostenfrei bestellen mit Book Depository (www.bookdepository.com)

164 Lesen von Buchkurzfassungen mit getAbstract (www.getabstract.com) und Blinkist (www.blinkist.com)

165 Eine riesige Auswahl an Audiobooks bekommst du auf www.audible.com.

166 Um über Rabattaktionen auf dem Laufenden zu bleiben, abonniere den Newsletter von StackSocial (www.stacksocial.com). Links zu Udemy (www.udemy.com), Lecturio (www.lecturio.de), Fizzle (www.fizzle.co), Treehouse (www.teamtreehouse.com), Blog Camp (www.blog-camp.de) und Blogging University (www.blogginguniversity.net).

167 Links zu DNX (www.dnx-berlin.de), ITB (www.itb-berlin.de), TBEX (www.tbexcon.com), re:publica (www.re-publica.de), DC-Meetups (www.about.dynamitecircle.com/tmba) und DCBKK in Bangkok (www.dcbkk.com), World Domination Summit (www.worlddominationsummit.com) und New Media Expo (www.nmxlive.com)

168 Der Dynamite Circle (DC) ist ein kostenpflichtiger Mitgliederbereich für Onlineunternehmer.

169 Auf www.coach.me findest du Trainer aus allen Bereichen.

170 Ehrenfried Conta Gromberg: Solopreneur (2015)

171 Travel Hacking für Einsteiger beim Travel Hacking Cartel unter www.travelhacking.org

172 Flugsuchmaschinen Google ITA (www.itasoftware.com) und Skyscanner (www.skyscanner.com)

173 Infos zu günstigen One-Way-Flügen um die Welt auf dem flocblog unter www.flocutus.de/one-way-um-die-welt-3-kontinente-guenstig-rtw

174 Sehr gute Infos für Prepaid-Karten gibt es in diesem Wiki unter www.prepaidwithdata.wikia.com.

175 Günstig im Ausland erreichbar sein mit der Skype-Rufumleitung (www.skype.com)

176 Digitaler Briefkasten von Dropscan (www.dropscan.de)

177 Weitere Informationen zur European Health Insurance Card (EHIC) unter www.ec.europa.eu/social/main.jsp?catId=559&langId=de

178 Langzeit-Reisekrankenversicherung von HanseMerkur (www.hansemerkur.de/produkte/reiseversicherung/langzeit-auslandsaufenthalt/auslandskrankenversicherung), ADAC (www.adac.de/produkte/versicherungen/auslandskrankenschutzversicherung/auslandskrankenschutz_lan) und Barmenia (www.barmenia.de/private-krankenversicherungen/auslandskrankenversicherung.html)

179 Langzeit-Auslandskrankenversicherung vom BDAE (www.bdae.com/de/auslandsversicherung/auslandskrankenversicherungen_ueberblick.htm) und DIA Globality Health (www.deutsche-im-ausland.org/versicherung-im-ausland/fuer-immer.html)

180 Centrum für Reisemedizin unter www.crm.de
181 Webseite des Auswärtigen Amts unter www.auswaertiges-amt.de/DE/Laenderinformationen/SicherheitshinweiseA-Z-Laenderauswahlseite_node.html
182 Die Visabestimmungen können sich jederzeit ändern, weshalb du dich vor deiner Reise unbedingt auf der Seite des Auswärtigen Amts informieren solltest.
183 Infos zur MasterCard von NUMBER26 unter www.number26.de
184 Zum Weiterlesen kann ich dir einen hervorragenden Artikel unter www.flocutus.de/gebuehrenfreie-kreditkarte-ausland empfehlen.
185 Geld in Echtzeit verschicken mit Western Union (www.westernunion.de) oder MoneyGram (www.moneygram.de)
186 Definition der Welttourismusorganisation (UNWTO)
187 Definition des Umweltprogramms der UN (UNEP)
188 Darunter fallen laut dem Paper »The Future of Tourism« aus dem Jahr 2010 Flüge (circa 40 Prozent), Autos (circa 32 Prozent), Unterkünfte (21 Prozent) und Aktivitäten (circa vier Prozent). Bis zum Jahr 2050 wird damit gerechnet, dass die Tourismusbranche für 40 Prozent der weltweiten CO_2-Emissionen verantwortlich ist. Ein Treiber dafür sind vor allem die zunehmenden Langstreckenflüge.
189 Von 6,3 auf 3,7 Liter pro Person pro 100 Kilometer.
190 Bei einer Zugfahrt wird pro Passagier 10-mal weniger CO_2 in die Luft abgegeben, wobei es beim Auto auf den Kilometer gesehen ungefähr die gleiche Menge ist wie beim Fliegen.
191 Die Kompensation löst natürlich nicht das Problem. An der Quelle (dem gebuchten Flug) werden immer noch massenhaft Emissionen ausgestoßen, welche natürlich an anderen Orten nicht wirklich ausgeglichen werden können. Der Ausgleich ist eher als Investition in die Zukunft zu sehen, beispielsweise durch Projekte für erneuerbare Energien in Drittländern. Eine dieser Organisationen in Deutschland ist atmosfair (www.atmosfair.de).
192 Gut zur Recherche der Kosten vor Ort sind Nomad List (www.nomadlist.io), Numbeo (www.numbeo.com/cost-of-living/) oder Expatistan (www.expatistan.com).
193 Gute Karten gibt es bei Where My Nomads At (www.where-my-nomads.at), Nomad Project (www.nomadproject.com), Find a Nomad (www.findanomad.com) und My Wireless Life (www.mywirelesslife.de).
194 Gleichgesinnte treffen mithilfe von Meetup und Startuptravels (www.startuptravels.com)
195 Die Nomad List (www.nomadlist.io) entwickelt sich immer mehr zum Standard zur Recherche für digitale Nomaden.
196 Internetgeschwindigkeit von Ookla unter www.netindex.com/download/allcountries
197 Eine gute Übersicht dazu gibt es unter www.trekkingguide.de/wetter/regenzeiten.htm.
198 Mehr Infos zum EF English Proficiency Index unter www.en.wikipedia.org/wiki/EF_English_Proficiency_Index.
199 Links zu ShareDesk (www.sharedesk.net), der App WiFi Finder (www.itunes.apple.com/us/app/wi-fi-finder/id300708497?mt=8) und Airbnb (www.airbnb.com)
200 Ein guter Start zum Finden von Wohnungen ist Gumtree (www.gumtree.com/flats-and-houses-for-rent).
201 Traffic Index von Numbeo unter www.numbeo.com/traffic/rankings.jsp
202 Crime Index von Numbeo unter www.numbeo.com/crime/rankings_by_country.jsp
203 Laut einem Artikel auf t3n (www.t3n.de/news/rent-a-desk-coworking-563933)
204 Neben Regus (www.regus.de) findest du unter www.coworking-news.de/european-coworking-directory eine gute Auflistung von Coworking Spaces. Ansonsten hilft eine Google-Suche.
205 Eine Übersicht zu allen Wireless Workations bekommst du unter www.workation.wirelesslife.de.
206 Infos zum Sunny Office (www.sunny-office.com), den DNX-Camps (www.dnxcamp.com), zur Wireless Workation (www.workation.wirelesslife.de), zum Surf Office (www.thesurfoffice.com) und zu SEOintheSUN (www.seointhesun.com)
207 Ein guter Start sind ImmobilienScout24, WG-gesucht.de oder Airbnb.
208 Mehr zu den Vor- und Nachteilen der Abmeldung in Kapitel 7.1.
209 In Kapitel 6.1 geht es ausführlich um das Thema Geo-Arbitrage.
210 Mehr zur weltweiten Steuerfreiheit findest du in Kapitel 7.3.
211 Felix Plötz, Dennis Betzholz: Palmen in Castrop-Rauxel: Mach dein Leben außergewöhnlich! (2014)

212 Ansatzweise findest du Informationen zu bürokratischen Fragen für digitale Nomaden im Auswandererforum (www.auswandererforum.de) oder bei einer Beratung durch die Wohlfahrtsverbände für Auswanderer und Auslandstätige (Raphaelswerk). Speziell zum Thema Abmeldung aus Deutschland stellen die deutschen Vertretungen in den USA (www.germany.info/Vertretung/usa/de/05__Dienstleistungen/07__Vermischtes/Melderecht.html), die Auslandsvertretung in Kanada (www.canada.diplo.de/contentblob/2948646/Daten/1748549/melderecht_mb_download.pdf) und die Informationsstelle für Auswanderer und Auslandstätige (www.bva.bund.de/DE/Themen/BuergerVerbaende/Auswanderer/auswanderer-node.html) vom Bundesverwaltungsamt Merkblätter bereit.

213 Weitere Informationen zum Abruf der Meldedaten unter www.de.wikipedia.org/wiki/Meldegesetz

214 Der Eintrag ins Handelsregister ist geregelt in § 29 HGB und § 106 HGB. Die Impressumspflicht ist in § 5 TMG geregelt.

215 So die Aussage eines Fachanwalts unter www.frag-einen-anwalt.de/Ladungsfaehige-Anschrift-als-Freiberuflerin---f261723.html.

216 Auf meine Nachfrage bei mehreren Anbietern, ob diese Geschäftsadresse zur Gewerbeanmeldung genutzt werden kann, erhielt ich unterschiedliche Antworten.

217 Einige seriöse Anbieter sind Bueroservice24 in Hamburg (www.bueroservice24.de/geschaeftsadresse.html), das ebuero an elf Standorten (www.ebuero.de), CGN-Office in Köln (www.cgn-office.de/geschaeftsadresse-mit-und-ohne-firmengruendung-mieten.html), der Coworking Space GarageBilk in Düsseldorf (www.garagebilk.de/mieten/geschaeftsadresse-duesseldorf) und mobilesuite in Berlin (www2.mobilesuite.de/produkte/geschaeftsadresse).

218 Altes Melderechtsrahmengesetz (www.gesetze-im-internet.de/mrrg/index.html) und das aktuell gültige Bundesmeldegesetz (www.buzer.de/gesetz/10628/index.htm)

219 § 17 BMG zur Anmeldung und Abmeldung

220 In der Praxis ist dies oft ein Problem, da du die Abmeldebescheinigung für die Kündigung von Verträgen benötigst. Vielleicht findest du hier etwas »zeitlichen Spielraum« für dein Auszugsdatum.

221 Diese Geldbuße kann je nach Ordnungswidrigkeit bis zu 50.000 Euro betragen (siehe www.buzer.de/gesetz/10628/a181008.htm). Laut dem Meldegesetz für Berlin wird ein Verstoß gegen diese Regelung mit einer Geldbuße von bis zu 500 Euro geahndet. Ich habe mit einigen Personen gesprochen, die sich erst Monate nach dem Umzug ins Ausland abgemeldet haben, und niemand von ihnen musste eine Geldstrafe zahlen.

222 Regelung zum gewöhnlichen Aufenthaltsort in § 9 AO.

223 Gute Optionen mit kostenlosen Girokonten und gebührenfreier weltweiter Bargeldabhebung sind die DKB, comdirect und NUMBER26.

224 Für Landtagswahlen, Bundestagswahlen und Europaparlamentswahlen kannst du rechtzeitig vor der Wahl bei der zuständigen Auslandsvertretung einen Antrag auf Datenerfassung beim Bundeswahlleiter (www.bundeswahlleiter.de) stellen.

225 Begriff der Wohnung ist geregelt in § 20 Bundesmeldegesetz.

226 Quelle: Deutsche Botschaft Tallinn (www.tallinn.diplo.de/contentblob/3234396/Daten/3834449/DLDMBMeldesysteminDeu2014.pdf)

227 Geregelt in § 19 des BMG

228 Siehe § 8 und § 9 AO

229 Ausnahmen von der Meldepflicht im § 20 Berliner Meldegesetz

230 Gefragt wirst du bei Reisen außerhalb der Ferienzeiten eventuell nach der Schulregelung deiner Kinder.

231 Sollte dein Sachbearbeiter auf die Angabe einer Folgeadresse bestehen, dann gib ganz einfach dein erstes Reiseziel an (Stadt reicht aus).

232 Seit 2003 gibt es den Verband deutscher Selfstorage Unternehmen e. V. (VDS), der Standards (DIN 15696) für die Einlagerung von Sachen eingeführt hat und ein Gütesiegel vergibt, was als Orientierungshilfe bei der Auswahl eines Anbieters helfen soll.

233 Links zu LAGERBOX (www.lagerbox.com), Yubs (www.yubs.de), Shurgard (www.shurgard.de), Pickens (www.pickens.de) und MyPlace (www.myplace.de). Alle Preisangaben stammen vom Juli 2015). Weitere deutsche Selfstorage-Anbieter in deiner Umgebung findest du auf den sehr guten Vergleichsseiten www.storagebook.de und www.lager-vergleich.com. Der VDS zeigt unter www.mediazentrale.net/vds/finder.php eine Übersicht aller seiner Mitglieder.

234 Wenn du im Ausland nicht gemeldet bist, dann kannst du dir den Reisepass zwar trotzdem ausstellen lassen, bezahlst allerdings einen Aufpreis.

235 Beantragen kannst du den internationalen Führerschein für eine Laufzeit von drei Jahren bei deiner zuständigen Führerscheinstelle.

236 Mehr zu gebührenfreien Kreditkarten in Kapitel 6.5

237 Mehr zur digitalen Verwaltung deiner Dokumente in Kapitel 5.4

238 Nach § 626 BGB hast du ein Recht zur außerordentlichen fristlosen Kündigung von Verträgen, sobald sich die Vertragsbedingungen zu einem unzumutbaren Grad verändert haben.

239 Post-Scanservices wie Dropscan (www.dropscan.de) oder ein virtueller Büroservice wie das ebuero (www.ebuero.de) empfangen und scannen deine Briefpost.

240 Kostenlose Girokonten mit gebührenfreier weltweiter Bargeldabhebung gibt es von der DKB, comdirect und NUMBER26.

241 Geregelt in § 19 Abs. 2 SGB V: »Endet die Mitgliedschaft Versicherungspflichtiger, besteht Anspruch auf Leistungen längstens für einen Monat nach dem Ende der Mitgliedschaft, solange keine Erwerbstätigkeit ausgeübt wird.«

242 Weitere Informationen zur European Health Insurance Card (EHIC) unter www.ec.europa.eu/social/main.jsp?catId=559&langId=de

243 Gesetzlich pflichtversichert sind nach § 5 SGB V unter anderem alle Arbeitnehmer, bestimmte Gruppen von Selbstständigen, Studenten und Arbeitslose.

244 Der Beitrag wird nicht am Einkommen bemessen, sondern errechnet sich aus einer Bezugsgröße, die im Jahr 2012 monatlich 2625 Euro betrug. Daraus ergeben sich Beiträge in Höhe von 40,69 Euro plus 5,12 Euro für die Pflegeversicherung (5,78 für Kinderlose).

245 Beim Direct Billing werden Arztrechnungen direkt über das globale Zahlungssystem Medilink mit dem Versicherer abgerechnet, sodass du die Kosten nicht vorstrecken musst.

246 Ausnahmen gibt es für bestimmte Gruppen von Selbstständigen, die auch weiterhin in die Rentenversicherung (§ 2 SGB VI) und die Unfallversicherung beziehungsweise Berufsgenossenschaft (§ 4 SGB VII) einzahlen müssen.

247 Weitere Informationen zur Versicherungspflicht von Selbstständigen in Kapitel 4.4

248 Je nach Rentenart beträgt die Mindestversicherungszeit 5, 15, 20, 35 oder 45 Jahre. Angerechnet werden hier auch alle Einzahlungen in Mitgliedstaaten der EU. Die Regelaltersgrenze liegt zwischen 65 Jahren (für vor 1947 geborene Personen) und 67 Jahren (für nach 1964 geborene Personen).

249 Weitere Informationen zur Besteuerung der gesetzlichen Rente bei Zahlung ins Ausland gibt es unter www.finanzamt-rente-im-ausland.de/steuerrecht.

250 Einen weiterführenden Beitrag zur Besteuerung der Rürup-Rente bei Verlegung des Wohnortes findest du unter www.iww.de/pistb/archiv/wegzug-ins-ausland-besteuerung-der-basis-oder-ruerup-rente-bei-einer-wohnsitzverlagerung-f29989.

251 Die Altersgrenze kann abhängig vom Zielland leicht variieren. Weitere Informationen zum Working-Holiday-Visum unter www.working-holiday-visum.de.

252 Bitte informiere dich vor der Einreise in ein konkretes Land selbst noch einmal, da sich die Bedingungen jederzeit ändern können.

253 Informationen zu Visa auf VisaHQ (www.visahq.com) und beim Auswärtigen Amt (www.auswaertiges-amt.de/DE/Laenderinformationen/SicherheitshinweiseA-Z-Laenderauswahlseite_node.html).

254 Provisorisches Flugticket für wenig Geld buchen mit Fly Onward (www.flyonward.com)

255 Weiterführende Informationen zum Entrepreneur-Visa und Start-up-Visa (www.en.wikipedia.org/wiki/Startup_Visa)

256 Die Ummeldung ist genauso teuer wie die Anmeldung und geschieht über das Formular zur Gewerbe-Ummeldung beim Gewerbeamt.

257 Ständiger Vertreter ist eine Person, die sich nachhaltig um die Geschäfte eines Unternehmens kümmert und dabei dessen Sachweisungen unterliegt (siehe AO § 13).

258 Veräußerung des Betriebes nach § 16 Abs. 3 EStG

259 Die unbeschränkte Steuerpflicht ist geregelt in § 1 EStG.

260 Die beschränkte Steuerpflicht ist geregelt in § 49 EStG.

261 Die erweitert beschränkte Steuerpflicht ist geregelt in § 2 AStG.

[262] Niedrigsteuerländer sind solche mit einer Einkommensteuer, die weniger als ein Drittel der deutschen Steuerbelastung beträgt.

[263] Anders ist das bei der Umsatzsteuer für elektronisch erbrachte Leistungen, denn dort gilt beim Verkauf an Privatpersonen der Ort des Leistungsempfängers als Leistungsort. Gut zusammengefasst wird die Umsatzsteuerregelung unter www.rechtsanwalt-schwenke.de/e-commerce-faq-umsatzsteuer-elektronische-leistungen-2015/.

[264] Welche Erträge aus Kapitalanlagen genau hierunter fallen, kannst du im EStG § 20 und § 49 (1) Satz 5 nachlesen.

[265] Außerhalb der EU können deutsche Behörden nicht ohne Weiteres Bankdaten einsehen. Jedoch gibt es auch außerhalb der EU Beschlüsse der OECD-Mitglieder zum »Informationsaustausch auf Anfrage«. Quelle: Gabriel Zucman: Steueroasen – Wo der Wohlstand der Nationen versteckt wird (2014).

[266] Der Wohnsitz wird in der Regel durch die polizeiliche Meldung, einen Mietvertrag oder Abrechnungen von Versorgungsdienstleistern (Strom, Wasser, Gas) nachgewiesen.

[267] Liste mit Offshore-Finanzplätzen unter www.en.wikipedia.org/wiki/List_of_offshore_financial_centres

[268] Bericht zum steuerlichen Informationsaustausch innerhalb der EU unter www.dbresearch.com/PROD/DBR_INTERNET_DE-PROD/PROD0000000000334626/Und+sie+bewegen+sich+doch%3A+Steuerlicher+Informationsaustausch+in+der+EU+wird+ausgeweitet+–+neuer+OECD-Standard+wird+kommen.pdf

[269] Eine gute Übersicht zu privaten und geschäftlichen Offshore-Konten mit und ohne persönliche Anwesenheitspflicht bekommst du unter www.startingbusiness.com/banks.

[270] European Financial Services Advisory Group (EFSAG) unter www.startingbusiness.com/banks und Tax Saving Corporation (TSC) unter www.taxsavingcorp.com/finanzen-und-vermoegen/bankkonto/uebersicht-der-bankkonten-weltweit

[271] Justin Patrick: Offshore Banking 101 – How to Keep Your Money Safe & Secure in the World's Best Tax Havens (2014), Hans-Lothar Merten: Steueroasen Ausgabe 2014 – Wandel in der Offshore-Welt (2013)

[272] Bei dem Nominee handelt es sich um einen Strohmann, der als eingetragener Direktor im Geschäftsvertrag, im Handelsregister und in allen offiziellen Unternehmensdokumenten erscheint, wodurch höchstmögliche Anonymität geboten wird.

[273] In Anlehnung an »Steueroasen Ausgabe 2014 – Wandel in der Offshore-Welt« (2013) von Hans-Lothar Merten.

[274] Bericht der Weltbank zu effektiven Steuersätzen weltweit unter www.doingbusiness.org/data/exploretopics/paying-taxes.

[275] Weltweite Steuer-Datenbank der OECD (www.oecd.org/tax/tax-policy/tax-database.htm), Datenbank mit Statistiken für Entrepreneure (www.doingbusiness.org/data/exploretopics/entrepreneurship) und der Bericht »Entrepreneurship at a Glance 2014« (www.oecd.org/industry/business-stats)

[276] Eigentumsrechte weltweit in der Datenbank von International Property Rights (www.internationalpropertyrightsindex.org)

[277] Weitere Informationen zur schwarzen Liste der FATF (Financial Action Task Force) unter www.de.wikipedia.org/wiki/NCCT

[278] Siehe dazu § 42 AO (Missbrauch von rechtlichen Gestaltungsmöglichkeiten) und Informationen zur rechtswidrigen Zwischengesellschaft unter www.bbc-company.net/leistungen/international/firmengrundung-im-ausland

[279] Einen sehr guten, kritischen Artikel zur Gründung von Offshore-Unternehmen über eine Vermittlungsagentur findest du unter www.capital.de/dasmagazin/wie-man-eine-offshorefirma-gruendet-3113.html.

[280] In den meisten Ländern kannst du mit einem Stammkapital von einem Dollar starten, wobei ein höherer Betrag empfehlenswert ist, wenn du Vertrauen bei Geschäftspartnern erwecken willst.

[281] Gute Informationen zu Offshore-Unternehmen findest du bei Tax Saving Corporation (www.taxsavingcorp.com/firmengruendung/offshore-firma), Flag Theory (www.flagtheory.com/offshore-company) und Nomad Capitalist (www.nomadcapitalist.com/offshore-company).

[282] Gabriel Zucman: Steueroasen – Wo der Wohlstand der Nationen versteckt wird (2014), Hans-Lothar Merten: Steueroasen Ausgabe 2014 – Wandel in der Offshore-Welt (2013)

[283] Beitrag in der Süddeutschen Zeitung zu James Mellon unter www.sueddeutsche.de/wirtschaft/legale-steuerflucht-oelbaron-spart-saemtliche-steuern-durch-staendiges-reisen-1.1681827

[284] Laut einem Bericht von Academia unter www.academia.edu/3541464/I_Vow_to_Thee_My_Countries_-_The_Expansion_of_Dual_Citizenship_in_the_21st_Century

[285] Beibehaltungsantrag nach § 25 Abs. 2 StAG. Weitere Informationen findest du unter www.bva.bund.de/DE/Themen/Staatsangehoerigkeit/Beibehaltung/beibehaltung-node.html.

[286] Gut argumentieren kannst du mit einer verbliebenen Familie oder Immobilien in Deutschland.

[287] Geburtsurkunde, Heiratsurkunde der Eltern, Führungszeugnis oder Nachweis des letzten Wohnsitzes

[288] Geregelt in Artikel 16 des Grundgesetzes

[289] Informationen zur zweiten Staatsbürgerschaft bei Nomad Capitalist (www.nomadcapitalist.com/second-passport) und Henley & Partners (www.henleyglobal.com)

[290] Sehr gute Informationen zur Flag Theory findest du bei Nomad Capitalist (www.nomadcapitalist.com/flag-theory), auf dem Portal The Foundation (www.flagtheory.com) und in den Büchern von W. G. Hill.

[291] Quelle: Wikipedia (www.de.wikipedia.org/wiki/Seasteading)

[292] Gute Beispiele für den konkreten Einsatz von Seasteads sind Women on Waves (www.de.wikipedia.org/wiki/Women_on_Waves), Piratensender (www.de.wikipedia.org/wiki/Piratensender) oder schwimmende Coworking Spaces wie die Blueseed (www.blueseed.com).

[293] Weitere Informationen zu BitNation (www.bitnation.co), Bitcoin und Blockchain (www.wirelesslife.de/bitcoin)

Stichwortverzeichnis